商业伦理与会计职业道德

主　编　令伟锋　任昊源　孙美娇
副主编　殷雪松　张淑雯　高梦颖

北京理工大学出版社
BEIJING INSTITUTE OF TECHNOLOGY PRESS

内容简介

本教材内容分为两个模块。第一个模块为商业伦理模块,让学生站在企业内部管理和外部经营的视角认识商业伦理。其中,企业内部管理商业伦理,包括企业与股东之间的商业伦理,企业与董事、监事、管理层之间的商业伦理,企业与员工之间的商业伦理;企业外部经营商业伦理,包括企业与消费者之间的商业伦理,企业与供应商之间的商业伦理,企业与竞争者之间的商业伦理,企业与社会责任。第二个模块为会计职业道德模块,让学生站在不同财务岗位的视角认识会计职业道德。具体包括财务会计人员职业道德、管理会计人员职业道德、注册会计师职业道德和内部审计人员职业道德。本教材侧重于商业伦理与会计职业道德实务和案例的介绍,每一章后配备有多个实务案例,可用于研讨式教学和课后拓展学习。本教材既可作为普通高等学校管理类、财务类专业的职业道德课程教材,也可供从事实务工作的财务人士学习和参考。

版权专有 侵权必究

图书在版编目(CIP)数据

商业伦理与会计职业道德 / 令伟锋,任昊源,孙美娇主编. --北京:北京理工大学出版社,2022.3
  ISBN 978-7-5763-1098-6

Ⅰ. ①商… Ⅱ. ①令… ②任… ③孙… Ⅲ. ①商业道德-教材 ②会计人员-职业道德-教材 Ⅳ. ①F718 ②F233

中国版本图书馆 CIP 数据核字(2022)第 037473 号

出版发行 /	北京理工大学出版社有限责任公司
社　　址 /	北京市海淀区中关村南大街 5 号
邮　　编 /	100081
电　　话 /	(010)68914775(总编室)
	(010)82562903(教材售后服务热线)
	(010)68944723(其他图书服务热线)
网　　址 /	http://www.bitpress.com.cn
经　　销 /	全国各地新华书店
印　　刷 /	三河市天利华印刷装订有限公司
开　　本 /	787 毫米×1092 毫米　1/16
印　　张 /	14.25
字　　数 /	335 千字
版　　次 /	2022 年 3 月第 1 版　2022 年 3 月第 1 次印刷
定　　价 /	79.00 元

责任编辑 / 李慧智
文案编辑 / 杜　枝
责任校对 / 刘亚男
责任印制 / 李志强

图书出现印装质量问题,请拨打售后服务热线,本社负责调换

前言

中共中央、国务院于2019年10月印发《新时代公民道德建设实施纲要》，对公民道德建设提出了新的更高要求。职业道德作为公民道德建设的重要内容之一，对于促进人的自我完善、规范职业活动有序进行、提升全社会道德水平具有重要意义。2018年3月，教育部发布《普通高等学校本科专业类教学质量国家标准》，在会计学专业素质要求中明确提到学生要"坚持职业操守和道德规范"，在课程设置中应包含会计职业道德知识模块。因此，无论从公民道德建设的需求出发，还是从达到本科专业教学质量国家标准出发，财经类本科专业设置职业道德课程势在必行。

目前，财经类职业道德教材多数侧重于理论研究，侧重于实务指导和案例讨论的教材较少。此外，随着财务工作的分工越来越细，使得单纯探讨单一岗位职业道德的教材有很大局限性。因此，本教材结合西京学院本科财务类专业设置情况，从多个财务岗位出发，力求满足对学生多岗位职业道德教育的需求。

本教材在编写过程中，力求体现以下特点。

（1）思路清晰，重点突出。本教材牢牢把握商业伦理和职业道德两条主线，商业伦理部分从企业内部管理和外部经营两个角度进行介绍，职业道德部分从会计职业道德和审计职业道德两个角度进行介绍，该方式使得本教材脉络清晰，重点突出。

（2）实践性强，便于应用。本教材分别从商业伦理实务和职业道德实务出发，分析现实中企业出现的商业伦理问题和职业道德困境，并提出可供参考的解决思路与方法，具有一定的应用价值。

（3）案例翔实，启发教学。本教材提供大量的案例资料，供学生阅读，并结合案例列出相关问题，启发学生思考，以便于教师使用案例进行启发式教学。

本教材主要由西京学院审计学专业团队编写，由令伟锋、任昊源、孙美娇（南昌职业大学）担任主编，殷雪松、张淑雯、高梦颖担任副主编。其中：第一章由令伟锋执笔，第二章由张淑雯执笔，第三章由高梦颖执笔，第四章由殷雪松执笔，第五章由任昊源执笔。孙美娇主要负责参考资料的整理工作。

教材涉及商业伦理和会计职业道德两个领域，教材篇幅短、内涵大，又因编者学识所限，难免存在疏漏、错误之处，恳请读者指正。

联系邮箱：kjxy@xijing.edu.cn

编 者
2021 年 10 月

模块一　商业伦理

第一章　商业伦理与会计职业道德概述 …………………………………… (3)
第一节　商业伦理概述………………………………………………… (4)
第二节　职业道德概述………………………………………………… (9)
第三节　道德决策方法………………………………………………… (14)
第四节　会计领域的伦理分析………………………………………… (18)

第二章　企业内部管理商业伦理 …………………………………………… (25)
第一节　企业与股东之间的商业伦理………………………………… (26)
第二节　企业与董事、监事、管理层之间的商业伦理……………… (35)
第三节　企业与员工之间的商业伦理………………………………… (51)

第三章　企业对外经营商业伦理 …………………………………………… (71)
第一节　企业与消费者之间的商业伦理……………………………… (72)
第二节　企业与供应商之间的商业伦理……………………………… (80)
第三节　企业与竞争者之间的商业伦理……………………………… (83)
第四节　企业与社会责任……………………………………………… (89)

模块二　会计职业道德

第四章　会计职业道德 ……………………………………………………… (105)
第一节　会计职业道德概述…………………………………………… (107)
第二节　财务会计人员的职责………………………………………… (109)

第三节	财务会计人员职业道德规范	(112)
第四节	财务会计人员职业道德困境及应对	(117)
第五节	财务舞弊的道德透视	(120)
第六节	财务会计人员职业道德教育	(127)
第七节	管理会计人员职业道德	(129)

第五章　审计职业道德 (142)

第一节	审计职业道德概述	(143)
第二节	注册会计师的职责	(145)
第三节	注册会计师职业道德基本原则	(147)
第四节	注册会计师职业道德概念框架及其运用	(153)
第五节	注册会计师审计业务对独立性的要求	(172)
第六节	注册会计师审计失败的道德透视	(198)
第七节	内部审计人员职业道德	(202)

参考文献 (220)

模 块 一

商业伦理

四 果
海流洺例

第一章 商业伦理与会计职业道德概述

学习目标

1. 掌握伦理的含义和特征。
2. 掌握商业伦理的含义、内容、原则和作用。
3. 掌握道德的含义、特征、成长阶段理论及社会主义道德建设的要求。
4. 掌握职业道德的含义、内容、特征和作用。

案例导入

习近平：青年要自觉践行社会主义核心价值观

每个时代都有每个时代的精神，每个时代都有每个时代的价值观念。国有四维，礼义廉耻，"四维不张，国乃灭亡。"这是中国先人对当时核心价值观的认识。在当代中国，我们的民族、我们的国家应该坚守什么样的核心价值观？这个问题，是一个理论问题，也是一个实践问题。经过反复征求意见，综合各方面认识，我们提出要倡导富强、民主、文明、和谐，倡导自由、平等、公正、法治，倡导爱国、敬业、诚信、友善，积极培育和践行社会主义核心价值观。富强、民主、文明、和谐是国家层面的价值要求，自由、平等、公正、法治是社会层面的价值要求，爱国、敬业、诚信、友善是公民层面的价值要求。这个概括，实际上回答了我们要建设什么样的国家、建设什么样的社会、培育什么样的公民的重大问题。

中国古代历来讲格物致知、诚意正心、修身齐家、治国平天下。从某种角度看，格物致知、诚意正心、修身是个人层面的要求，齐家是社会层面的要求，治国平天下是国家层面的要求。我们提出的社会主义核心价值观，把涉及国家、社会、公民的价值要求融为一体，既体现了社会主义本质要求，继承了中华优秀传统文化，也吸收了世界文明有益成果，体现了时代精神。

富强、民主、文明、和谐，自由、平等、公正、法治，爱国、敬业、诚信、友善，传承着中国优秀传统文化的基因，寄托着近代以来中国人民上下求索、历经千辛万苦确立的理想和信念，也承载着我们每个人的美好愿景。我们要在全社会牢固树立社会主义核心价值观，全体人民一起努力，通过持之以恒的奋斗，把我们的国家建设得更加富强、更加民主、更加文明、更加和谐、更加美丽，让中华民族以更加自信、更加自强的姿态屹立于世界民族之林。

（资料来源：人民网，摘录于习近平总书记于 2014 年 5 月 4 日在北京大学师生座谈会上的讲话。）

第一节　商业伦理概述

一、伦理概述

（一）伦理的含义

在西方，"伦理"（ethics）一词源于希腊文"ethos"，本意指风俗、习惯、气质和性格等意义。公元前 4 世纪，古希腊哲学家亚里士多德最先赋予其伦理和德行的含义，此后，伦理就成了与道德品行有关的概念。在中国，东汉学者许慎的《说文解字》说："伦，从人，辈也，明道也；理，从玉，治玉也"。"伦"的本意为辈，后引申为类、比、序等意思。"理"的本意是"治玉"，即雕琢玉，后引申为事物的条理、道德等意思。"伦理"一词的连用，最早见于《礼记·乐记》的"乐者，通伦理者也"，指人与人之间的关系应当遵守的行为准则。

马克思主义伦理学认为，伦理学是研究道德的起源、本质、发展变化及其社会作用的科学[1]。现代意义上的伦理是指人类社会中人与人、人与社会、人与自然之间关系的行为规范。

（二）伦理的特征

伦理作为一种社会意识形态，与其他社会意识形态相比较，有其自身的特征，包括规范性、渗透性、相对稳定性和实践性等。

1. 规范性

伦理是调整人与人、人与社会和人与自然之间关系的行为规范。一方面伦理规范要发挥作用，依赖于人的自觉性和自律性，依靠人内心的伦理信念；另一方面伦理规范作用的结果，更多地体现为利他性，通过调整人与人、人与社会和人与自然之间关系，引导人的行为，起到"勿以恶小而为之，勿以善小而不为"的教育作用。

2. 渗透性

伦理广泛渗透于社会经济生活的各个方面，调整着人与人、人与社会和人与自然之间的关系。例如，用于调整人与人之间关系的婚姻伦理、家庭伦理等，用于调整人与社会之间关系的商业伦理、行政伦理等，用于调整人与自然之间关系的生态伦理、环境伦理等。

---

[1] 罗国杰. 马克思主义伦理学 [M]. 北京：人民出版社，1982.

3. 相对稳定性

伦理的变化速度，相比法律等社会意识形态，具有相对稳定性。伦理一旦形成，与民族风俗习惯、社会文化传统紧密结合在一起，形成人们内心相对稳定的信念和情感，并在不同代际之间传承，不轻易改变。

4. 实践性

伦理产生于人类各种社会实践活动中，遍及社会经济生活的各个领域，反过来，可以用于指导人类的社会实践活动，调整人与人、人与社会和人与自然之间的行为规范。

二、商业伦理概述

（一）商业伦理的含义

商业伦理是伦理学的一个分支，是将伦理的概念引申到商业领域后形成的。所谓商业伦理，是指在商业活动中，调整人与人、人与社会、人与自然之间利益关系时所应遵循的善恶价值取向，以及在行为和品质上遵循的伦理原则、伦理规范的总和，是一定社会或阶级普遍的伦理要求在商业领域中的具体化。

（二）商业伦理的内容

学者基于不同的理论视角，从不同维度出发，对商业伦理内容的界定也不同。其主要划分的方式包括以下三种。

1. 基于利益相关者理论的商业伦理内容划分

组织具有不同的利益相关者，既包括与内部管理相关的利益相关者，例如投资者、管理层、董事、监事、员工等；也包括与外部经营相关的利益相关者，例如竞争者、消费者、政府、社会公众等。组织与不同的利益相关者之间的活动存在不同的商业伦理问题，例如企业与投资者之间的商业伦理问题、企业与管理层之间的商业伦理问题、企业与董事之间的商业伦理问题、企业与监事之间的商业伦理问题、企业与员工之间的商业伦理问题、企业与竞争者之间的商业伦理问题、企业与消费者之间的商业伦理问题、企业与政府之间的商业伦理问题、企业与社会公众之间的商业伦理问题等。后续章节对商业伦理实践内容的介绍，主要是基于此研究视角。

2. 基于组织职能的商业伦理内容划分

组织具有不同的职能作用，包括生产、采购、销售、研发、售后服务、人力资源、财务、行政管理等。在这些职能活动中存在着不同的商业伦理问题，例如生产中的商业伦理问题、采购中的商业伦理问题、销售中的商业伦理问题、研发中的商业伦理问题、售后服务中的商业伦理问题、人力资源中的商业伦理问题、财务中的商业伦理问题、行政管理中的商业伦理问题等。

3. 基于不同研究层面的商业伦理内容划分

学者从个体层面、组织层面和社会层面等不同的研究层面对商业伦理内容展开研究。其中，个体层面主要研究个体在商业活动中承担的角色的伦理问题，例如投资者的商业伦理问题、管理者的商业伦理问题、消费者的商业伦理问题、员工的商业伦理问题等。组织层面主要研究各种经济组织之间的伦理关系问题，例如企业与工会、行业协会、消费者协会、竞争对手等之间的商业伦理问题。社会层面主要研究社会、制度层面的伦理问题，例如经济制度中的商业伦理问题、经济政策中的商业伦理问题、经济行为中的商业伦理问题、经济决策中的商业伦理问题等。

（三）商业伦理的原则

在对商业伦理问题进行评判时，需要考虑一些伦理原则。每种伦理原则在使用过程中有自身的优点和局限性，同时，不同的伦理原则之间也可能存在冲突，不是放之四海而皆准。

1. 西方国家的商业伦理原则

西方国家在商业中的伦理原则主要包括效用主义原则、权利和义务原则、正义和公平原则、关怀伦理原则[①]。

（1）效用主义原则。效用主义是一种不以行为动机而以行为后果作为判断行为善恶标准的伦理学说。杰里米·边沁和约翰·斯图亚特·穆勒被认为是效用主义的创始人。在效用主义下，判断商业决策的伦理正当性的最佳方式是依据效用主义的成本与收益分析，当且仅当商业决策行为产生的总效用大于其他替代行为的总效用时，该行为合乎伦理。效用主义对于解释一些伦理问题具有很好的吸引力，例如，政府政策和公共产品选择时应遵循"为最多的人谋求最大的幸福"（杰里米·边沁的名言）；撒谎、杀戮会让人们付出代价，因此是违背伦理的，而诚实、尽责加强了人们之间的信任和合作，提高了人们的福利，因此是合乎伦理的；经济学家基于效用基础认为完全竞争市场系统优于其他任何系统；评估投资项目的可行性时进行成本收益分析等。但是效用主义也有其局限性，一是需要衡量难以量化的价值，特别是一些非经济事项（例如健康、乐趣等）；二是不能适当处理权利和公正问题，有可能为了追求最大的效用，造成行为本身可能是不公正的或者侵犯了他人的权利。

（2）权利和义务原则。权利是指法律赋予人实现其利益的一种力量，与义务相对应，是法学的基本范畴之一。公民的基本权利可分为积极权利和消极权利。公民的积极权利又称社会权或受益权，指政府有积极义务向权利拥有者提供任何措施，帮助其实现所追求的价值。例如，向有需要的人提供工作、住房、医疗服务等。公民的消极权利又称自由权，指他人有义务不干涉个人有权利进行的某种活动，以确保个人自由决定与自由行动的权利，如保护财产、保证法律和命令执行等。关于道德权利争议的焦点是，政府应优先保护人们的消极权利，还是应拓展保护人们的积极权利。而通常政府只有在提供保护服务时才能保护个人的消极权利。

契约的权利和义务是由个人和他人签订协议时产生的有限权利和义务。没有契约及其产生的权利和义务，现代商业社会将无法运行。契约权利和义务包括四条道德约束：契约双方必须充分理解所签契约的性质；契约任何一方都不得向另一方故意曲解契约情况的事实；契约任何一方都不得在骚扰和强迫下签订契约；契约不得迫使签订方做出违背道德的行为。

（3）正义和公平原则。公平和正义本质上是相对的，它关系到把对待一群人的方式与

[①] 曼纽尔·G.贝拉斯克斯.商业伦理：概念与案例[M].刘刚，程熙镕，译.北京：中国人民大学出版社，2013.

对待另一群人的方式相比较。涉及正义和公平的问题通常分为以下三种。

第一种是分配正义问题。当人们的欲望超过了资源总量，为分配有限的资源就涉及分配正义。分配正义的基本原则是平等的人必须得到公平对待，不平等的人必须得到差异对待。分配正义的基本原则有多种，例如基于公平的正义，其核心观点是人们之间不存在可以导致差别对待的相关差异；基于贡献的正义，其核心观点是应根据个人对社会、任务、群体或交换做出的贡献价值来分配效益；基于需求和能力的正义，其核心观点是工作负担应该根据人的能力分配，收益应该根据人的需求分配；基于自由的正义，其核心观点是个人自由做出选择，按照自我贡献、他人自愿为我做的贡献、他人自愿赠予我尚未耗尽或转让的所有物（在此原则下获得的所有物）来分配。

第二种是应报正义问题。应报正义指有关责骂或惩罚过失者的正义。核心问题是什么样的情况下惩罚一个过失者是正义。正义惩罚通常有三个条件：由于无知和无能导致了过失；确信被惩罚的人真的犯了过失；同样的过失受到的惩罚是一致的，且惩罚与过失相符合。

第三种是补偿正义问题。补偿正义指个人因他人过失而遭受的损失提供补偿的正义。传统的道德学者认为，个人有义务补偿受到自己伤害的人，需要满足三个条件：造成伤害的行为是错误或者疏忽；个人行为是造成伤害的真正原因；个人故意造成了伤害。

（4）关怀伦理原则。关怀伦理是指人们有义务对与其有宝贵、亲近关系的特定人群施加特殊关怀。在关怀伦理观点下，道德任务不是遵循普遍和公正的道德原则，而是照顾、回应与我们有宝贵、密切关系的特定人群的美德。关怀伦理强调两个道德要求：一是我们生活在关系网中，应该维持和培养我们与特定个人拥有的那些具体和宝贵的关系。二是我们每个人应该对那些和我们有特殊关系的人施加特殊关怀，从他们的角度出发，照顾他们的特殊需求、价值观、欲望和具体幸福，并积极回应，尤其是当他们属于那些依赖我们关怀的人。

在使用关怀伦理时，要注意两个问题，一是不是所有的关系都有价值，所以并非所有的关系都会产生关怀的需求；二是必须认识到关怀需要有时会与正义要求产生冲突。

批评关怀理论的人，主要基于两种原因，一是关怀伦理可能退化为不公正的偏袒，二是关怀伦理的要求可能导致个人"精疲力尽"。

2. 中国的商业伦理原则

中国学者结合社会主义商业伦理建设实践，对商业伦理的基本原则进行了总结，主要包括集体主义原则、诚实守信原则、义利统一原则、公平与效率兼顾原则[①]。

（1）集体主义原则。集体主义是社会主义道德的基本原则。集体主义主张个人利益应当服从集团、民族和国家利益，最高标准是一切言论和行动符合人民群众的集体利益。集体主义从无产阶级的根本利益出发，处理个人与集体、个人与社会之间的关系，强调无产阶级的集体利益高于个人利益，要求个人利益服从集体利益、眼前利益服从长远利益、局部利益服从全局利益。集体主义原则反对并谴责把个人利益凌驾在国家、集体利益之上，更不允许用个人利益否定国家和集体利益。企业在商业活动中推行集体主义原则，有利于培养团队精神，打造优秀的企业团队，发挥团队合作的力量。

---

① 叶陈刚. 商业伦理［M］. 大连：东北财经大学出版社，2014.

(2) 诚实守信原则。诚实守信是中华民族的传统美德。诚实要求人表里如一，言行一致，不弄虚作假，不隐瞒欺骗，不自欺欺人；守信要求人讲信用，守诺言，言而有信，诚实不欺。诚实守信是企业立业的根本，是企业经营的灵魂。诚实守信要求企业在商业活动中恪守商业信誉，公平、公正地竞争，将追求经济利益与维护社会公众等利益相关者的利益有效结合起来。诚实守信要求企业员工要忠诚于企业，热爱本职工作，诚信待人，在工作中精益求精，在工作中真说实干，言行一致，树立企业信誉，赢得社会公众的信任和认可。

(3) 义利统一原则。社会主义义利观是指把国家和人民利益放在首位的同时，又充分尊重公民个人合法利益的伦理价值观，反映了社会主义物质文明建设和精神文明建设的内在要求。社会主义义利统一的原则，体现在三个方面。首先，在道德规范与物质利益的关系上，社会主义义利观不仅肯定利益是道德的基础，而且强调道德对社会物质利益关系的调节作用，在鼓励和保护公民追求正当合法利益的同时，强调人们要讲道德、讲理想，要有高尚的精神追求，实现追求理想道德和追求物质利益的统一。其次，在公利与私利的关系上，社会主义义利观强调把国家和人民利益放在首位的同时，又充分尊重公民个人合法利益，实现追求国家大义与追求个人合法权益的统一。最后，社会主义义利观强调义利的统一，还体现在以义导利、以义取利、见利思义等要求上。

义利统一原则要求企业在商业活动中实现遵循商业伦理与追求经济利益的最佳结合，既不空谈道德，也不利字不出口，既不重利轻义，也不重义轻利，既追求经济效益，又讲究社会责任，反对见利忘义、唯利是图以及各种形式的不道德的和非法的牟利行为，构建起以义利统一为基础的企业道德文化。

(4) 公平与效率兼顾原则。在社会主义市场经济条件下，效率与公平具有一致性。一方面，效率是公平的物质前提；另一方面，公平是提高效率的保证。效率与公平分别强调不同的方面，社会主义市场经济要体现"效率优先，兼顾公平"的原则。公平与效率兼顾原则要求企业在商业活动中，既反对"平均主义"，反对以不道德的方式去追求绝对公平，也反对"效率至上"，反对以不道德的方式追求绝对效率，要公平与效率兼顾，促进企业可持续发展。

(四) 商业伦理的作用

1. 商业伦理促进市场经济有序运行

在市场经济下，市场调节具有自发性，商品生产者和经营者的经济活动都是在价值规律的自发调节下追求自身的利益。但一些个人或企业由于对自身经济利益的过分追求而产生不正当的行为，比如生产和销售假冒伪劣产品等。因此，在市场经济下，除了要遵守市场规则外，还要受法律和商业伦理的约束。通过商业伦理秩序的建立，让市场经济主体自觉遵守商业伦理规范，约束不道德不合法的逐利行为，促进市场经济的有序运行。市场经济存在负外部效应等缺陷，比如企业向河流进行排污，造成水源污染，给下游居民的生产生活造成危害。因此，针对市场经济的负外部效应等缺陷，需要发挥商业伦理的作用，约束市场主体产生负外部效应的行为，鼓励能够带来正外部效应的行为，促进市场经济健康运行。由于市场经济中存在信息不对称的问题，市场交易主体之间为达成交易，防止商业欺诈，存在较高的交易成本。而商业伦理秩序的建立，能增加交易主体之间的互信，降低双方之间的交易成本，促进市场经济有序运行。

2. 商业伦理促进企业可持续发展

企业是商业社会运行的主体，是增加社会财富、提高居民生活水平的重要推动力量，这就需要促进企业的可持续发展。而商业伦理对于促进企业可持续发展具有重要作用。首先，商业伦理是实现企业基业长青的长期发展战略。对于企业来讲，只追求经济利益，而忽视社会利益和道德责任，只能给企业带来短期的利益。而遵守商业伦理规范，不仅能够理顺企业内部投资者、管理层、员工等利益相关者之间的关系，还能有效调节与外部竞争者、消费者、社会公众、政府之间的关系，确保企业生产经营活动在一个有序、健康的环境中开展，从而促进企业基业长青，实现企业可持续发展。其次，商业伦理是企业文化的重要组成部分。企业文化可以把员工紧紧地团结在一起，形成强大的向心力和凝聚力，使员工万众一心，为实现目标而努力奋斗。而良好的商业伦理是企业文化的重要组成部分，能够产生正向的引导作用，对员工产生导向和激励作用，并约束员工的不道德行为，促进企业健康发展。最后，商业伦理是企业进行国际化发展的需要。随着我国对外贸易的不断发展，国际化已经成为企业发展的重要方式。而不同国家在商业伦理的遵循与理解上存在偏差，这就需要企业学习和遵循国外优秀的商业伦理规范，为企业国际化经营提供支持。

3. 商业伦理促进商业从业人员的自我完善

在商业社会中，商业领域的从业人员普遍存在与金钱打交道的现象。而部分从业人员在拜金主义、利己主义思想的影响下，经不起金钱的诱惑，产生以权谋私、权钱交易等腐败问题。而商业伦理教育，能够借助商业伦理规范的作用，帮助从业人员树立正确的人生观、价值观和金钱观，完善从业人员的综合素养，实现守法经营、廉洁自律、勤劳致富，从而减少各种腐败现象的发生。

第二节 职业道德概述

一、道德概述

（一）道德的含义

在西方，"道德"（morality）一词源于古拉丁语"mores"，本表示风尚习俗，后来演变成内在本性、性格、品德等意思，也有规则或规范等含义。在中国，古时的"道"与"德"最早是分开独立使用。"道"的原意指道路，"周道如砥，其直如矢"，后引申为规律、法则，指自然运行、人世共通的真理与法则，是万物存在与生长的规律。"德"的原意指得到，"德者，得也，德事宜也""德，外德于人，内德于己也"，后指因遵守这种规律而形成的人世的德性、品性和王道。"道"与"德"联用始于春秋时期，如在《管子·君臣》中："道德定于上，则百姓化于下矣。"其意思是，如果统治阶级管理天下事务，能够因"道"而"德"，则平民百姓就会化风成俗。

马克思曾经指出："物质生活的生产方式制约着整个社会生活、政治生活和精神生活的过程。不是人们的意识决定人们的存在，相反，是人们的社会存在决定人们的意识。"① 道德是一种由社会经济关系决定的，从属于上层建筑的社会意识形态，并为该社会的上层建筑服务。现代意义上的道德是指社会以善恶评价方式、依靠内心信念和传统习惯以及社会舆论来调整人与人之间、人与社会之间关系的行为规范。

（二）道德的特征

道德作为社会意识形态之一，具有规范性、自律性、共同性、历史传承性、社会实践性和相对独立性等特征。

1. 规范性

道德是调整人与人之间、人与社会之间关系的行为规范。道德的规范作用包括内外两个方面，外在的规范作用是传统习俗和社会舆论，通过传统习俗和社会舆论，告诉人们在处理人与人、人与社会之间的关系时，应该遵循哪些原则，采取哪些行动，从而起到他律作用；内在的规范作用是内心信念和高尚追求，通过内心信念和高尚追求使自己按照道德规范行事，内心深处抵制违反道德规范的行为，从而起到自律作用。

2. 自律性

道德的自律性是指道德主体借助于对客观世界的认识，借助于对现实生活条件的认识，自愿地认同社会道德规范，并结合个人的实际情况践行道德规范，从而把被动的服从变为主动的律己，把外部的道德要求变为自己内在良好的自主行动。道德规范不像法律规范，需要国家专门制定，需要专门机构监督执行，道德规范属于劝导性的、非强制性的社会规范。

3. 共同性

道德具有一定的共同性。在同一社会的不同阶级，甚至不同社会的不同阶级之间，由于类似或相同的经济条件、文化背景和民族心理而存在着某类相似或相同的道德特性。

4. 历史传承性

人类各个历史时期的道德是当时社会经济关系的产物，与各个特定历史阶段相适应。道德在不同历史时期之间呈现出传承性，推动人类社会不断进步。

5. 社会实践性

道德是在人类实践活动基础上形成的，具有广泛的社会实践性。道德产生于人类各种社会实践活动中，遍及社会生活的各个领域，反过来，可以用于指导人类的社会实践活动，调整人与人、人与社会之间的行为规范。

6. 相对独立性

道德虽然由一定社会的经济基础决定，但其形成后，同其他社会意识形态一样，具有相对独立性。相对独立性表现在道德的变化同经济关系的变化并不完全同步，道德的发展同经济发展水平之间具有不平衡性，道德有其自身相对独立的发展历程。

---

① 马克思. 政治经济学批判 [M]. 北京：人民出版社，1955.

（三）道德的发展阶段

道德发展阶段理论是指个人的道德认知会遵循某一固定模式向上发展，具有阶段性特征。心理学家科尔伯格将道德发展分为三个层次六个阶段，如表1-1所示。每个层次的第二阶段都是该层次上所有观点的更高级、更有序的形式①。

在道德成规前期，孩子可以使用善、恶、好、坏的标签，但是善与恶、好与坏都是依据行为带来的快乐、痛苦或权威人物的要求来判断。在惩罚和服从方向阶段，对和错是由权威人物的要求和行为带来的快乐或痛苦来定义。孩子举止合理的原因是为了避免责罚或顺从权威的势力。他们几乎没有认识到别人和自己一样有需求和渴望。在工具和相对方向阶段，正确的行为变成了孩子满足自己需要的手段。孩子已经知道，别人和自己一样有需求和渴望，并且利用这个认知来满足自己的需求。孩子正确对待别人，别人以后也会正确地对待他。

在道德成规期，孩子会依据家庭、同伴或社会的传统标准审视道德对错。这个阶段的年轻人忠于自己的群体及其规范，他们有能力采用群体中其他相似人群的观点。在人际和谐方向阶段，年轻人想要被喜欢和认可，良好的行为就是达到他们忠实、热爱或信任的那些人（如家庭和朋友等）的期望，正确的行为符合对个人角色（如好孩子、好朋友等）的期待。在法律和命令方向阶段，对与错是基于对国家或社会的忠诚，遵循社会的法律和规范，社会才能持续良好运行。

在道德成规后期，人们尽量从一个公正的视角审视对与错，将每个人的利益考虑进去，而不再简单地接受自己群体的价值观和规范。在社会契约方向阶段，人们认识到人群间有互相冲突的道德观点，但是相信存在公平的方式来达到一致。人们相信所有的道德价值观和道德规范是相对的，表现出契约的、个人权利的和民主的道德取向。在普遍的道德原则方向阶段，人们开始依据道德原则的合理性、通用性和一贯性来定义正确的行为。个人自觉地坚持这些原则，并在没有外部压力的情况下充分加强自己。

表1-1 科尔伯格"道德发展阶段"理论

第一层次：道德成规前期	
阶段一	惩罚和服从方向
阶段二	工具和相对方向
第二层次：道德成规期	
阶段三	人际和谐方向
阶段四	法律和命令方向
第三层次：道德成规后期	
阶段五	社会契约方向
阶段六	普遍的道德原则方向

---

① 郭本禹. 道德认知发展与道德教育——科尔伯格的理论与实践［M］. 福州：福建教育出版社，2005.

（四）社会主义公民道德建设的要求

为加强社会主义公民道德建设，中共中央于 2001 年 9 月印发《公民道德建设实施纲要》①。随后，中共中央、国务院于 2019 年 10 月印发了《新时代公民道德建设实施纲要》②。这对加强公民道德建设、提高全社会道德水平，促进人的全面发展、社会全面进步具有重要作用。

《新时代公民道德建设实施纲要》中提出，"要把社会公德、职业道德、家庭美德、个人品德建设作为着力点。推动践行以文明礼貌、助人为乐、爱护公物、保护环境、遵纪守法为主要内容的社会公德，鼓励人们在社会上做一个好公民；推动践行以爱岗敬业、诚实守信、办事公道、热情服务、奉献社会为主要内容的职业道德，鼓励人们在工作中做一个好建设者；推动践行以尊老爱幼、男女平等、夫妻和睦、勤俭持家、邻里互助为主要内容的家庭美德，鼓励人们在家庭里做一个好成员；推动践行以爱国奉献、明礼遵规、勤劳善良、宽厚正直、自强自律为主要内容的个人品德，鼓励人们在日常生活中养成好品行。"

二、职业道德概述

（一）职业道德的含义

职业道德是道德的一种形态，是指在一定职业活动中应遵循的、体现一定职业特征的、调整一定职业关系的职业行为准则和规范。职业道德是所有从业人员在职业活动中应该遵循的行为准则，涵盖了从业人员与服务对象、职业与职工、职业与职业之间的关系。

（二）职业道德的特征

1. 鲜明的行业性

职业道德与具体的职业实践活动紧密联系，每个行业都有自己的特殊职业活动内容和职业活动方式，其职业道德规范的内容也不相同。因此，职业道德呈现出鲜明的行业性特征。

2. 广泛的实践性

职业道德是在广泛的职业实践基础上形成的，反过来可以指导人们的职业实践活动，即职业道德源于实践，同时又指导实践。因此，职业道德呈现出广泛的实践性特征。

3. 历史的传承性

职业道德在历史发展过程中，不断吸收先进的内容，摒弃落后的内容，不断发展，呈现出历史的传承性特征。

4. 形式的多样性

由于社会分工的不同，人们的职业形式具有多样性，职业道德也呈现出多样性，有多少种职业就会形成多少种职业道德。

---

① 中共中央于 2001 年 9 月 20 日印发《公民道德建设实施纲要》，该纲要自发布之日起实施。
② 中共中央、国务院于 2019 年 10 月印发《新时代公民道德建设实施纲要》，该纲要自发布之日起实施。

（三）职业道德的作用

1. 职业道德促进职业活动的有序进行

职业道德是调整从业人员与服务对象、职业与职工、职业与职业之间关系的职业行为准则和规范。随着现代社会分工的发展和专业化程度的增强，市场竞争日趋激烈，整个社会对从业人员职业观念、职业态度、职业技能、职业纪律和职业作风的要求越来越高。职业道德一方面运用职业道德规范约束职业内部从业人员的行为，促进职业内部从业人员的团结与合作，同时调节从业人员和服务对象之间的关系，在从业人员与服务对象之间建立起良性、和谐的关系。在维护行业职业信誉、促进行业健康发展的同时，推动各种职业活动有序进行。

2. 职业道德促进人的自我完善

人的自我完善，不仅仅体现在身体素质、心理素质、职业技能上，更重要的是道德健康。1989年，联合国世界卫生组织[①]对健康做出了新的定义，即"健康不仅是没有疾病，而且包括躯体健康、心理健康、社会适应良好和道德健康"。职业道德在促进人的道德健康上，主要是通过营造良好的职业道德环境，使人们形成正确的职业道德观念，养成良好的职业道德行为习惯，培养人在职业活动中成为一个道德健康的人，从而促进人的全面发展和自我完善。

3. 职业道德是增强企业凝聚力的重要手段

职业道德是企业文化的重要组成部分。企业需要建立符合职业道德要求的文化氛围，从而引导并规范员工的工作行为，确保员工的行为是符合职业道德要求的。因此，在企业内部通过开展职业道德实践，营造良好的文化氛围，让员工做正确的事情，以支持企业想要的行为类型，从而增强企业员工的凝聚力和向心力，促进企业竞争力的提升。

4. 职业道德促进全社会道德水平的提高

职业道德是道德的重要内容。职业道德一方面涉及每个从业人员如何对待工作，如何对待职业，同时也是每个从业人员生活态度和价值观念的体现。每个从业人员在职业活动期间，由于已经具备一定的社会阅历，其道德意识和道德行为也较为稳定和成熟。如果每个行业、每个职业者都具备良好的职业道德品质，这种稳定且成熟的职业道德意识和行为，对整个社会道德水平的提高能够发挥重要作用，促进全社会道德水平的提高。

（四）社会主义公民职业道德建设的内容

我国《新时代公民道德建设实施纲要》中对职业道德的基本内容进行了要求，包括"爱岗敬业、诚实守信、办事公道、热情服务、奉献社会"。

爱岗敬业是爱岗与敬业的总称。爱岗就是热爱自己的工作岗位，热爱本职工作；敬业就是要用一种恭敬严肃的态度对待自己的工作。

[①] 世界卫生组织（World Health Organization，英文缩写WHO，中文简称世卫组织）是联合国下属的一个专门机构，总部设置在瑞士日内瓦，只有主权国家才能加入，是国际上最大的政府间卫生组织。

诚实守信是一种道德品质和道德规范。无诚则无德，无信则事难成。诚实，即忠诚老实，不说谎，不作假，不为不可告人的目的而欺瞒别人；守信，就是讲信用，讲信誉，信守承诺，忠实于自己承担的义务。

办事公道就是在办事情、处理问题时，要站在公正的立场上，对当事双方公平合理、不偏不倚，不论对谁都是按照一个标准办事。

热情服务就是在工作过程中礼貌待人，真诚待人，全心全意做好服务，真正做到"群众利益无小事，服务工作无止境"。

奉献社会就是全心全意为社会做贡献，是为人民服务精神的最高体现。奉献就是不期望等价的回报和酬劳，而愿意为他人、为社会奉献出自己的力量。奉献社会不仅要有明确的信念，而且要有崇高的行动。

第三节　道德决策方法

一、道德决策的含义

道德决策是指当个体面对一定的道德情境和多种可供选择的行为路径时，对可能的行为选择进行善恶以及道德与否的评定，最终做出决策的过程。道德决策通常涉及两难权衡，即个体会在"维护自我利益"与"阻止对他人的伤害"之间进行决策，这种两难权衡使得决策者在道德情境中会体验到认知和情绪的相互冲突。

二、道德决策的理论

（一）社会直觉理论

社会直觉理论强调道德决策是一个快速的、直觉的过程，认知推理和直觉处理过程是道德决策的两大过程，其中，直觉处理过程是道德决策的决定性过程。当个体做出道德决策时，他首先会根据自己的直觉迅速决定，这个过程是自动的，不需要任何有意识的努力。初步的道德决策之后，个体会根据道德决策的结果如何，之后再进行缓慢的道德推理过程，进行决策后的道德推理主要是对自己的道德决策进行解释，找到相应的依据，并以此依据来说服别人，或者对自己的决策进行反思和评价[①]。在道德决策过程中，情绪成分多于认知推理成分，情绪先行于认知，认知推理在道德决策之后，起着补充说明的作用。社会直觉理论强调情绪是道德决策的核心成分。

（二）理性推理理论

根据理性推理模型，道德决策主要是基于人的理性思维和推理过程，情感因素是在理

---

① Haidt J. The emotional dog and its rational tail: a social intuitionist approach to moral judgment [J]. Psychological review, 2001, 108 (4): 814.

性推理后产生的,而不是道德决策过程中的主导因素①。个体在进行道德决策时,会先对情境中的信息进行搜集整理,然后对这些信息进行充分的加工,在充分的评估权衡之后进行决策。情绪是产生于决策之后,并没有参与到道德决策的过程中,即理性推理理论强调的是道德决策过程中内在的认知推理的重要性。

(三) 双加工理论

道德决策双加工理论强调在个体的道德决策过程中,认知推理系统和情绪直觉系统同时存在,个体的道德认知和决策是两套系统协同作用完成的②。其中,情绪直觉系统是一种自动的、直觉的内隐加工过程;认知推理系统是一个由认知控制的智力衍生过程,它关系到个体道德原则的学习发展以及对这些原则的遵守。在不同道德情境的认知加工过程中,两种系统在情感推理和理性认知推理的成分上是不同的,在决策和判断的过程中,这两种成分之间存在着竞争关系。当情感成分大于认知成分时,个体进行道德判断和决策时倾向于由情感驱动,而当认知成分较多时,个体的道德判断则倾向于由认知推理和结果导向驱动。即双加工理论强调个体在道德决策时,会对道德情境中的信息进行充分的推理加工,又会有相应的情绪参与其中,个体的决策如何取决于两种系统的冲突竞争结果。

(四) 道德人际关系理论

道德人际关系理论阐明了在社会关系领域中,个体的道德行为应当与相应的人际关系相结合。道德行为的产生是与特定的社会人际关系有关的,对道德行为效价的评定应当结合道德情境中的人际关系以及道德行为主体的道德动机。在道德情境中存在着四种基本的人际关系,每种人际关系都对应着相应的道德动机。然而,在相同的道德情境下,个体的道德行为不是只依赖于单一的道德动机,往往存在基于多重人际关系模式下的多重道德动机。多重动机之间相互竞争和冲突的结果便是道德判断和决策的结果③。

三、道德决策的方法

(一) 道德决策树模型

道德决策树模型是由杰拉尔德·卡瓦纳等人于 1981 年提出。道德决策树模型的基本逻辑方法如图 1-1 所示。

该模型具有两个特点。一是从决策的后果和决策对义务与权利的尊重两方面来评价决策在道德上的可接受性;二是运用加勒特的相称理论,考虑例外情况的解决方式。该模型的缺陷在于对利益相关者长短期利益平衡未加考虑。

---

① Paxton J M, Greene J D. Moral reasoning: Hints and allegations [J]. Topics in cognitive science, 2010, 2 (3): 511-527.

② Greene J D. Why are VMPFC patients more utilitarian? A dual-process theory of moral judgment explains [J]. Trends in cognitive sciences, 2007, 11 (8): 322-323.

③ Rai T S, Fiske A P. Moral psychology is relationship regulation: moral motives for unity, hierarchy, equality, and proportionality [J]. Psychological review, 2011, 118 (1): 57.

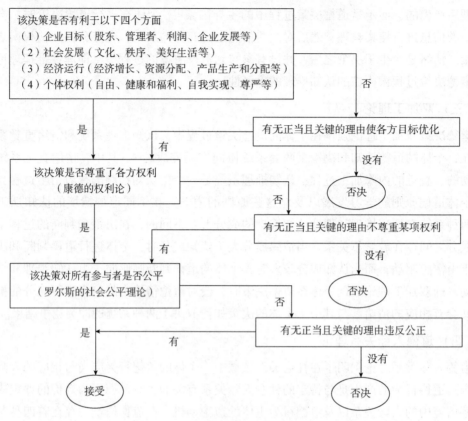

图 1-1 道德决策树模型

（二）衡量决策伦理性的 12 个问题

劳拉·L. 纳什列举了衡量企业决策伦理性的 12 个问题，供决策者在进行伦理决策时考虑。

（1）你已经准确地定义决策问题了吗？
（2）如果你站在他人地立场上，会怎样定义问题？
（3）问题是怎样产生的？
（4）作为一个个人和公司成员，你忠诚于谁、忠诚于什么？
（5）你做该决策的意图是什么？
（6）你的决策意图与可能的结果相符合吗？
（7）你的决策会损害谁的利益？
（8）你能在做决策前与受决策影响的各方讨论该决策问题吗？
（9）你认为从长远来看该决策将与现在看上去那样有成效吗？
（10）你能毫无顾虑地与你的上司、高层管理者、董事、家庭以及整个社会谈论你的决策或行动吗？你是否感到不安？
（11）如果理解正确，人们会对你的行为产生什么样的看法呢？误解了又会怎样？
（12）在什么样的条件下，你会允许对你的立场有例外？

该分析框架从决策动机与结果以及利益相关者和长远利益考虑该决策的合道德性，同时也考虑了例外情况的发生，有一定的实践操作性。但缺点在于缺乏相应的伦理理论作为逻辑基础，主观性太强，难以得到令人信服的决策。

（三）"九问式"模型

"九问式"模型由美国马奎特大学营销学教授基恩·拉克兹尼亚克于 1983 年提出。此模型在九个问题中分别运用了显要义务论、相称论和公平公正论，决策者可以通过回答这些问题来制定符合道德的决策，如果回答全部为否定，则该决策在道德上是可以接受的。

（1）该行为是否违法？

（2）该行为是否违背任何一般的道德义务（包括忠诚的义务、感恩的义务、公正的义务、仁慈的义务、自我完善的义务、不伤害的义务）？

（3）该行为是否违背相关组织的特定义务？

（4）该行为的动机是否是邪恶的？

（5）该行为是否会导致任何重大邪恶的事情发生？或者是否会由于该行为而出现重大邪恶的事情？

（6）是否故意放弃了好处相同或更多而邪恶更少的备选方案？

（7）该行动侵犯了消费者不可剥夺的权利了吗？

（8）该行动是否侵犯别的组织的权利？

（9）个人或组织是否已经没有相关的权利了？

该分析框架综合了义务论和结果论，以法律检验为起点，依次进行义务检验、特定组织的责任与目的检验、过程检验、结果检验、权利检验、公正检验。该模型的缺陷在于没有考虑到当道德义务发生冲突时应该如何抉择。

（四）伦理检查模型

伦理检查模型由肯尼斯·布来查德和诺曼·Q. 皮尔于 1988 年提出。该模型主要依据合理利己论和显要义务论，简单实用，无须掌握较抽象的伦理原则，便可进行大致符合伦理的决策，因此被很多企业采用。该模型的分析框架是由以下三个问题构成：合法吗？长、短期利益平衡吗？自我感觉如何？该模型的基本逻辑如图 1-2 所示。

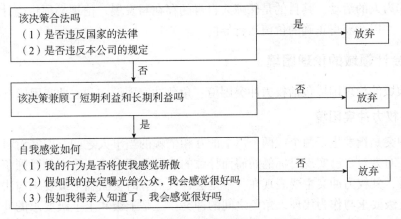

图 1-2 伦理检查模型

该模型从表面上看，好像并未直接谈到伦理，但实际上都与伦理有关。一般而言，伦理与法律是一致的，即不合法的也往往是不道德的。违反伦理的行为从长远来看往往得不偿失。依靠自我感觉来判断，就是要唤醒决策者本身拥有的伦理意识。然而该模型局限性也显而易见,一是未对利益相关者进行考虑;二是由于法律的滞后性,仅遵守字面上的法律不足以避免不道德的决策;三是对于复杂的问题仅凭自我对道德的认识,而没有系统的伦理分析为理论基础,无法获取清晰的答案。

第四节 会计领域的伦理分析

一、会计的伦理本质

会计是一种伦理活动,本质上是一种道德现象、道德规范和道德活动的集合。人们常认为会计和伦理是两个不相关的领域。其实,两者具有内在的逻辑联系①。

从历史发展来看,伦理与会计的相互结合是与生俱来的。我国著名教育家、思想家孔子根据自己的经历,提出了会计伦理思想,即"会计当而已矣"。近代西方会计之父卢卡·帕乔利则认为会计职业本质上就是诚实人的职业,其有关账户和记录的全部学说均包含着无可挑剔的诚实和纯粹的道德。

从学理层面看,所有的人类活动都涉及伦理,会计作为一种人类活动,也有其伦理层面。会计和伦理道德密不可分。首先,人们进行的各种活动总是为了满足其自身的某种精神需要和物质需要。精神需要体现了人对道德的追求。其次,会计是伦理的会计。任何会计行为都是基于行为主体的某种价值取向的一种表达方式。无论人们自觉还是不自觉,会计行为都可以通过有目的的对象性活动,将其自身的才能、信念、意志和品质等作用于对象物。哪怕是简单的核算也存在着利益代表的问题。

从现实情况来看,会计职业与伦理结合具有其迫切性。首先,国内外发生的众多会计信息严重失真案例说明,会计道德伦理缺失已经发展为一个国际性难题,说明了对会计伦理的迫切需要。其次,会计的道德作为一种时代精神,应该是会计自觉追求的价值目标。会计活动作为人的活动,其目的是保障人自身的存在与发展。伦理必须将会计行为纳入其指导范畴,并以此获得正确的价值运行导向。

二、会计领域的伦理困境

会计领域的伦理困境包括权力冲突困境、角色冲突困境和利益冲突困境②。

(一)权力冲突困境

权力冲突是指发生于两个或两个以上的互相依赖的当事人之间,因其对目标理解的相互矛盾以及对方对自己实现目标的妨碍而导致的一种心理上或行为上的激烈争斗。对于会计人员来讲,其权力冲突主要表现在:一是会计人员有时会面临上级要求与法律之间的冲突;二是上级要求与作为代理人角色之间的冲突;三是上级和上上级要求的冲突。会计人员的工作完全在单位负责人的领导与管理之下,具有天然的从属性。会计职业本身要求会

---

① 王双云. 会计伦理问题研究 [D]. 长沙:湖南师范大学,2011.
② 李雯芳. 会计伦理困境解析 [D]. 沈阳:东北大学,2013.

计人员发挥核算监督职能。当二者发生冲突时，会计人员便陷入了困境。如果违背上级的指令，最终效忠于法律，就会受到领导的打击报复，甚至失去工作；如果服从于上级的决定，便成了上级的代理人，充当这一角色，其抉择就超越了善与恶的范围；如果服从了上上级的越级指令则自己的上级会抱有不满，而且同事之间也会有抱怨；而如果会计人员在触犯法律、违背道德的同时执行了上级的指令，从中可能会得到好处，在这两种力量的作用下，会计人员就会陷入博弈论中的"囚徒困境"，造成企业会计信息失真。因此，社会上流传的"做人难，做会计更难"的说法，就鲜明地描述了会计人员所面临的权力冲突困境。

（二）角色冲突困境

角色冲突是当一个人扮演一个角色或同时扮演几个不同的角色时，由于不能胜任而发生的矛盾和冲突。对于会计人员来讲，其角色冲突主要表现在，在社会多元化的环境下，企业会计人员经常要扮演不同的角色，有时在特殊的情形下，特定角色之间是彼此不相容或是彼此互相排斥的。一方面，作为一名企业员工，会计人员的工资和报酬都是由企业支付的，因此不得不要遵守企业利益高于一切的原则，承担维护企业利益的角色；另一方面，作为一名社会公民，会计人员必须承担维护公共利益和提升行业社会公信力的角色。当会计人员所扮演的角色与社会公众的期望不符或相冲突时，就形成了角色冲突，伦理困境便产生了。特别是在公众的期望下，会计人员所处的环境只有小小的惩罚或舆论的压力，然而这些却远远抵不过工资、奖金、晋升带来的诱惑，这种伦理困境的结果直接激化了会计诚信的缺失，使会计欺诈案不断涌现。

（三）利益冲突困境

利益冲突困境，即"利"与"义"之间的矛盾困境，其主要来源于会计人员主体客观责任与私人利益之间的矛盾。对于会计人员来讲，其利益冲突主要表现为公共角色与私人利益之间的冲突，客观责任与可能利益之间的冲突。会计人员利益冲突困境中的利益，除了经济利益，还包括社会地位、权力、社会关系、社会认同等。价值多元化的背景下，这些利益有时是重叠的，会计人员对利益的屈服程度决定了什么时候这些潜在的利益冲突转变成现实的利益冲突。会计人员在对会计实务的处理过程中，可能会面对企业各利益相关者的不同利益相冲突的情形。例如，为了维护大股东的利益可能要牺牲小股东的利益，为了维护企业利润可能要牺牲债权人的利益等。

三、会计领域的伦理决策方法

（一）社会责任分析法

阿奇·B. 卡罗尔提出企业社会责任模型，认为企业社会责任是指某一特定时期内社会对组织所寄托的经济、法律、伦理和（慈善）自由决定的期望。其中经济责任是企业最纯粹也是最重要的社会责任，但并不是企业唯一的责任。作为社会的一个组成部分，社会赋予并支持企业承担生产性任务、为社会提供产品和服务的权力，但同时社会也制定了企业所应该遵循的法律和法规，并且期望企业在法律要求的框架内实现经济目标，因此，企业肩负必要的法律责任。虽然企业的经济和法律责任中都隐含着伦理规范，但公众社会对企业的期望有时超出了法律要求的范围，对企业伦理经营行为的期望，使人们认识到企业伦理责任的重要性。除此之外，社会还对企业寄予了一些没有或无法明确表达的期望，是否承担或应该承担什么样的责任完全由个人或企业自由判断和选择，这是一类完全自愿的行为，也即慈善责任。企业社会责任分析法包括以下基本步骤。

1. 理解道德标准

个人的道德标准取决于其目标、规范、信仰和价值观。由于个人的宗教信仰、文化传统、经济状况，以及外部社会环境的不同，个人的目标、规范、信仰和价值观也不同。

2. 认清道德影响

由于伦理问题可能会给一些人带来利益，而给另外一些人带来损害。因此，在面对一个道德上有争议的决策时，应首先确定谁会得利、谁会受损，由此开始分析问题，确定解决方法；然后确定谁将能够自由地行使权力、谁将无法同样自由地行使权力。认清道德影响就是确定决策将会对每个人产生什么样的影响，具体分析包括以下几点。

（1）利益。组织当前或提议中的行动会显著改善哪些群体的福利？集中关注可确认的群体的物质、财务或个人利益。

（2）损害。组织当前或提议中的行动将会明显损害哪些群体的福利？集中关注可确认的群体的物质、财务或个人利益受到的损害。

（3）权力。组织当前或提议中的行动将会确保哪些人行使权力，并且更有保障？集中关注可确认的群体权力，并区别对待。

（4）侵权。组织当前或提议中的行动将会剥夺哪些人行使权力，或使其不那么有保障？集中关注可确认的群体权利，并区别对待。

3. 陈述伦理问题

通过道德影响的分析，将得到的利益和受到的损害、保障的权力和剥夺的权力列出，如果发现列出的分析结果与道德标准相冲突，就产生伦理问题。由于个人的宗教信仰、文化传统、经济状况，以及外部社会环境的不同，个人的道德标准也有差异。因此，并非每个人对伦理问题都有同样的认识。为达成解决道德冲突的方案，需要陈述道德问题及道德问题产生的原因。

4. 确定经济效益

在社会责任分析中，整个社会的经济效益为总收益减去总成本的净成果。经济效益不仅包括决策对当前公司产生的财务后果，也包括该决策对整个社会的所有相关成员所产生的财务后果。确定的经济效益，要尽可能用少的成本换取尽可能多的收益。这种多比少好的方法，是一种用道德评价伦理问题的收益和损害的方法。

5. 考虑法律要求

法律要求所有人按照特定的要求去做某些事，而非只是期望、建议或请求人们这样做，即任何人在任何时候都应该遵守法律。但法律要求是最低的社会道德标准。法律要求通常是禁止性的，而且滞后于社会道德标准的要求。因此，仅仅进行法律分析是不够的，还需要进行伦理责任分析。

6. 评估伦理责任

伦理责任的焦点在于私利和社会利益之间的权衡。对每个人来说，道德责任涉及正确、公正和公平，除非能够适用于所有的人，否则，道德标准就是没有意义的。评估伦理责任时，可以采用五条通用的规则：个人美德、宗教命令、功利论、普遍规则和分配正义。这五个伦理规则表面上并不互相矛盾，但这些伦理规则并不能被融入一个单一的逻辑整体中。每个伦理规则都表述了部分真实。但当作判别伦理责任的工具时，每个规则都是不完全的，也是不充分的。

7. 评估慈善责任

慈善责任是对企业经营更高层次的伦理要求，体现企业对伦理责任的追求。承担必要的慈善责任能够展现企业较高的伦理道德层次，有利于企业的可持续发展和健康发展。

总体来看，在企业社会责任分析法中，经济效益准则试图在某些人得到的利益和另一些人受到的损害之间寻找平衡。法律准则试图在某些人享受的权利和另一些受到的侵害之间寻找平衡。但伦理责任并不要求在各种伦理责任之间寻找平衡。慈善责任是企业将自己视为一个个体，努力实践更高层次的伦理要求。

（二）利益相关者分析法

利益相关者是指组织行为、决策、政策、活动或目标的影响者或被影响者。包括企业所有者、客户、员工、供应商、消费者，以及媒体、法院、政府、竞争对手、公众等。利益相关者分析中的伦理思维是要问：什么是公正、公平、有益？谁是弱势利益相关者？谁能、谁愿意、谁应该帮助弱势利益相关者？利益相关者分析要求当事企业明确他们对相关者等所负的道德责任，并履行责任①。利益相关者分析法的实施步骤有如下几步。

1. 勾画出利益相关者关系

在勾画利益相关者关系时，可提出如下问题：

（1）谁是我们现在的利益相关者？

（2）谁是我们潜在的利益相关者？

（3）每位利益相关者对我们影响如何？我们对每位利益相关者的影响如何？

（4）每一分部和每一种业务的利益相关者是谁？

（5）目前战略对所有重要利益相关者有何假设？

（6）影响我们及利益相关者的现行"环境变量"是什么？

（7）怎样测评这些变量？怎样测评这些变量对我们的影响和对我们的利益相关者的影响？

（8）怎样与利益相关者保持一致？

2. 勾画利益相关者联盟

一般情况下，利益相关者之间会围绕共同问题、共同利益和共同目的形成联盟关系。勾画出问题中的实际联盟和潜在联盟，有助于在这些联盟形成前后确定相应的对策。

3. 评估每位利益相关者的利害关系本质

通过识辨"支持者"和积极的"反对者"，以评估每位利益相关者的利益。

4. 评估每位利益相关者的力量本质

在评估每位利益相关者的力量本质时，可以提出如下问题，"每位利益相关者有什么？

---

① 约瑟夫·W. 韦斯. 商业伦理：利益相关者分析与问题管理方法 [M]. 符彩霞，译. 北京：中国人民大学出版社，2005.

在特定利害关系中,谁会输?谁会赢?谁会撤退?"以此帮助辨明不同群体的战略前提及其利害关系的力量,并对这些前提和力量进行评估。

5. 构造利益相关者道德责任矩阵

通过构造利益相关者道德责任矩阵,以分析不同利益相关者面临的道德责任。利益相关者道德责任矩阵如表1-2所示。

表1-2 利益相关者道德责任矩阵

项目		当事公司的责任		
		经济责任	伦理责任	自愿责任
利益相关者	所有者			
	客户			
	员工			
	社团			
	公众			

6. 确定明确的战略、战术

在确定明确的战略、战术时,首先要考虑的是,与每位利益相关者直接联系还是间接联系。其次,要决定对特定利益相关者采取何种态度,比如是不采取行动、进行监控、进行反击,还是防御。第三,要决定对特定利益相关者采取何种战术,比如是妥协、谈判、利用、反击、回避,还是观察。最后,要明确对每位利益相关者综合起来采取什么战略。

确定明确的战略、战术时,要谨记:一是,你的目标是尽可能达成共赢结果;二是,要问一问:"公司业务是什么?公司客户是谁?我们对利益相关者有何责任?对公众、对企业有何责任?";三是,要考虑采取行动后可能会有什么样的结果;四是,你所采取的方式与你寻求的结果一样重要。

7. 监测联盟更替

因为时间和事件的变化会改变利益相关者及其事件的关系,所以需要监控问题的演变,同时监控利益相关者的行动。媒体报道、政治、经济、法律行动和公众反应将改变利益相关者在危机中的战略和立场。

(三)基于道德准则的决策方法

根据基于道德准则的决策模型,在法律层面完全禁止决策的自由,在规则层面进一步限制道德决策自由,在原则层面继续限制道德决策的自由,如图1-3所示。假设审计师为某一可能被收购或兼并的企业服务,当被收购或兼并这一内部消息公开披露时,客户的股价将显著上升。在这种情况下,按照《中华人民共和国证券法》(以下简称《证券法》)的相关规定,禁止审计师投资这一公司的股票以获得私人利益。即使法律上没有禁止向客户投资,规则层面也对这一行为予以限制。比如,《注册会计师职业道德守则》中限制审计师向客户投资。原则层面的规定进一步限制了审计师的道德决策自由。道德准则的一个重要原则是要求注册会计师不得从事损害公共利益的业务活动。

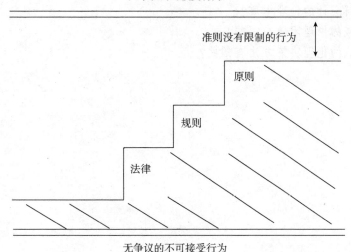

图 1-3　基于道德准则的决策模型

虽然基于准则的道德决策模型较为谨慎，但也有其局限性，首先，基于准则的道德决策模型假设人的道德水平具有一致性，并且愿意维护这种一致性。其次，基于准则的决策模型假设人们主观上愿意通过遵循道德准则，运用基于准则的决策模型规避风险。但如果这两个假设不成立，则将无法运用基于准则的道德决策模型。最后，基于准则的决策模型将现实世界中的各种复杂关系简化为单纯依据准则即可恰当处理各方利益，而在现实世界中，这一点难以成立[①]。

复习思考题

1. 伦理的含义和特征是什么？
2. 商业伦理的含义和内容是什么？
3. 中国和西方国家商业伦理的原则分别是什么？
4. 商业伦理有哪些作用？
5. 社会核心价值观是什么？
6. 道德的含义和特征是什么？
7. 科尔伯格道德发展阶段理论的内容是什么？
8. 社会主义公民道德建设的要求是什么？
9. 职业道德的含义和特征是什么？
10. 职业道德有哪些作用？
11. 社会主义公民职业道德建设的内容是什么？
12. 道德决策的理论有哪些？

---

① 吴建友. 审计师道德决策模型比较及启示：基于准则与基于认知发展阶段 [J]. 审计研究, 2007（2）: 75-80.

13. 道德决策的方法有哪些？
14. 如何理解会计的伦理本质？
15. 会计领域的伦理困境有哪些？
16. 会计领域的伦理决策方法有哪些？

第二章 企业内部管理商业伦理

学习目标

1. 熟悉股东与企业之间的关系，掌握股东的权利与义务，能够分析企业与股东之间的商业伦理问题，并提出道德规范对策。

2. 熟悉董事会、监事会和管理层的构成，掌握董事、监事、管理层的权利和义务，能够分析企业与董事、监事与管理层之间的商业伦理问题，并提出道德规范对策。

3. 熟悉企业与员工之间的关系，掌握企业和员工的权利与责任，能够分析企业与员工之间的商业伦理问题，并提出道德规范对策。

案例导入

诚信是企业家精神的内核

盛唐时的长安东市、西市，商贾云集、货通天下，鼎盛时期聚集了数万中外商人，是当时全球最大的国际贸易中心，也是最早的自贸区。在此经商的商人被称为"西商"。国际化的环境使诚信成为西商最主要的精神特质之一。

孔子说"民无信无以立"，韩非子说"巧诈不如拙诚"，管子说"诚信者，天下之结也"，都极言诚信之要。何谓诚信？诚，指真实无妄的道德品质；信，指信守诺言的可靠作为。"诚信"，意味着内外兼修，言行一致，知行合一。

"民无信不立"。以诚信为主要内涵的西商精神，诠释了诚信乃立人之本、齐家之道、经商之魂。历史上的西商，就是靠"诚信"走遍天下。

诚信，具有穿越时空的强大生命力，是亘古不变的价值追求。当前，结构调整步伐加快，新旧动能加速转换。西安要实现大发展，应重新审视诚信的时代价值。诚信，不仅是我们文化传承的底色，也是当代企业家精神的内核。对于企业家来说，诚信不仅是一种优良品质，更是责任担当；不仅是一种价值取向，更是一类创业准则；不仅是一种社会声誉，更是无法量化的竞争资源。

激发和培育企业家的诚信精神，首先要靠企业家的自我约束。真正的企业家，不仅要在经济发展上追赶超越，也要在精神文化上有所坚守。"道不可坐论，德不尚空谈。"企业家们都应积极行动起来，校准价值坐标，正身行事，律己服人。

激发和培育企业家的诚信精神，还要靠制度的刚性保障。"制度比人强"。当前，

> 我们要不断创新，综合施策，将诚信之网越织越密、越织越牢，营造"守信者一路畅通，失信者寸步难行"的制度环境，让诚信成为诚信者的通行证。
>
> 同时，要大力倡导"诚信光荣，失信可耻"的社会风尚，使诚信融于城市的精神气质之中，并日益成为社会常态。同时，要构建新型政商关系，营造公正透明的经商环境，让企业家对社会信用的前景更有信心、更有底气。
>
> 一诺千金，一片真诚可对日月。唯有以诚相待、以信为重，使诚信成为所有企业家的价值追求和发展理念，才能合力筑起一个讲信修睦、崇德向善的"信用西安"。
>
> （资料来源：西安日报）

第一节 企业与股东之间的商业伦理

一、股东的权利与义务

（一）股东的定义

股东是指对公司进行出资或者持有股票的人，其享有一定的权利，同时也承担一定的义务。股东是企业的地基，是公司赖以生存的基础。按照不同的分类标准，可以对股东进行划分。

1. 隐名股东和显名股东

根据实际的出资与登记情况是否相同，股东可以分为隐名股东和显名股东。隐名股东是指实际出资人，即虽然已经实际出资认缴或认购公司股份，但在公司章程、股东名册和工商登记等中登记为他人的投资者，其实际出资与登记情况不同。显名股东是指实际出资与登记情况相同的投资者。根据《中华人民共和国公司法》（以下简称《公司法》）[①] 规定，公司成立后，应当向股东签发出资证明书。出资证明书应当载明下列事项：公司名称；公司成立日期；公司注册资本；股东的姓名或者名称、缴纳的出资额和出资日期；出资证明书的编号和核发日期。

2. 机构股东和个人股东

根据股东自身的身份不同，可以分为机构股东和个人股东。机构股东是指具有股东权利的法人和其他组织，包括各种基金、保险、券商等，比较著名的机构投资者有软银集团、红杉资本等。个人股东通常是指自然人股东。

3. 创始股东和一般股东

根据股东资格的获取时间和条件，股东可以分为创始股东和一般股东。创始股东是指

[①] 1993年12月29日，第八届全国人民代表大会常务委员会第五次会议通过《中华人民共和国公司法》，后经多次修正修订，现行版本为根据2018年10月26日第十三届全国人民代表大会常务委员会第六次会议《关于修改〈中华人民共和国公司法〉的决定》第四次修正版本。

公司成立时，认缴出资同时可以在设立公司、签署设立协议或公司章程上签字盖章，并对公司承担有限或无限责任的人。一般股东是指通过出资、继承、赠予等方式获得公司股权，并享有权利承担义务的人①。

4. 控股股东和非控股股东

根据股东所持股票的数量和对公司的影响，股东可以分为控股股东和非控股股东。根据《公司法》规定，控股股东是指其出资额占有限责任公司资本总额50%以上或者其持有的股份占有限公司股本总额50%以上的股东；出资额或者持有股份的比例虽然不足50%，但依其出资额或者持有的股份所享有的表决权足以对股东会、股东大会的决议产生重大影响的股东。与之相反的股东就是非控股股东。

5. 大股东和中小股东

根据股东在公司持有表决权的数量，股东可以分为大股东和中小股东。通常情况下，大股东是指在公司中的股份占大多数。由于大股东掌握较多的表决权，因而可以对公司享有控制权。在公司中对比大股东而言，持有较少股份的股东为中小股东，其控制权弱于大股东。

(二) 股东的权利

在公司中，当股东向公司出资或者持有一定股份时，会享有一定的权利，主要包括资产拥有或转让权、参与决策权、资产收益权、退股权、知情权、优先受让和认购新股权、选举权、公司经营的建议或者质询权、诉权等。

1. 资产拥有或转让权

公司的股东拥有相应的资产或股权，此拥有权是股东应享有的最基本的权利。同时，股东能够按照自己的意愿与想法转让所拥有的资产或股权，以此来获取相应的收益或者转让一定的风险。

2. 参与决策权

股东通过出席股东（大）会，可以对公司重大事项进行表决，参与企业的重大决策。

3. 资产收益权

资产收益权一般可以分为剩余利润索取权和剩余财产分配请求权。根据《公司法》规定，公司在从税后利润中提取法定公积金后，经股东会决议，可以提取任意公积金。公司弥补亏损和提取公积金后所余利润，有限责任公司按照股东的出资比例分配，股份有限公司按照股东持有的股份比例分配，即对剩余利润的索取权。根据《公司法》规定，公司财产在分别支付清算费用、职工的工资、社会保险费用和法定补偿金后，缴纳所欠税款，清偿公司债务后的剩余财产，有限责任公司按照股东的出资比例分配，股份有限公司按股东持有的股份比例分配，即对剩余财产的分配请求权。

4. 退股权

根据《公司法》规定，有下列情形之一的，对股东会该项决议投反对票的股东可以请求公司按照合理价格收购其股权：①公司连续5年不向股东分配利润，而公司该5年连续赢利，并符合《公司法》规定的分配利润条件的；②公司合并、分立、转让主要财产的；

---

① 郑景元. 设立中公司法律问题研究 [J]. 商事法论集, 2007 (1): 487-567.

③公司章程规定的营业期限届满或其他解散事由出现，股东会会议通过决议修改章程使公司存续的。

5. 知情权

根据《公司法》规定，股东有权查阅公司章程、股东名册、公司债券存根、股东大会会议记录、董事会会议决议、监事会会议决议、财务会计报告等文件。

6. 优先受让和认购新股权

根据《公司法》规定，经股东同意转让的出资，在同等条件下，其他股东对该出资有优先购买权；公司新增资本时，股东有权优先按照实缴的出资比例认缴出资。

7. 选举权

根据《公司法》规定，股东大会选举董事、监事，可以依照公司章程的规定或者股东大会的决议。股东有选择董事、监事等的权利。

8. 公司经营的建议或者质询权

根据《公司法》规定，股东能够对公司的业务、经营和财务管理等工作进行监督、建议或质询。对于中小股东而言，这是一项重要权利。

9. 诉权

根据《公司法》规定，当公司的董事、监事和高级管理人员执行公司职务时违反法律、行政法规或者公司章程的规定，给公司造成损失的，股东可以提起代表诉讼，维护自身的权益。

10. 其他权利

公司章程或其他有关法律法规规定的其他权利，例如提议、召集、主持股东会临时会议权等。

（三）股东的义务

股东应承担和权利相联系的义务，主要包括遵守公司章程的义务、缴纳股款、不得抽逃出资等义务。

1. 遵守公司章程的义务

由于公司章程是规范公司活动的基本文件，具有一定的约束力，因此股东必须按照公司章程的规定开展相应的管理活动。

2. 缴纳股款

公司的成立离不开股东的出资，根据《公司法》规定，股东必须按期足额缴纳相应的股款。以货币出资的，应当将相应的出资款存入公司在银行开设的账户；以非货币财产出资的，应当依法转让相应财产到公司的名下。

3. 不得抽逃出资

根据相应规定，公司经市场监督管理机关依法登记注册后，即公司验资完成后，股东不得抽逃出资。

4. 其他义务

公司章程或其他有关法律法规规定的其他义务。

二、公司与股东之间的关系

股东关系顾名思义就是公司与股东之间的关系。股东作为公司的出资方，股东关系也是公司与出资方之间的关系。股东关系的好坏直接影响到公司的权力中心和资产来源，甚至会影响一个公司的未来发展走势，因此，股东关系是公司内部非常重要的关系。

公司与股东的关系宛如一个生态系统。公司只有不断创造相应的股东价值，才能够吸引股东的投资，促进公司的发展。因而，增加股东的价值是公司重要的任务。在此基础上，公司应该主动协助股东了解公司，进而刺激股东对公司进行长期投资。

1. 良好的股东关系可以保障资金来源

通常情况下，股东关系的基本目标有以下两个：第一是维持原有股东，第二是吸收更多新股东。这主要是因为公司需要大量的资金来维持发展，增强自身的竞争力。资金的重要提供方是股东，因此，良好的股东关系可以促使股东更好地了解公司，稳定和扩大股东的队伍，满足公司对资金的需求。

2. 良好的股东关系有助于公司决策的科学性

公司的发展离不开各类决策，例如投资决策、筹资决策、产品决策等。无论是何种经济活动，都是为了公司能够良好运作，创造更多的价值。想要各类决策达到真正的效果，避免决策失误，需要股东的监督以及建议。良好的股东关系，能够促使股东为公司提供各类信息，提高公司决策的科学性，为公司的长久发展保驾护航。

3. 良好的股东关系有利于开拓市场

公司想要开拓市场，必须依靠各种公关关系，股东关系作为公司内部重要公关关系的一个重要组成部分，具有特殊的作用。股东一旦出资，就与公司自身成为利益共同体，为了促使企业的商品能够获得更大的市场，也需要成为公司的推销伙伴。不仅如此，良好的股东关系可使公司内部较为稳定，有利于公司的进一步发展。

三、企业与股东之间的商业伦理问题

维持良好的股东关系，有利于企业的长远发展，但是无论是企业还是股东，都会因为自己的利益而产生相应的投机行为，损害对方的利益，此时，企业与股东之间就会存在一些商业伦理问题。

（一）企业损害股东的利益

1. 虚假陈述

（1）虚假陈述的概念。虚假陈述是指证券市场虚假陈述，也称不实陈述。根据《最高人民法院关于审理证券市场因虚假陈述引发的民事赔偿案件的若干规定》（以下简称《虚假陈述规定》）[①]，虚假陈述主要是指信息披露义务人违反证券法律规定，在证券发行或者交易过程中，对重大事件做出违背事实真相的虚假记载、误导性陈述，或者在披露信息时发生重大遗漏、不正当披露信息的行为。

---

① 《最高人民法院关于审理证券市场因虚假陈述引发的民事赔偿案件的若干规定》于 2002 年 12 月 26 日由最高人民法院审判委员会第 1261 次会议通过，自 2003 年 2 月 1 日起施行。

其中，重大事件有如下类型：

①公司的经营方针和经营范围的重大变化；

②公司的重大投资行为，公司在一年内购买、出售重大资产超过公司资产总额30%，或者公司营业用主要资产的抵押、质押、出售或者报废一次超过该资产的30%；

③公司订立重要合同、提供重大担保或者从事关联交易，可能对公司的资产、负债、权益和经营成果产生重要影响；

④公司发生重大债务和未能清偿到期重大债务的违约情况；

⑤公司发生重大亏损或者重大损失；

⑥公司生产经营的外部条件发生的重大变化；

⑦公司的董事、三分之一以上监事或者经理发生变动，董事长或者经理无法履行职责；

⑧持有公司5%以上股份的股东或者实际控制人持有股份或者控制公司的情况发生较大变化，公司的实际控制人及其控制的其他企业从事与公司相同或者相似业务的情况发生较大变化；

⑨公司分配股利、增资的计划，公司股权结构的重要变化，公司减资、合并、分立、解散及申请破产的决定，或者依法进入破产程序、被责令关闭；

⑩涉及公司的重大诉讼、仲裁，股东大会、董事会决议被依法撤销或者宣告无效；

⑪公司涉嫌犯罪被依法立案调查，公司的控股股东、实际控制人、董事、监事、高级管理人员涉嫌犯罪被依法采取强制措施；

⑫国务院证券监督管理机构规定的其他事项。

除此之外，信息披露义务人做出违背事实真相的行为必须导致一定的损害后果，即虚假陈述与损害后果之间必须具有一定的因果关系。这种因果关系表示信息披露义务人有以下行为：投资人所投资的是与虚假陈述直接关联的证券；投资人在虚假陈述实施日及以后，至揭露日或者更正日之前买入该证券；投资人在虚假陈述揭露日或者更正日及以后，因卖出该证券发生亏损，或者因持续持有该证券而产生亏损。

（2）虚假陈述的类型。虚假陈述包括虚假记载、误导性陈述、重大遗漏、不正当披露信息四种类型。

①虚假记载。根据《虚假陈述规定》，虚假记载是指信息披露义务人在披露信息时，将不存在的事实在信息披露文件中予以记载的行为。这里的信息披露义务人主要是指公司。其主要表现为在年度报告、招股说明书等重大文件上存在对财务数据的虚假记载，这也是财务造假的主要手段之一。

②误导性陈述。根据《虚假陈述规定》，误导性陈述是指虚假陈述行为人在信息披露文件中或者通过媒体，做出使投资人对其投资行为发生错误判断并产生重大影响的陈述。这里的虚假陈述行为人是指公司。

一般情况下，误导性陈述的表现形式主要分为以下几种①。第一，语义歧义型。语义歧义型是将对公司有利的信息进行夸大说明，或者淡化对公司不利的信息。不仅如此，公司在进行披露时，往往会把关键性的信息隐匿在冗长的披露内容中，造成信息使用者理解

---

① 王通平，钱松军. 论证券市场信息披露误导性陈述的界定 [J]. 证券市场导报，2016 (9): 73-78.

的歧义。第二，选择披露型。选择披露型是指公司在披露过程中，无论是数据的选取还是会计账户的选取，选择对自身有利的部分。此时信息使用者做出决策所依赖的信息不全，会受到一定的误导。第三，语义模糊型。语义模糊型是指公司往往使用一些晦涩难懂的词语或者过长的语句来进行表述，使得一般信息使用者难以理解其真实的含义。此种情况实质上违背了信息披露简易性的要求，同时其解释权在公司。第四，先披露后终止型。有些上市公司迎合市场热点，连续披露对公司有利的各种事项，但随后又找借口终止该项目，这些信息披露背后往往隐藏市值管理、高管减持等不良动机，以此来控制自身的股价。此外，误导性陈述往往还与大股东减持、内幕交易、二级市场操纵等各类伦理问题产生联系，容易引起股价波动。

③重大遗漏。根据《虚假陈述规定》，重大遗漏是指信息披露义务人在信息披露文件中，未将应当记载的事项完全或者部分予以记载。这里的信息披露义务人主要是指公司。一般情况下，所遗漏的信息通常是较为重大的信息，即对股票价格产生较大影响的信息，包括企业重大的经营活动、投资决策、经营结果、法律行为、信用情况和人事变动，以及环境和国家政策变化。① 当重大信息遗漏时，会直接影响股票的价格，从而出现操纵股价的嫌疑。

④不正当披露。根据《虚假陈述规定》，不正当披露是指信息披露义务人未在适当期限内或者未以法定方式公开披露应当披露的信息。这里的信息披露义务人主要是指公司。信息披露不及时是不正当披露的主要表现形式。无论是何种信息，都存在着时效性。一旦失去时效，则信息就会无效。因而，不同的信息会遵循不同的时间要求。我国《证券法》② 规定，年度报告应当在每个会计年度结束之日起 4 个月内，中期报告应当在每个会计年度的上半年结束之日起 2 个月内，季度报告应当在每个会计年度第 3 个月、第 9 个月结束后的 1 个月内编制完成并披露。由于这类会计信息在市场的反应前期要大于后期，因而公司的内部人员为了比外部信息使用者能够更早地做出反应，往往推迟信息披露的时间。除此之外，如果公司当年的经营状况不良，也会推迟披露信息，防止真实的财务状况影响公司股票的价格。一旦信息没有及时进行披露，则会出现信息不对称的问题，直接影响利益相关者对企业经营状况的判断，造成股价的异常波动。

2. 不进行分红

分红是指公司以当年的收益，在按规定弥补亏损和提取法定公积金、公益金后所剩余的利润，按照一定比例向股东派发，是股东收益的一种方式。一般情况下，普通股股东可以享受分红，优先股股东不享受分红。根据《上市公司监管指引第 3 号——上市公司现金分红》（以下简称《上市公司现金分红》）③ 规定，具备现金分红条件的，应当采用现金分红进行利润分配。采用股票股利进行利润分配的，应当具有公司成长性、每股净资产的摊薄等真实合理因素。

公司不分红和少分红是当前我国资本市场较为常见的现象。不分红的公司主要分为上

---

① 李伟民. 金融大辞典 [M]. 哈尔滨：黑龙江人民出版社，2002.
② 1998 年 12 月 29 日第九届全国人民代表大会常务委员会第六次会议通过《中华人民共和国证券法》，后经多次修正修订，现行版本为根据 2019 年 12 月 28 日第十三届全国人民代表大会常务委员会第十五次会议第二次修订版本。
③ 2013 年 11 月 30 日，中国证券监督管理委员会根据《公司法》《证券法》《上市公司信息披露管理办法》和《上市公司证券发行管理办法》等规定，制定本指引。

市至今从不分红的公司和本身能够进行分红但长期不分红的公司。上市至今从不分红主要是由于企业本身难以营利，无法满足自身的经营需求，以地方财政补贴为主。本身能够进行分红但长期不分红的公司的一般说辞是将其利润补充流动资金或补充日常经营和投资项目所需等。

在这种情况下，根据《上市公司现金分红》规定，上市公司在年度报告期内有能力分红但不分红尤其是连续多年不分红或者分红水平较低的，重点关注其有关审议通过年度报告的董事会公告中是否详细披露了未进行现金分红或现金分红水平较低的原因，相关原因与实际情况是否相符合；持续关注留存未分配利润的确切用途以及收益情况，独立董事是否对未进行现金分红或现金分红水平较低的合理性发表独立意见，是否按照规定为中小股东参与决策提供便利等。

不分红和少分红对公司长期发展造成的影响有两个方面，一是股东逐渐远离，不再对公司进行投资；二是股东有可能诉诸法律，请求法院判决强制分红，令品牌形象受损。

3. 所募集资金用途随意改变

按照《证券法》规定，公司对公开发行股票所募集资金，必须按照招股说明书所列资金用途使用。如果需要改变招股说明书所列资金用途，必须经股东大会决议。擅自改变用途而未作纠正的，或未经股东大会认可的，不得公开发行新股。根据规定，对所募资金用途的规范具体有三项内容[①]。

（1）所募集的资金的用途必须与招股说明书中的一致。由于招股说明书是经过审核批准的，具有一定的法律效力，同时投资者是根据招股说明书做出的投资决策，因此，不得随意更改招股说明书上的内容。

（2）改变招股说明书中资金的用途必须经股东大会批准。根据《公司法》的规定，股东大会能够决定公司的经营方针和投资计划，因而资金的用途是由股东大会所决定的。当经营情况发生变化时，股东大会为了保护投资者的利益，能够批准改变招股说明书所列资金用途。

（3）擅自改变用途而未作纠正的，或者未经股东大会认可的，不能公开发行新股。这主要又包括了三层内涵：一是公司擅自改变资金用途必须加以改正，使其按照招股说明书中的资金用途使用；二是公司擅自改变资金用途但不作改正，必须经过股东大会批准其新用途；三是公司擅自改变资金用途未作改正，又未经股东大会批准，此时公司不能公开发行新股，即直接剥夺了企业在二级市场上募集新的资金的权利。

但现实中仍有不少企业在招股说明书中有意虚增企业所需资金，从而获得更多的资金用于其他方面。或者，企业可能会在募集到资金之后，擅自改变公开发行股票所募集资金的用途。

（二）股东损害企业的利益

所有权与经营权分离是现代公司非常重要的标志。股东所出资的财产转移至公司，即财产所有权已被公司所有，公司的日常运营由股东大会所选举出来的管理层负责。虽然股东是公司利润的最终受益人，但其出资行为完成后，在法律上与公司的人格进行分离，成

---

① 许健.中华人民共和国证券法释义[M].北京：中国金融出版社，2006.

为不同的独立的民事主体。但是，在现实生活中，股东尤其是控股股东往往滥用自身的权利，因此就出现较多的股东损害企业利益的情况。

1. 未按照规定召开股东（大）会

公司的良好运营不仅关系到全体股东的利益，而且对债权人、客户、供应商、员工等利益相关者都会产生直接或间接的影响。通常情况下，公司的运营是通过股东（大）会、董事会、监事会、高级管理层之间的相互沟通来进行的，因此，股东（大）会的顺利召开，能够稳定公司的运营，促使公司按照股东的意愿良好发展。

《公司法》规定，股东（大）会会议分为定期会议和临时会议。对于定期会议，应当依照公司章程的规定按时召开。对于临时会议，代表十分之一以上表决权的股东、三分之一以上的董事、监事会或者不设监事会的公司的监事提议召开的，应当召开临时会议。但实际过程中，小股东往往不具有相应的凝聚力，联名提出意见的难度比较大，也就是说，很难有小股东联合起来召开临时会议，或者在股东（大）会上难以提出相应的议案。此时，公司的所有决议往往都会受制于控股股东，监事会或监事在许多情况下流于形式，无法满足对股东行为的监督，保障小股东的利益。

2. 股东与公司同业竞争

同业竞争是指公司所从事的业务与其控股股东或实际控制人所控制的其他企业所从事的业务相同或者相近，这两家企业构成或可能构成直接或间接的竞争关系。根据同业竞争的概念，对股东与公司，可以从竞争主体和竞争内容来确定是否为同业竞争。

对于竞争主体，从实际控制的角度可以发现，其股东可以为公司的第一大股东、虽所有权不到50%但对公司有实际控制的股东、可以控制公司董事会的股东、与其他股东联合可以共同控制公司的股东。股东控制的其他公司主要是上述股东直接或间接控制的与之没有关联关系的公司，与其本身公司并行。

对于竞争内容，首先是其两方的经营范围大致相同，其次从"实质重于形式"的原则出发，综合考虑其业务性质、客户范围、所属市场、产品特征等方面，同时应充分考虑对公司自身的客观影响。

在公司的正常经营过程中，同业竞争必然使得并行公司难以实现平等，控股股东可能会利用自身的地位来影响公司的重大决策，甚至侵害原本公司的经济利益。虽然我国法律禁止同业竞争，但仍有不少股东利用其本身所在公司积累的业务、资产、客户及销售渠道等资源，为其自行设立的其他企业谋取利益。

不仅如此，为进一步规范国有股东与其所控股上市公司的关系，推动解决同业竞争、规范关联交易，促进国有经济和证券市场健康发展，中国证监会制定了《关于推动国有股东与所控股上市公司解决同业竞争规范关联交易的指导意见》。该意见规定："国有股东与所控股上市公司要按照'一企一策、成熟一家、推进一家'的原则，结合企业实际以及所处行业特点与发展状况等，研究提出解决同业竞争的总体思路。要综合运用资产重组、股权置换、业务调整等多种方式，逐步将存在同业竞争的业务纳入同一平台，提高产业集中度和专业化水平。"[①]

---

① 2013年8月23日，国资委、证监会，国资发产权〔2013〕202号。

3. 股东抽逃出资

抽逃出资是指在公司验资注册后，股东将所缴出资暗中撤回，却仍保留股东身份和原有出资数额的一种欺诈性违法行为。我国《公司法》规定："公司成立后，股东不得抽逃出资"。同时规定，"发起人、认股人缴纳股款或者交付抵作股款的出资后，除未按期募足股份、发起人未按期召开创立大会或者创立大会决议不设立公司的情形外，不得抽回其股本"。

（1）股东抽逃出资的客观要件。股东抽逃出资意味着未交付货币、实物或者未转移财产权，虚假出资，或者在公司成立后又抽逃其出资等，具体表现为以下三个方面：第一，必须是违反"公司法"有关出资规定的行为；第二，必须有虚假出资或抽逃出资的行为；第三，必须是数额巨大、后果严重或者有其他严重情节的行为。

（2）股东抽逃出资的表现形式。根据《最高人民法院关于适用〈中华人民共和国公司法〉若干问题的规定（三）》的规定，股东抽逃出资的常见表现形式主要有以下几种[①]：一是制作虚假财务会计报表虚增利润进行分配；二是通过虚构债权债务关系将其出资转出；三是利用关联交易将出资转出；四是其他未经法定程序将出资抽回的行为。

（3）股东抽逃出资的影响。根据利益相关者理论，股东抽逃出资对不同的利益相关者都有不同程度的侵犯。

对于公司而言，股东的抽逃出资其实是侵犯了公司自身的财产。由于股东出资后，其资产的所有权已经转让给公司，其资产已经成为公司的资产，这时再进行抽逃出资，实际就是将公司的资产占为己有。

对于其他股东而言，抽逃出资的股东将风险和责任转移给已经足额缴纳出资额的股东，其自身的义务并没有完成。因此，股东抽逃出资的行为实质上也侵犯了其他股东的利益。

对于公司债权人而言，当股东抽逃出资时，企业内部的独立资产可能无法承担对债权人的责任，意味着企业的偿债能力的减弱，可能会导致企业无法偿还借款等情况，这对于债权人来说是十分不利的。

四、企业与股东之间的商业伦理规范

（一）企业应维护股东的合理利益

从本质上来看，股东与企业作为命运共同体，其利益应是一样的，只有企业发展良好才能为股东带来更多的利益。股东成立企业的动机就是为了追求更多的利益，因此，企业应作为一个营利性组织，而非一个福利性组织。从另一个角度来看，企业的原始目标是股东财富最大化。企业与股东双方应相辅相成，尤其是企业应维护股东的合理利益。但是，随着金融社会的不断变革，机构投资者的出现威胁了企业原始股东的地位，致使经营权受到相应的损失，从而出现践踏股东权利的现象。因此，企业应把所有股东的利益放在首位，树立自身的目标，合理维护股东的相应利益。

---

① 最高人民法院《关于适用〈中华人民共和国公司法〉若干问题的规定（三）》是于 2010 年 12 月 6 日由最高人民法院审判委员会第 1504 次会议通过，自 2011 年 2 月 16 日施行的司法解释。根据 2014 年 2 月 17 日最高人民法院审判委员会第 1607 次会议《关于修改关于适用〈中华人民共和国公司法〉若干问题的规定的决定》修正。

另一个方面,虽然法律从某种程度上规定了企业经营的标准,但其只明确最低限度,只禁止了相应的行为,对于应当如何去做并没有确切的说明。同时,由于社会的不断演变,法律往往滞后于现代社会事务的出现,因而法律通常反映的是之前的标准而非今后的标准。在这种情况下,许多企业会为了自身的利益而去钻法律的空子,不考虑股东的合理权益。因此,企业不仅要做到守法经营,还需要做到自律,即企业自身需要明白什么是"善",什么是"恶"。企业需要将自身利益、股东利益、社会利益保持一致,只有这样才能有更好的发展。

(二) 股东应考虑利益相关者的利益

根据利益相关者理论,企业是由多个利益相关者的相应合约组成的,不论是股东、员工、债权人等,都对企业投入了一定的资源。因而,无论是何种利益相关者,都能够参与企业剩余财产的分配。这说明股东不是唯一的获利主体,而是由各个利益相关者的共同参与来实现公司的获利。

控股股东或者是精神领袖股东,能够影响公司的目标、发展战略等,其中股东的经营理念会极大地影响企业的经营行为。一旦股东的行为侵害相关者利益,致使企业的利益无法得到保障,股东也就无法实现自己的利益。因此,股东在满足自己利益的同时,还要考虑其他利益相关者的利益。

第二节 企业与董事、监事、管理层之间的商业伦理

一、企业与董事之间的商业伦理

(一) 董事的权利与义务

根据《公司法》规定,董事是指由公司股东(大)会或职工民主选举产生的具有实际权力和权威的管理公司事务的人员。董事的任期不得超过3年,可以连选连任,相关规定一般都是在公司章程中做出。

1. 董事的任职资格

董事的任职资格是指在公司中,担任董事职位的人员应当具备的资格,包括限制条件和胜任条件。

(1) 限制条件。我国《公司法》规定,有下列情形之一的,不得担任公司的董事。

①无民事行为能力或者限制民事行为能力的;

②因贪污、贿赂、侵占财产、挪用财产或者破坏社会主义市场经济秩序,被判处刑罚,执行期满未逾5年,或者因犯罪被剥夺政治权利,执行期满未逾5年;

③担任破产清算的公司、企业的董事或者厂长、经理,对该公司、企业的破产负有个人责任的,自该公司、企业破产清算完结之日起未逾3年;

④担任因违法被吊销营业执照、责令关闭的公司、企业的法定代表人,并负有个人责任的,自该公司、企业被吊销营业执照之日起未逾3年;

⑤个人所负数额较大的债务到期未清偿。

（2）胜任条件。公司在选择董事时，除了要考虑限制条件外，更重要的是要考虑董事个人的胜任能力，即董事是否具备参与公司重大决策及运营公司的能力。董事应具备的胜任条件有如下几个。

①正直和责任心。道德品质是考虑董事人员的首要内容，企业应寻找那些在个人和职业行为中显示出高尚的道德和正直的品质、愿意按董事会的决策行动并且对此负责的候选人；

②敏锐的判断能力。董事应当具有一定的智慧，尤其是对于各个领域都应该有自身的判断能力，能够为企业的决策做出支持；

③通晓财务、业务等领域的知识。董事至少应当熟悉资产负债表、利润表、现金流量表等基本的财务报表，以此来评估企业的经营状况，同时对业务领域的专业知识有所了解，明确企业的发展方向；

④具有自信、协作和尊重他人的精神；

⑤拥有优质的资历和良好的历史业绩。董事应当在之前的工作中取得良好的经营成绩。

2. 董事的权利与义务

（1）董事的权利。董事的权利一般主要分为法律规定的、公司章程规定的，以及委托契约所约定的各项处理公司日常经营管理事务的权利。我国《公司法》只是对董事会的职权做出了相应的规定，对于董事的具体权利没有具体的规定，因此，通过对《公司法》《上市公司治理准则》《上市公司章程指引》《关于在上市公司建立独立董事制度的指导意见》等法律法规中有关董事条款的总结，董事的权利可以分为以下几个部分。

①出席董事会会议。我国《公司法》规定，董事会会议，应由董事本人出席；董事因故不能出席，可以书面委托其他董事代为出席，委托书中应载明授权范围。在委托受托董事的关系中，受托董事行为的法律后果由委托董事独立承担，受托董事不负连带责任。但是，我国法律并没有规定受托董事能够接受几名董事的委托。

②行使表决权。董事在董事会会议上，具有对所议事项进行表决的权利。《公司法》规定，股份有限公司董事会会议应有过半数的董事出席方可举行。董事会做出决议，必须经全体董事的过半数通过。董事会决议的表决，实行一人一票。

③董事会临时会议召集的提议权。我国《公司法》规定，股份有限公司代表 1/10 以上表决权的股东、1/3 以上董事或者监事会，可以提议召开董事会临时会议。董事长应当自接到提议后 10 日内，召集和主持董事会会议。董事会召开临时会议，可以另定召开董事会的通知方式和通知时限。

④报酬请求权。董事在整个公司的管理过程中，需要付出大量的时间和精力，通过自身的管理能力实现企业的日常经营，因而公司应给予董事相应的报酬。

⑤签字权。企业的全部董事作为股东的受托人和代理人，应当对股东（大）会负责，因而董事应在董事会所讨论和通过的文件上签字。

⑥公司章程所赋予的其他权利。

（2）董事的义务。董事的义务就是董事作为公司股东的受托人和代理人，应当满足股东的合法权益所必须承担的相应的作为或不作为。

①勤勉义务。这主要是指董事需要付出一定的时间和精力来关注公司的经营情况，并以公司的利益出发谨慎行事。其具体内容包括：第一，保证时间和精力关注公司经营。这主要是要求董事作为股东的受托人，付出一定的时间和精力关注公司的运营情况。第二，一般而言，董事并不具体负责公司的业务，为了高效开展公司业务，董事必须对一定层次上的业务进行授权。此时，董事会依赖高级管理人员检查公司财务、对公司事项提出质询等，因此，谨慎行事是勤勉义务的核心内容。我国《上市公司章程指引》[①]规定，上市公司的董事应谨慎、认真、勤勉地行使公司所赋予的权利，董事如果连续两次无故缺席董事会会议，应当予以免职。

②诚信义务。这主要是指要求董事在运营公司的过程中做到以公司利益为首，其行为必须诚实、善意且合理。从主观上来说，为了保证公司的正常运行，在履行职责时，董事必须保持对公司的忠诚；从客观上来说，当董事的个人利益和公司利益发生冲突时，必须以公司利益为重。董事的诚信义务与董事的品德密切相关，就是要求董事不能将自身利益与公司的利益相冲突，必须满足公司的最佳利益。其具体内容包括：董事必须真诚地为公司做事，不能掺杂自己的个人偏好和动机；董事不得因自己的身份而额外受益；董事不得侵占和擅自处理公司的财产；董事不得同公司开展非法竞争（竞业禁止义务）；董事不得与公司进行相互交易；董事不得泄露公司秘密等。

③私人交易限制义务。私人交易，是指具有特定地位的人为自己或为他人而与公司进行相互之间的交易。在企业中，董事是具有特定地位的人之一。我国《公司法》规定，董事不得有下列行为：违反公司章程的规定或者未经股东（大）会同意，与本公司订立合同或者进行交易。具体而言，董事如果想要进行私人交易，必须按照章程的规定或者经过股东（大）会的批准，否则该交易在法律上无效。

3. 董事会的规模与构成

（1）董事会的规模。董事会是由董事组成的、对内掌管公司事务、对外代表公司经营决策和业务执行的机构。一般情况下，公司需设董事会，董事由股东（大）会选举。

由于公司类型不同，规模不同，公司的董事数量也应不同。我国《公司法》规定，有限责任公司的董事会成员为3~13人，设董事长1人，可以设副董事长，产生办法由公司章程规定。董事任期由公司章程规定，但每届任期不得超过3年。董事任期届满，可以连选连任。股份有限公司的董事会成员为5~19人，设董事长1人，可以设副董事长。董事长和副董事长由董事会以全体董事的过半数选举产生。

（2）董事会的构成。一般情况下，公司董事会包括以下三类董事：

①执行董事。执行董事主要在公司内部担任主要的经营管理人员，如总经理等，负责公司的日常经营管理活动，维持公司的日常运转。

②非执行董事。非执行董事主要是指在公司不担任职位的人员，例如股东董事。非执行董事虽然不参与公司的决策，但可以从客观的角度判断公司决策的正确性。

③独立董事。独立董事是指独立于公司的其他股东，不在公司内部有任何任职，同时与公司的高级管理者没有业务联系或者专业联系，能够对公司的各项经营活动做出独立判

[①] 中国证券监督管理委员会于2019年4月17日根据《关于修改〈上市公司章程指引〉的决定》对《上市公司章程指引》进行修订。

断的董事。我国《公司法》规定，上市公司要建立独立董事制度。

通常情况下，独立董事必须具有独立性，即要保证精神上的独立和形式上的独立。我国《关于在上市公司建立独立董事制度的指导意见》①规定，在上市公司或者其附属企业任职的人员及其直系亲属、主要社会关系（直系亲属是指配偶、父母、子女等；主要社会关系是指兄弟姐妹、岳父母、儿媳女婿、兄弟姐妹的配偶、配偶的兄弟姐妹等）不得担任独立董事。独立董事连续3次未出席董事会会议的，由董事会提请股东大会予以撤换。

独立董事与其他董事相比，有自身的特殊职权。根据《关于在上市公司建立独立董事制度的指导意见》规定，独立董事的特别职权包括：重大关联交易（指上市公司拟与关联人达成的总额高于300万元或高于上市公司最近经审计净资产值的5%的关联交易）应由独立董事认可后，提交董事会讨论；向董事会提议聘用或解聘会计师事务所；向董事会提请召开临时股东大会；提议召开董事会；独立聘请外部审计机构和咨询机构；可以在股东大会召开前公开向股东征集投票权。

由于独立董事的独立性，致使其地位非常特殊。《关于在上市公司建立独立董事制度的指导意见》规定，独立董事应当按照相关法律法规、指导意见和公司章程的要求，认真履行职责，维护公司整体利益，尤其要关注中小股东的合法权益不受损害。独立董事应当独立履行职责，不受上市公司主要股东、实际控制人，或者其他与上市公司存在利害关系的单位或个人的影响。独立董事原则上最多在5家上市公司兼任独立董事，并确保有足够的时间和精力有效地履行独立董事的职责。

(3) 董事会的职权。根据《公司法》的规定，董事会主要包括执行权、决定权和制订权。

①执行权。召集股东（大）会会议，并向股东（大）会报告工作；执行股东（大）会的决议。

②决定权。决定公司的经营计划和投资方案；决定公司内部管理机构的设置；决定聘任或者解聘公司经理及其报酬事项，并根据经理的提名决定聘任或者解聘公司副经理、财务负责人及其报酬事项；确定公司的基本管理制度。

③制订权。制订公司的年度财务预算方案、决算方案；制订公司的利润分配方案和弥补亏损方案；制订公司增加或者减少注册资本以及发行公司债券的方案；制订公司合并、分立、解散或者变更公司形式的方案。

（二）董事面临的商业伦理问题

1. 内幕交易

内幕交易是指证券交易内幕信息的知情人和非法获取内幕信息的人利用内幕信息从事证券交易活动。这种行为违反了证券市场上公开、公平、公正的原则。由于内幕信息是未公开的信息，能够对公司股价造成重大影响，因而如果各类投资者能够比市场上的绝大多数主体提前获取这类信息，进行相应的股票交易，就可以从中谋取暴利或者规避相应的风险。内幕交易的组成有三个必要条件，即详知各类内幕信息的人员、未公开的信息、已经

---

① 中国证券监督管理委员会于2001年8月16日发布《关于在上市公司建立独立董事制度的指导意见》。

形成实质性的股票交易买卖。其中，在证券市场上，能够了解各类内幕信息的人员根据自身地位的特殊性，提前获得对股票价格有影响的未公开的信息。该信息尚未对公众发布，同时也未送交相应的报纸或者网站等媒体，对股价一般有较为重大的影响，能够影响股价的走势。

（1）内幕交易的特征。内幕交易主要具有以下特征：

①内幕交易的主体较为特殊。内幕交易人，也就是详知各类内幕信息的人员。这类人员主要有：与证券发行公司有密切合作的公司股东、董事、高级管理人员等；证券监管机构的官员；以及其他与证券机构有亲密关系的人员。一般情况下，与证券发行公司有密切合作的公司董事是内幕交易的主要执行人。

②投资者获取信息的不平等性是内幕交易行为的主要原因。当前，证券市场上进行股票买卖的各方来自社会各界，虽然大部分人会通过公司的公开渠道获取信息，但不乏社会地位高、影响力较大的人士可以提前获取未公开的信息，以便于自己利用，获取相应的利润。有些人甚至会在证券市场上发布虚假信息，误导中小投资者。长期如此，会使证券市场丧失资源配置的功能。

③内幕交易会造成证券市场不正常的股价波动。内幕交易主要是由于详知各类内幕信息的人员的操纵，使股价在短时间内上涨，使不知情的投资者认为是公司的良好业绩带来的红利所引起的股价增长，为了获得利益，他们纷纷追高买入，但当详知各类内幕信息的人员退股时，股价又在短时间内跌回原点，从而侵害这一部分投资者的利益。

（2）内幕交易的手段。内幕交易的操作手法主要包括：内幕消息的知情人自身通过操纵股票获取暴利；内幕消息的知情人将信息贩卖给第三方获取暴利。这两种手段都表明其相关交易行为明显异常。根据《最高人民法院、最高人民检察院关于办理内幕交易、泄露内幕信息刑事案件具体应用法律若干问题的解释》的规定，对于"相关交易行为明显异常"，要综合以下情形，从时间吻合程度、交易背离程度和利益关联程度等方面予以认定。

①开户、销户、激活资金账户或者指定交易（托管）、撤销指定交易（转托管）的时间与该内幕信息形成、变化、公开时间基本一致的。

②资金变化与该内幕信息形成、变化、公开时间基本一致的。

③买入或者卖出与内幕信息有关的证券、期货合约时间与内幕信息的形成、变化和公开时间基本一致的。

④买入或者卖出与内幕信息有关的证券、期货合约时间与获悉内幕信息的时间基本一致的。

⑤买入或者卖出证券、期货合约行为明显与平时交易习惯不同的。

⑥买入或者卖出证券、期货合约行为，或者集中持有证券、期货合约行为与该证券、期货公开信息反映的基本面明显背离的。

⑦账户交易资金进出与该内幕信息知情人员或者非法获取人员有关联或者利害关系的。

⑧其他交易行为明显异常情形。

（3）内幕交易的危害。内幕交易的泛滥，对本公司，对国家、证券发行公司等都会产生一定的危害。

内幕交易相对于国家而言，会影响整体经济的良好发展。这主要是由于内部交易违反了公平、公正、公开的原则，导致不同的投资者所获取的信息不同，使得股票的价格并不能真实地反映股票的价值，难以明确公司真实的经营状况。与此同时，内幕交易导致资源无法在证券市场上进行合理分配，从而阻碍经济的健康发展。

内幕交易相对于证券发行公司而言，会直接影响其在市场上发行股票，进行融资。证券发行公司的最大功能就是帮助各类上市公司在证券市场上发行股票进行融资。但是由于内幕交易的泛滥，会直接影响到投资者入市的积极性，使其对证券市场的公平性产生怀疑。一部分投资者可能会采取观望的态度，难以进行投资，更有甚者可能直接退出证券市场；另一部分投资者则可能会想方设法获取内幕交易信息，为自己带来暴利，加剧市场的波动。长此以往，证券发行公司难以在市场上帮助上市公司发行股票，造成企业融资困难。

2. 关联方交易

（1）关联方的界定。根据《企业会计准则第36号——关联方披露》[①]的规定，一方控制、共同控制另一方或对另一方施加重大影响，以及两方或两方以上同受一方控制、共同控制或重大影响的，构成关联方。控制，是指有权决定一个企业的财务和经营政策，并能据以从该企业的经营活动中获取利益。共同控制，是指按照合同约定对某项经济活动所共有的控制，仅在与该项经济活动相关的重要财务和经营决策需要分享控制权的投资方一致同意时存在。重大影响，是指对一个企业的财务和经营政策有参与决策权但并不能够控制或者与其他方一起共同控制这些政策的制定。

下列各方构成企业关联方：第一，该企业的母公司；第二，该企业的子公司；第三，与该企业受同一母公司控制的其他企业；第四，对该企业实施共同控制的投资方；第五，对该企业施加重大影响的投资方；第六，该企业的合营企业；第七，该企业的联营企业；第八，该企业的主要投资者个人及与其关系密切的家庭成员；第九，该企业或其母公司的关键管理人员及与其关系密切的家庭成员；第十，该企业主要投资者个人、关键管理人员或与其关系密切的家庭成员控制、共同控制或施加重大影响的其他企业。

（2）关联方交易的界定。根据《企业会计准则第36号——关联方披露》的规定，关联方交易，是指关联方之间转移资源、劳务或义务的行为，而不论是否收取价款。也就是说，只要企业双方存在关联方关系，任何交易行为都定义为关联方交易。按照准则规定，关联方交易的类型通常包括：购买或销售商品；购买或销售商品以外的其他资产；提供或接受劳务；担保；提供资金（贷款或股权投资）；租赁；代理；研究与开发项目的转移；许可协议；代表企业或由企业代表另一方进行债务结算；关键管理人员薪酬。

①关联方交易最重要的判断原则是企业相互之间被称为关联方，如果一旦确定企业之间，或企业与个人之间存在关联方交易，说明两者之间也存在着一定的关联方关系，即关联方的确定和关联方交易的确定是相互认证的。

②关联方交易通常情况下都存在货币转移、资产转移、劳务转移等，这也就意味着在交易的过程中会产生所有权和控制权的转移，从而转移相应的风险与报酬，即一方产生回报，而另一方则承受风险，整个过程也伴随着权利和义务的转移与变化。

③在审计的过程中，经常根据交易价格来判断是否存在关联方交易。当交易价格明显低于市场上的公允价格时，则判定为可能存在关联方交易。这是由于此时的交易价格直接

[①] 财政部于2006年3月9日发布《企业会计准则第36号——关联方披露》。

打破了原有市场上的交易规则与标准，使市场失去了公平、公正，同时也可能存在虚假的关联方交易，操纵企业的利润，侵害公司的整体利益。

(3) 法律特征。关联方交易有如下三个法律特征。

①利益冲突与权益的转移。任何一个具体的关联方交易，均在关联方之间或关联方与其权益代表间存在利益冲突，并在关联方之间产生了权益的转移。

②具有非公允性的潜在倾向。关联方交易并不都是公允的，但是关联方交易这种形式蕴含着易于发生不公允结果的潜在倾向。一旦主客观条件具备，特别是如果缺乏有效的法律规制，一个关联方交易就往往滑向不公允性的边缘。

③交易形式对实质公平的异化。关联方交易的最大特点，同时也是法律规制的难点，就是关联方交易以形式上的平等，掩盖实质上的不平等；以形式上的当事人对自己权益的自由处分，掩盖实质上的对一方当事人权益的强行损害。

(4) 关联方交易的动机。关联方交易有如下三个动机。

①募集所需资金。上市公司募集资金的方式主要有公开增发新股、定向增发新股、发行可转换公司债券等。在我国，无论运用上述哪种方式进行融资，中国证券监督管理委员会（以下简称证监会）所要求的条件都较高。例如，我国《证券法》规定，公司公开发行新股，应当符合下列条件：第一，具备健全且运行良好的组织机构；第二，具有持续经营能力；第三，最近3年财务会计报告被出具无保留意见审计报告；第四，发行人及其控股股东、实际控制人最近3年不存在贪污、贿赂、侵占财产、挪用财产或者破坏社会主义市场经济秩序的刑事犯罪；第五，经国务院批准的国务院证券监督管理机构规定的其他条件。通常情况下，上市公司为了顺利募集资金或者为了募集到更多的资金，会在一定程度上利用关联方交易来粉饰财务报表，以此来提高自身的财务状况，达成公开增发新股的目的。

②粉饰不良业绩。我国证监会对于上市公司的信息披露要求较为严格，上市公司必须按照证监会要求发布企业相关的经营活动、投资活动、筹资活动等的信息，尤其是公司每年的财务报表必须在规定时间内向投资者公开发布。投资者在进行投资时由于考虑的因素较多，经常会以财务报表作为相应的参考对象。当投资者通过判断认为该公司业务能力较强，有较好的发展前景时，则该公司具有一定的投资价值，可以购入该公司的股票，股价自然就会上升；反之，当投资者认为公司的经营状况不佳、营利能力不强且公司发展前景渺茫时，投资者就会减持该公司的股票，股价自然就会下跌。因此，企业为了获得投资扩大规模，会利用关联方交易来粉饰自身的业绩，尤其是业绩不良的情况。

③保留上市资格。上市公司在市场上相比其他企业具有多重优势。一是上市公司能够直接在证券市场上进行融资，由于在证券市场上融资成本较低，可使上市公司在降低融资成本的同时，解决对资金的需求；二是公司上市说明其规模较大，整体的发展情况良好，可以吸引更多优秀的人才；三是上市公司能够在所处行业内提升自己的知名度，客户、供应商、银行也会对其更加有信心。但是，如果上市公司被暂停上市或者退市，不仅会失去上述优势，使利益相关者蒙受损失，同时企业的整体地位以及声誉也会严重下滑，导致发展前景渺茫。因此，为了避免公司被终止上市，许多董事通过虚构关联方交易来美化公司的财务数据，使企业的各项指标符合上市的要求，保住企业的上市资格。

(5) 关联方交易的手段。当前，我国关联方交易的手段主要有：通过不正当的资金往来向关联方输送利益；通过虚构或未经批准的关联交易侵占公司资产；隐瞒来自隐性关联方的收入；以及关联关系，或通过关联交易虚构收入等。这些交易普遍存在以下特点：第一，交易明显不合理、不符合商业逻辑；第二，集中在财务年度末发生的大金额交易，或者历年来仅此一笔的"孤案"；第三，体量很小、新近成立、缺少公开信息的交易对象；第四，对方与本公司在某些环节上存在可疑的交集。

3. 越权行为

董事从事本职工作以外的事项的，需要在授权范围内行使职权，尤其是对于公司的合并，分立，增加、减少注册资本，停业等重大事务，董事不能在没有特别授权的情况下自行决定，需要股东（大）会的批准。

根据《中华人民共和国民法典》①（以下简称《民法典》）的规定，董事的越权行为对应民事行为的性质是表见代理或表见代表。表见代理是指虽然行为人事实上无代理权，但相对人有理由认为行为人有代理权而与其进行法律行为，其行为的法律后果由被代理人承担的代理。表见代理从广义上看也是无权代理，但是为了保护善意第三人的利益与交易的安全，法律强制被代理人承担其法律后果。表见代表是指法人或其他组织的法定代表人或负责人超越了代表权限实施民事法律行为的，善意相对人基于一定客观事实有正当理由相信其没有超越代表权限的，其代表行为有效。无论是表见代理还是表见代表，都表明保护善意第三方的利益。

4. 公司短期投机性投资过多

公司短期投机性投资过多是由于董事制定了不正确的战略目标，使得公司的财务规划、投资规划或战略规划并没有考虑大多数股东的利益，也没有考虑公司的长远发展，而只是着眼于董事自身的眼前利益，从而使得企业的短期投机性行为过多。这种行为的主要原因是董事没有将企业的主要精力放在主营业务上，而是为了获得一定的经济利益，分担企业的经营风险，频繁改变公司的经营范围和投资结构，进行大量的短期投机。例如，公司把过多的资金投入证券市场、金融市场等，而不是对本公司的业务进行投资。

5. 独立董事不独

独立董事的独立性主要体现为独立于公司的股东、董事、高级管理人员，其最主要的目的是维护中小股东的利益。主要表现形式有以下两种：第一，形式上的独立，即独立董事不能兼任公司其他职务。第二，实质上的独立，独立董事必须保持自身客观独立的判断，不能受到公司的影响。换句话说，首先，独立董事要独立于公司高级管理人员和董事，防止高级管理人员和董事利用职务之便，侵害中小股东的利益；其次，独立董事独立于股东，或者股东的主要社会关系，尤其是近亲属和配偶；最后，独立董事独立于上市公司。根据《关于在上市公司建立独立董事制度的指导意见》的规定，独立董事不能是在直接或间接持有上市公司已发行股份5%以上的股东单位或者在上市公司前5名股东单位任职的人员及其直系亲属；也不能是为上市公司或者其附属企业提供财务、法律、咨询等服务的人员。

在我国证券市场上，上市公司的股权结构比较集中，使得企业存在"一股独大"的现

---

① 2020年5月28日，第十三届全国人大第三次会议表决通过了《中华人民共和国民法典》，自2021年1月1日起施行。

象，同时独立董事的提名和选举的权利在股东手中，往往会有大股东选取自己代言人的倾向，导致难以用独立董事对大股东进行牵制，无法维护中小股东相应的权益。而根据《关于在上市公司建立独立董事制度的指导意见》的规定，我国独立董事的津贴标准应当由董事会制订预案，股东大会审议通过，这也说明了独立董事的利益与大股东无法分离，同时又没有与所在公司的具体监管工作挂钩，使得独立董事丧失了经济上的独立性。虽然我国法律明确规定上市公司或者大股东不得妨碍独立董事做出独立判断的行为，但这只是从法律的角度上保证了独立董事形式上的独立性，实际上独立董事仍处处受制于控股股东和管理层，无法在企业中保持实质上的独立性，不能满足独立性的相应要求。

6. 花瓶独立董事

花瓶独立董事主要是指独立董事没有履行自己的职责，即所谓的在其职不谋其事。根据调研数据，上市公司独立董事的构成主要分为三类[①]：第一类为高校学者，以管理学院和法学院教授为主；第二类为会计师和律师；第三类为在职或退休政府官员、行业协会负责人。其中又以高校学者和政府官员更容易成为独立董事中的花瓶独立董事。

高校独立董事备受青睐的原因是大学教授是高级知识分子，有利于提升公司形象；大学教授一般有自己的专业，在财务法律方面，或者工科某个领域有专长，能够给上市公司的经营、业务发展、战略决策提供一定的咨询服务，从而更有利于履行独立董事的职责。但是，一些高校的领导干部只是利用职务影响力担任上市公司独立董事，在任职期间并没有履行独立董事的职责和义务。企业请高校领导干部担任独立董事，也可能只是看中其手中的权力和个人影响力，希望借此抬高企业的声誉，这也给腐败留下了操作空间。

上市公司聘请官员作为独立董事的，主要为退休官员，具体有三种类型：一是聘请当地行政官员。退休的当地官员虽然已经手中无权，但仍有一定的人际关系与影响力，可以给上市公司自身经营发展带来很多便利。二是行业监管部门的官员。如质检等部门，上市公司聘请如此身份的独立董事是希望可以在评估、检查环节得到便利。三是聘请一些中央部门的官员，如曾在证监会任职官员等。上市公司可以通过这些官员及时获取消息，便于自身发展。退休官员愿意到上市公司担任独立董事，主要原因在于既可以发挥余热，又可以名正言顺获得报酬。

(三) 企业与董事之间的商业伦理规范

1. 董事需要保持自身的独立性

无论是执行董事、非执行董事还是独立董事，在履行自身的义务与执行自身的权益时，必须保持自身的独立性，也就说应在精神上和形式上都超出一切界限，独立于公司、高级管理人员等，能够维护企业绝大多数利益相关者的利益。

根据委托代理理论，董事主要受托于公司，同时也从公司领取自己的报酬和津贴，但是董事主要是对股东负责，这也就说明了董事必须与公司、高级管理人员、外部组织等保持一种超然独立的关系。尤其对于独立董事而言，其重要性更是不言而喻。

2. 董事需要保持勤勉尽职的原则

勤勉尽职主要是指勤奋工作，忠于职守，尽到责任。在企业中，董事应做到勤勉尽

[①] 打碎"花瓶"独立董事 [J]. 上海国资，2014 (7)：70-71.

职，认真履行自身的职责，遇到不懂的问题积极去寻找专家的建议，对于自身的工作不能推辞，对工作尽职尽责。同时，勤勉尽职还要求董事必须实事求是。董事在对企业事项进行决策时，应当保持客观中立的立场，以客观事实作为判断的基本条件，不能被个人的主观偏好，或者第三方的意志左右，做到一切从实际出发，根据实际情况进行研究和分析，保证做出的决策是有理有据的。

3. 董事需要具有守信的品德

由于董事是企业的受托人，需要其在管理企业过程中遵守信用。守信的品德对于董事而言是非常重要的，尤其在企业的所有权与经营权分离的情况下，董事对企业的正常运转负有高度的道德责任以及不可推卸的法律责任。因此，强化董事的守信品德显得十分必要。董事具有守信的品德主要表现在以下几个方面：

（1）企业资产不得流失。企业资产作为企业日常经营活动的保障，必须维护其完整和安全，不能有任何的流失。董事作为股东利益的维护者，必须保持企业资产的保值与增值。根据《公司法》的规定，董事不能私自挪用公司资金，不能将公司资金以其个人名义或者以其他个人名义开立账户存储，不能将公司资金借贷给他人或者以公司财产为他人提供担保。与此同时，当董事违反法律、行政法规或者公司章程的规定，给公司造成损失的，应当承担赔偿责任。董事会的决议违反法律、行政法规或者企业章程的规定，致使企业遭受严重损失的，参与决议的董事和独立董事应对企业负赔偿责任。

（2）竞业禁止。《公司法》规定，董事和独立董事不得自营或者为他人经营与所任职公司同类的业务。一旦董事和独立董事违反上述规定，其所得的收入应当归公司所有。这主要是因为董事和独立董事可能会利用对公司的了解，用不正当的手段抢夺公司的客户，篡夺公司的交易机会，对公司造成一定的损害。

二、企业与监事之间的商业伦理

监事主要负责监督公司的财务情况，公司高级管理人员的职务执行情况，以及其他由公司章程规定的监督职责。由全体监事组成的、对公司业务活动及财务活动等进行监督的机构称为监事会。目前，我国融合了德国模式和日本模式，采取监事会与董事会平行的公司治理结构，如图2-1所示。

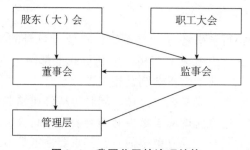

图2-1　我国公司的治理结构

（一）监事会的组成与职权

1. 监事会的组成

我国《公司法》规定，对于有限责任公司，其监事会成员不得少于三人。股东人数较少或者规模较小的有限责任公司,可以设一至两名监事,不设监事会。监事会应当包括股东代表和适当比例的公司职工代表,其中职工代表的比例不得低于三分之一,具体比例由公司章程规定。董事、高级管理人员(经理、副经理、财务负责人)不得兼任监事。监事的任期每届为三年。监事任期届满,连选可以连任。对于股份有限公司,无论公司大小,必须设置监事会,其成员不得少于三人,其他规定与有限责任公司一致。

2. 监事会的职权

我国《公司法》对于监事会或监事的职权进行了如下具体规定。

(1) 检查公司财务。

(2) 对董事、高级管理人员执行公司职务的行为进行监督,对违反法律、行政法规、公司章程或者股东会决议的董事、高级管理人员提出罢免的建议。

(3) 当董事、高级管理人员的行为损害公司的利益时,要求董事、高级管理人员予以纠正。

(4) 提议召开临时股东(大)会会议,在董事会不履行法律规定的召集和主持股东(大)会会议职责时召集和主持股东(大)会会议。

(5) 向股东(大)会会议提出提案。

(6) 对董事、高级管理人员提起诉讼。

(7) 监事可以列席董事会会议,并对董事会决议事项提出质询或者建议。监事会或监事发现公司经营情况异常,可以进行调查;必要时,可以聘请会计师事务所等协助其工作,费用由公司承担。

(8) 公司章程规定的其他职权。

3. 监事会的作用

监事会的主要作用为监督。其对经营管理业务的监督包括以下方面。

(1) 通知经营管理机构停止其违法行为。当董事或经理人员执行业务时违反法律、公司章程,以及从事营业范围之外的业务时,监事有权通知他们停止其行为。

(2) 随时调查公司的财务状况,审查账册文件,并有权要求董事会向其提供相关信息。

(3) 审核董事会编制的提供给股东(大)会的各种报表,并把审核意见向股东(大)会报告。

(4) 当监事会认为有必要时,如在公司出现重大问题时,可以提议召开股东(大)会。

此外,在以下特殊情况下,监事会有权代表公司行使权利:一是当公司与董事之间发生诉讼时,除法律另有规定外,由监事会代表公司作为诉讼一方处理有关法律事宜;二是当董事自己或他人与本公司有交涉时,由监事会代表公司与董事进行交涉;三是当监事调查公司业务及财务状况、审核账册报表时,可以代表公司委托律师、会计师或其他监督法人。

(二) 监事所面临的商业伦理问题

1. 难作为、不作为

我国上市公司监事难作为或不作为的主要原因是他们不仅在企业中担任监事,也在企业中有其他不同级别的行政职务，例如党务、纪检、工会等方面的职务，这使得他们无论是在任用还是提拔上，都会受到董事会和高级管理人员的限制，同时自身的报酬也受到相应的约束与管制。基于自身利益的考虑，监事通常会选择与董事会或者高级管理人员站在同一立场，缺乏自身的独立性，无法对企业进行有效的监督，无法形成监事会与董事会之间的相互制约机制，很难维护股东以及职工的相应利益。虽然当前相关法律法规对于监事会或监事的行为进行了一定程度的禁止，但没有相应的惩罚措施，因此，上市公司的监事会可能会采取不作为的方法，使监事难有作为。

2. 监督方式单一

当前公司监事基本沿用事后监督的方式，整体监督方式较为单一，无法针对重大问题寻找关键点进行解决。监事采用的检查监督方法主要还是以财务检查为主，但是由于财务是对过去的事项进行记载，无法对当前的事情进行合理的判断，因而不适用现代企业发展变化的需求。同时，监事在检查后会将问题进行梳理，让企业进行整改，但后续没有进行相应的结果反馈。事后监督并不能从全过程来监控公司的业务处理。除了监事之外，公司内部还有其他的监督人员，这些人员之间缺少横向沟通，使得重复性工作过多，浪费公司资源。因此，监督方式单一直接影响其监督的效果，难以保证股东的利益。

3. 监事的胜任能力不足

由于我国公司的特殊性，公司中大部分的监事都是从事党政工作，本身对于财务或者审计等方面了解甚少，难以形成较强的专业性。再加上对于监事的培训等机会并不多，公司之间的交流机会也较少，监事难以对公司进行全方位深入了解，造成无法发挥监督作用。

4. 监事会形同虚设

无论是有限责任公司还是股份有限公司，在办理工商注册登记时，均需报备董监高的任职人员信息。设监事会的，要求职工监事比例不低于三分之一。因而在我国登记的有限责任公司和股份有限公司，监事会成员不会有缺失的情况，但在公司生产经营的现实中，监事会成员缺位的较多，工商登记只是挂名满足登记需要。尤其是一些实行集团管控的企业集团下设的公司，不仅是监事会缺位，更有甚者股东会和董事会也缺位。集团管控下的被控制企业的监事会成员，往往是上级公司的高管或者员工。上级公司的高管本可以实行监督，但是实际情况是其在一个经营年度里很难到下级公司实施监督，普通员工的监督主动性受制于上级领导，更无法行使监事职权。

（三）企业与监事之间的商业伦理规范

1. 树立监督是生产力的新理念

公司企业作为市场经济主体，以营利为直接目标。所以企业重视盈利，提高生产力和生产效率，是其自身内部逻辑所致的必然结果。但很多企业只是重视日常生产经营，却忽略了对过程的监督，放松了对风险的警惕，没有把监督作为生产力的一部分。企业经营管理者必须认识到接受监督也是为企业经营发展着想，经营管理者自愿接受监督，在企业中营造监督也是生产力的氛围。

2. 监事需要严格监督企业的各项事务

监事需要提升自身的胜任能力，才能对董事会和高级管理人员进行严格的监督。严格监督的前提是监事必须保持自身的独立性,也就是说,监事应当独立判断,不能被他人的意志所左右。同时,监事需要以身作则,不能无所作为,也不能过度作为,不能超越自身的权限进行决策,或者无故对企业的各项事务的决策进行干涉。监事对企业的经济活动应该做到全过程的监控,即事前监督、事中监督和事后监督,增强监督工作的有效性。

3. 监事需要公正审查企业的各项事务

公正审查是指监事需要具备公正原则,即监事应当不偏不倚对待各方利益相关者,不以牺牲一方利益为条件而使另一方受益。

(1)监事在审查过程中,需要正确处理不同类型的经济利益关系。企业的利益相关者主要包括股东、债权人、供应商、客户、政府、员工等,他们都可能与企业存在一定程度上的利益冲突。例如,监事可能在保障了股东的权益时,损害债权人的权利;也可能在保障了供应商权益时,损害客户的权益;或者在保障了债权人的权益时,损害员工的权益。从某种程度上讲,这些利益相关者之间的关系错综复杂,稍有不慎,监事就可能侵害其中一方的利益。因此,监事在进行审查的过程中需要保持公开公正,客观真实地对待各方利益,满足利益相关者的要求。

(2)监事必须廉洁执法,在审查过程中保持清廉的节操。公正审查的前提是监事自身的道德品格必须符合廉洁的标准,也就是说,监事在整个的审查过程中,不得利用自己的身份、地位、影响力,或者是所掌握的相应情况,为自己或者企业谋取一定的利益。同时,监事不能主动或被动接受公司或者公司内被调查人员的礼金、物品等,尤其是国有企业的监事,必须做到"八项规定"的要求,杜绝一切奢靡之风。

(3)根据《公司法》规定,监事对董事、高级管理人员执行公司职务的行为进行监督,当董事、高级管理人员的行为损害公司的利益时,要求董事、高级管理人员予以纠正。如果造成企业的损失,可以让董事或高级管理人员进行赔偿。但如若董事或高级管理人员拒不纠正,可以对其提起诉讼。这也说明了监事在公正审查时所拥有的特权,必须以公司的整体利益作为保障基础,不得侵害公司利益。

三、企业与管理层之间的商业伦理

(一)管理层的构成与职能

管理层指公司、企业或组织机构内部处于管理地位、负有管理责任的团体或人员。管理层主要是为了实现企业总体的发展目标。如果一个企业没有管理层,企业的各项资源都无法得到合理的配置,也不会产生相应的产品。因此,管理层对于企业而言是非常重要的。

1. 管理层的构成

企业管理层内部也有不同层次,在管理公司时管理层进行逐级指挥和管理,从而可以提高工作效率,实现纵向协同。其主要分为三个层次:第一,基层管理,主要是负责公司具体的业务运营和产品生产等前端工作;第二,中层管理,主要针对不同的部门负责公司的内部活动;第三,高层管理,主要负责协调、监督各部门之间的工作,以及中层管理人员的任免等。当前内容主要讲述高层管理人员相应的商业伦理规范。根据我国《公司法》规定,高级管理人员是指公司的总经理、副经理、财务负责人、上市公司董事会秘书和公司章程规定的其他人员。

2. 管理层的职能

公司最主要的目的是获取经济利益，实现企业价值的最大化，这就要求管理层通过运营公司所获取的经济利益来证明自身的价值。如果管理层不能为公司创造价值，或是连原有价值都无法保持，就说明管理层未能完全履行自身职能。

（1）管理层最主要的职能是管理企业。对于管理层的考核，主要是以企业的业绩为主。管理层最重要的职责就是利用各种方法实现企业的愿景与目标，此时，管理层必须作为一个开拓者来探索企业的未来，只有当管理者的意图与公司保持一致，以公司的利益为首要目的，重新进行经济资源的优化配置，才能实现企业的管理目标，履行好自身的职责。

（2）管理层的另一个职能就是利用现有的资源，创造利润，实现公司价值。这意味着管理层必须能够合理配置人力和物力，生产出符合市场需求又保质保量的产品和服务。同时，管理层所做出的每一个决策，必须将企业的现状以及未来的发展方向都考虑在内，这样才能达到资源配置效率的最大化。

3. 管理层与企业的关系

根据委托代理理论，在双层的委托代理结构下，可以发现管理层是董事会委托其来代理运营企业。这层代理关系看似复杂，但是管理层与企业之间归根结底为雇佣关系。不少国家从法律上已经认定高级管理人员属于公司的雇员。例如，在美国，直接将高级管理人员定义为在公司的管理层级中高于其他雇员级别的"公司雇员"[①]；在德国，高级管理人员与公司的关系一般用服务合同来确认，即承认高级管理人员也作为企业中的雇员。但是，由于在现实的企业运行中，大部分董事并不愿意消耗自己的时间和精力去监管企业的日常经营活动，作为企业执行机构的董事会也将大部分的职责下放给高级管理人员，因此，高级管理人员尤其是总经理等职位虽没有担任企业的代表人，但已经不能够作为普通员工看待。

（二）管理层所面临的商业伦理问题

在我国，公司的管理层掌握着经营管理的权利，对公司的运营、人事、决策有一定的影响力，如果管理层成为公司的对立面，将对公司造成严重的损害。因此，管理层也会面临一定的商业伦理问题。

1. 增加休闲时间

随着公司所有权和经营权的分离，公司的股东和管理者也进行了分离，管理者可能为了自身的目标，而不再理会股东的目标，不尽自己最大的努力实现公司的价值。此时，管理层可能并没有从决策等方面直接损害公司的利益，但对于自己的职能并不卖力，以此来增加自身的休闲时间。在这种情况下，管理层就无法实现股东价值的最大化，不能寻求企业的创新与发展。

2. 在职消费

在职消费主要是指管理层在自己的岗位上为自己谋求一定的利益，以工作为借口乱用公司的资金，例如装修豪华办公室、购置高档汽车等。由于管理层对公司经营活动的决策有一定的自由度，加上企业的监管力度较为薄弱，容易造成管理层利用职位之便以权

---

① Steven L. Emanuel. Corporations（4th Edition）[M]. Aspen Law&Business，2002.

谋私。

在职消费有关的费用项目大致可分为办公费、差旅费、业务招待费、通信费、出国培训费、董事会费、小车费和会议费八类。这些项目容易成为高管人员获取好处的捷径，高管人员可以轻易通过这些项目报销私人支出，从而将其转嫁为公司费用。

3. 私分国有资产

国有资产主要是指属于国家所有的一切财产和财产权利的总和，是国家所有权的客体。具体而言，国有资产包括国家依法或依权力取得和认定的财产，国家资本金及其收益所形成的财产，国家向行政和事业单位拨入经费形成的财产，对企业减税、免税和退税等形成的资产，以及接受捐赠、国际援助等所形成的财产。

根据《中华人民共和国刑法》[①]（以下简称《刑法》）规定，私分国有资产罪是指国有机关、国有公司、企业、事业单位、人民团体，违反国家规定，以单位名义将国有资产集体私分给个人的行为。

改革开放以后，中国经济飞速发展，国有企业改革的步伐不断加快，但是国有企业、公司中的一些单位主管人员损公肥私、集体私分国有资产的现象比较严重，甚至有的国家机关、国有事业单位、人民团体也以各种名义私分其经手、管理、使用的国有资产，造成国有资产的大量流失。

4. 泄露商业秘密

根据《中华人民共和国反不正当竞争法》[②]（以下简称《反不正当竞争法》）规定，商业秘密是指不为公众所知悉、具有商业价值并经权利人采取相应保密措施的技术信息、经营信息等商业信息。商业秘密直接影响公司未来的发展，甚至可能决定公司的生死存亡。根据《关于禁止侵犯商业秘密行为的若干规定》[③]规定，商业秘密的权利人是指依法对商业秘密享有所有权或者使用权的公民、法人或者其他组织。高级管理人员作为企业经营企业的主要人员，对企业的技术信息、经营信息非常了解，是商业秘密的持有者，因此，泄露商业秘密也是他们所面临的商业伦理问题之一。

侵犯商业秘密的行为主要包括：第一，以盗窃、利诱、胁迫或者其他不正当手段获取权利人的商业秘密；第二，披露、使用或者允许他人使用以前项手段获取的权利人的商业秘密；第三，与权利人有业务关系的单位和个人违反合同约定或者违反权利人保守商业秘密的要求，披露、使用或者允许他人使用其所掌握的权利人的商业秘密；第四，权利人的职工违反合同约定或者违反权利人保守商业秘密的要求，披露、使用或者允许他人使用其所掌握的权利人的商业秘密。第三人明知或者应知前款所列违法行为，获取、使用或者披露他人的商业秘密，视为侵犯商业秘密。

[①] 1979年7月1日第五届全国人民代表大会第二次会议通过《中华人民共和国刑法》，现行版本为2020年12月26日第十一次修正版本。

[②] 1993年9月2日第八届全国人民代表大会常务委员会第三次会议通过《反不正当竞争法》，现行版本为根据2019年4月23日第十三届全国人民代表大会常务委员会第十次会议《关于修改〈中华人民共和国建筑法〉等八部法律的决定》修正版本。

[③] 1995年11月23日，原国家工商行政管理局发布《关于禁止侵犯商业秘密行为的若干规定》，并根据1998年12月3日发布的《国家工商行政管理局修改〈经济合同示范文本管理办法〉等33件规章中超越〈行政处罚法〉规定处罚权限的内容》进行修改。

(三) 企业与管理层之间的商业伦理规范

1. 管理层应遵守国家法律法规和公司章程

管理层在进行各项工作的过程中，必须坚持贯彻党的发展路线，以马克思主义、毛泽东思想、邓小平理论作为基础，按照党的方针和政策，自觉遵守各类的法律法规。尤其是我国出台的《公司法》《证券法》《反不正当竞争法》等多项与企业密切相关的法律是管理层着重学习的重点。同时，管理层必须按照制定好的公司章程，明确自身的职责，勤勉尽责，全心全意为公司服务。

2. 管理层应带头发扬企业精神

企业精神主要是指企业基于自身的特征、目标、宗旨、愿景、时代要求和发展方向，在长期的生产经营过程中逐步形成和确立的思想成果和精神力量。企业精神是公司全体员工所认同的理念，是整个企业文化的核心，一旦形成，能够在企业内部起到凝聚作用、教育作用和约束作用。其将稳定性和动态性进行统一，也具有一定的创新性和时代性。企业精神是企业的灵魂。管理层作为企业员工的表率，应当将企业精神贯穿企业的管理活动中，以自身的行动成为员工的榜样，带头发扬企业精神，始终保持艰苦奋斗的优良传统。

3. 管理层不能参与和公司有利益冲突的活动

管理层作为领导企业发展的一员，与企业之间的特殊关系决定了管理层的决策如果存在问题，可能会侵害公司的利益。因此，公司的高级管理人员应当遵守职业道德，不能参与和公司有利益冲突的活动。根据《公司法》的规定，管理层不得有下列行为：

（1）挪用公司资金。

（2）将公司资金以其个人名义或者以其他个人名义开立账户存储。

（3）违反公司章程的规定，未经股东会、股东大会或者董事会同意，将公司资金借贷给他人或者以公司财产为他人提供担保。

（4）违反公司章程的规定或者未经股东（大）会同意，与本公司签订合同或者进行交易。

（5）未经股东（大）会同意，利用职务便利为自己或者他人谋取属于公司的商业机会，自营或者为他人经营与所任职公司同类的业务。

（6）将他人与公司交易的佣金归为己有。

（7）擅自披露公司秘密。

（8）违反对公司忠实义务的其他行为。

4. 管理层应合法披露相应的信息

无论是直接参与还是间接参与信息披露过程的高级管理人员，都必须按照法律法规的规定和程序，将相应信息进行完整、客观、真实、及时的披露。信息披露作为企业对外交流的重要组成部分，信息的真实性和及时性能够影响利益相关者的各项重大决策。根据《上市公司信息披露管理办法》[①] 规定，上市公司董事、监事、高级管理人员应当勤勉尽责，关注信息披露文件的编制情况，保证定期报告、临时报告在规定期限内披露，配合上

[①] 2006年12月13日，中国证券监督管理委员会第196次主席办公会议审议通过《上市公司信息披露管理办法》。

市公司及其他信息披露义务人履行信息披露义务。同时，高级管理人员应当对公司披露的信息进行签字确认。

5. 管理层应将短期利益与长期利益协调统一

在企业的管理活动中，管理层应当恰当处理短期利益与长期利益的关系。也就是说，管理层既不能为了满足企业的短期利益而不顾长期利益，也不能以企业的长期利益作为借口而不顾当前的短期利益。因此，管理层需要将短期利益与长期利益进行协调统一，在不危及企业日常经营活动时，应当将长期利益作为企业的发展目标，将短期利益作为企业整体发展过程中的阶段性成果，以短期利益来促进长期利益的实现。

6. 管理层应培养良好的道德品格

管理层的道德品格能够引导其做出各类管理行为，这就说明了管理层的道德品格是其行为的内化。管理层良好的品质是企业发展的必然要求。其主要表现在：第一，管理层应保持公平，不得利用不平等的条件来操纵供应商、客户的选择以及人事的任免；第二，管理层自身必须维护公司的声誉，洁身自好，不能利用自己的权利进行财务舞弊，严禁收受贿赂；第三，管理层必须忠于职守，实事求是，严肃做好企业的各项工作。

第三节 企业与员工之间的商业伦理

一、员工的权利与义务

员工是指企业中各种用工形式的人员，包括正式工、合同工、临时工、实习生等。任何一个企业都需要制定相应的规章制度促使每一个员工明确自身的所肩负的任务，也就是说，企业必须通过规则来建立一定的员工关系。

（一）员工的权利

虽然企业是员工的雇佣者，但为了防止企业侵犯员工的利益，员工在企业中也享有一定的权利。根据《中华人民共和国劳动法》①（以下简称《劳动法》）的规定，员工的权利主要包括以下一些。

第一，平等就业和选择职业的权利，即在就业过程中不因国籍、种族、民族、性别、年龄等受到歧视。

第二，取得劳动报酬的权利，即工资应当以货币形式按月支付给员工本人，不得克扣或者无故拖欠员工的工资。

第三，休息休假的权利，即公司应当保证员工每周至少休息一日，员工连续工作一年以上的，享受带薪年休假。

---

① 1994年7月5日第八届全国人民代表大会常务委员会第八次会议通过《中华人民共和国劳动法》，现行版本为根据2018年12月29日第十三届全国人民代表大会常务委员会第七次会议《关于修改〈中华人民共和国劳动法〉等七部法律的决定》修正版本。

第四，获得劳动安全卫生保护的权利，即公司必须建立、健全劳动安全卫生制度，严格执行国家劳动安全卫生规程和标准，对员工进行劳动安全卫生教育，防止劳动过程中的事故，减少职业危害。

第五，接受职业技能培训的权利，即公司应当建立职业培训制度，按照国家规定提取和使用职业培训经费，根据本单位的实际情况，有计划地对员工进行职业培训。

第六，享受社会保险和福利的权利，即公司必须依法参加社会保险，缴纳社会保险费。

第七，提请劳动争议处理的权利，即公司与员工发生劳动争议，当事人可以依法申请调解、仲裁、提起诉讼，也可以协商解决。调解原则适用于仲裁和诉讼程序。

第八，法律规定的其他劳动权利。

（二）员工的义务

与员工权利相对应的，员工在企业也承担一定的义务与责任。根据《劳动法》的规定，员工的义务主要包括以下一些。

第一，完成公司分配的任务。

第二，提高职业技能，即员工必须积极学习，尽忠职守，能够胜任当前的工作岗位。

第三，执行劳动安全卫生规程，即按照公司的规范章程进行工作，不得擅自作业。

第四，遵守劳动纪律和职业道德，即遵守保密原则，不得将公司机密进行泄露。

二、企业与员工的关系

企业与员工关系从广义上讲是指企业运行发展过程中集体或个人之间的相互关系，主要包括企业与集体之间的关系、企业与个人之间的关系、集体与个人之间的关系等方面；从狭义上讲，是指员工与企业、员工与员工之间的联系和影响。

企业与员工之间的关系从表面上看十分复杂，但在实质上，可以概括为两者之间的合作和冲突。从合作方面来看，员工是企业中的一员，员工获得较高报酬的前提是企业的业绩良好，能够付给员工想要的报酬，这说明两者的经济利益是相同的；从冲突的方面来看，在现实生活中，企业想要获取员工超过所给报酬的劳动，而员工想要少工作高报酬，两者之间的利益和目标就会出现分歧，产生一定的冲突。

企业与员工关系的错综复杂要求企业必须做好员工关系管理。也就是说，企业必须以员工为本，需要通过各种人力资源管理活动，调节企业与员工、员工与员工之间的关系，从而实现企业内部信息畅通，完善企业现有制度，推动企业的良性发展。

三、企业与员工之间的商业伦理问题

（一）就业歧视

就业歧视是指没有法律上的合法目的和原因，企业仅仅基于种族、肤色、宗教、政治、民族、出身、学习方式、性别、户籍、残障或身体健康状况、年龄、身高、语言等原因，采取区别对待、排斥等任何违反平等权利的措施，侵害劳动者劳动权利的行为。

1. 就业歧视的构成

平等就业是我国劳动立法确立的一项基本原则，因此，企业不能因为各种原因产生就业歧视。就业歧视的构成要件主要包括以下几个部分。

（1）在公司中，特定员工不能与其他员工获取均等的机会。主要包括下列几种情形。

第一，该员工无法与其他员工一起参加职业竞争。

第二，该员工无法与其他员工享受同样就业条件和待遇机会。

第三，该员工无法与其他员工享受同样福利权利的机会。

第四，该员工需要承担更多的义务和责任等。

（2）员工机会的不均等是公司由于一定的原因在主观上的判断。根据我国《劳动法》规定，就业歧视主要是指基于对某一民族、种族、性别、宗教信仰的不同。因此，如果因为上述任何一个因素导致不雇用此员工，可能就形成了就业歧视。

（3）公司必须是主观故意来进行此种行为。就业歧视是公司对特定员工的偏见，因此必须是故意而为之。如果是由于疏忽等非故意行为，则不构成就业歧视。因此，在就业歧视中，如何证明企业是主观故意是非常重要的。

（4）公司的歧视行为与某类特定员工某种机会的丧失或减少必然存在一定的因果关系。如果企业具有故意的意图，并且实施了一定的歧视行为，但是并没有对员工造成任何影响，则不能构成就业歧视。

2. 就业歧视表现形式

从就业歧视的各种方式以及对象上来看，可以划分为以下几个方面：

（1）户籍制度与城乡歧视。户籍制度是我国公司限制就业的普遍原因之一。企业经常会以本地户口或者城市户口作为限制条件来进行招聘。从制度上而言，当前的户籍制度在一定程度上支持了企业的歧视行为，这主要是因为就业迁移成本的不断增加，导致大部分劳动者没有足够的能力改变自身的户籍，限制了劳动者在自主择业上的平等权利。同时，户籍制度对于城市户口和农村户口的划分，带来了劳动力市场上的分割局面，导致劳动力很难在城乡之间得到最优的资源配置，违反了市场经济的发展规律。

（2）性别歧视。虽然我国出台了一系列的法律法规，包括《劳动法》《妇女权益保障法》《女职工劳动保护规定》，以此来保护妇女的工作权利，然而在现实中，整个劳动力市场仍存在比较严重的性别歧视。由于妇女本身在自然规律中的特殊属性，《劳动法》规定企业不得解雇怀孕以及哺乳期妇女。但怀孕所带来的长期假期，让许多企业不愿意雇佣女性，或者根据求职者的性别采取不平等的标准。虽然很多企业可能在招聘信息中并没有明确指出对性别的限制，但是一旦进入面试环节，则会在面试过程中以"男性优先"的潜在条款进行录取。不仅如此，某些企业可能会在女员工怀孕以及哺乳期采取"变岗变薪"的方法来侵害女员工的合法权益。当然，也有一些企业会根据自身的需求不招收男性，只招收女性或者女性优先，这也构成对男性求职者的就业歧视。

（3）年龄歧视。在我国，年龄歧视也是一个非常突出的问题。许多招聘信息会直接限制员工的年龄，例如35岁以下等。大部分企业认为年轻人充满活力与朝气，其体力、创新性等各方面要比年长者具有优势，同时年轻人的家庭负担较轻。除了在招聘时选择年龄较小的劳动者外，有些企业会采用半强迫的方式使达到一定年龄的员工自动离职或者退休，尤其是高新科技企业，其员工年龄年轻化就是这一歧视行为的主要表现。

（4）身高歧视。从当前现实生活来看，身高也成为就业歧视中的一种表现。在我国，企业招聘员工偏向于较高身形的人，甚至认为身高较高者气质较佳，尤其到服务行业对身材外貌的要求更为苛刻。很多企业会在招聘网站上对求职者的身高做出硬性规定，例如女性必须160cm以上，男性必须170cm以上等，如果身高没有达到要求，则不会录用。这些都是严重的就业歧视。

（5）学历查三代歧视。随着求职者学历的不断增高，硕士和博士在人才市场上的涌入，招聘市场开始对本科学校进行追溯。也就是说，对于硕士和博士而言，必须要看你本科的毕业的院校是否与研究生一样出自"名门"。还有企业可能要求"三清生"，即企业要求本科、硕士、博士必须全部毕业于清华大学。除此之外，某些企业要求必须有海外留学的经历，这都是从学历的角度对不同类型求职者的歧视。

除此之外，在就业过程中，求职者还会遭到其他方面的歧视，例如经验歧视、血型歧视、婚恋歧视等。

（二）劳动安全无法保障

劳动安全又称职业安全，是劳动者享有的在职业劳动中人身安全获得保障、免受职业伤害的权利。在生产劳动过程中，企业应该防止中毒、车祸、触电、塌陷、爆炸、火灾、坠落、机械外伤等危及劳动者人身安全的事故发生。

劳动安全主要是企业因监管不力或者没有进行相应培训等造成的内部性问题。在供过于求的劳动力市场中，由于劳动者缺乏对生产安全方面的知识和信息，使得大部分的劳动者处于被动选择的地位，企业可以利用自身的资源，不考虑工作环境和条件等影响工作安全的情况下，直接选择符合条件的劳动者，让其从事风险性较高的工作。通常这类工作都具有一定的危险性，例如，劳动者在入职前对于所接触的物品并不知晓其危害，入职后也没有做好防护措施，公司也并没有相应的培训与说明。在这种情况下，劳动者为了保障自身的安全，只能依靠自己的力量。因此，必须运用有效的政府监管手段来保护劳动者的劳动安全。

（三）工作压力过大

工作压力是现代工作的一个重要特征，主要是指因工作负担过重、变换工作岗位、工作责任过大等对人产生的压力。工作压力虽然能够促使员工保持紧张的心态，推动其进步，但也会对员工造成一定的生理和心理问题。尤其是当员工承受过大工作压力时，会造成血压升高、头疼或食欲不振等生理问题，导致紧张、焦虑或情绪低落等反应，甚至可能会由于过劳使动脉硬化加剧，进而出现致命的状态。

工作压力过大，对人身、企业、社会具有以下危害：

第一，对劳动者的身心健康造成了极大的损害。加班时间过长、劳动强度过重、心理压力过大，轻则造成劳动者健康受损，重则导致劳动者死亡。

第二，不利于企业的长远发展。员工的工作压力越大，工作状态可能越差，工作满意度越低，影响企业的正常运转。大部分工作压力过大的员工可能会出现直接离职的现象。

第三，加剧了我国劳动力市场的供需矛盾。企业的"加班文化"导致了一个职工一天工作十几个小时，与我国法定的最高工时相比，等于一个人承担了两个人的工作量，这就直接导致了工作岗位需求的减少，变相地加大了我国的劳动力供给。一方面是许多人找不到工作，一方面是大量在职职工以"透支"生命的方式工作，加剧了我国劳动力市场的供需矛盾。

（四）薪酬不公平

薪酬不公平也是企业与员工之间商业伦理的一个主要问题。基于公平理论，薪酬公平感主要是指员工对于自身的付出与成果与他人进行比较，在主观层面上对于薪酬分配、薪酬管理等方面的判断或感知。员工的薪酬公平感不仅针对薪酬结果，还针对薪酬管理的整个过程。如果员工感受到了不公平的对待，其可能会产生消极怠工的态度，甚至会直接离职或者损害企业的利益，最终影响企业的健康发展。在现实生活中，薪酬不公平现象屡屡出现，主要的表现形式分为同工不同酬和加班工资难以发放。

四、企业与员工之间的商业伦理规范

（一）企业应尊重员工的个人特点

在现代的企业管理制度中，员工的个性需要得到企业的尊重。企业需要将员工作为独立的个体，确认其独立的基本权益。在现实生活中，企业主要是以集体利益为重，着重强调团队精神，但由于不同的员工其个性不同，不能以统一的价值观、人生观来改变员工的特性，因而，企业必须将员工个人与工作区分开来，不能侵害员工的基本利益，同时也要重视员工的个性化发展。

（二）企业应注重员工的职业发展

根据中国职业规划师协会的定义，职业发展是组织用来帮助员工获取目前及将来工作所需的技能、知识的一种规划。这种规划本质上是员工与企业长期利益的协调统一。企业为了能够实现目标，可以为员工设计明确、操作性强、上升空间较大的职业发展道路，调动员工的积极性，形成相应的人才梯队，提高员工的归属感，实现人才的长期稳定性。在整个过程中，可以使员工拥有自己的个人职业目标，让员工看见希望，共同朝着企业的愿景和宗旨努力。员工的职业发展规划也能够促使企业有效地开展人力资源活动，从而提高企业的经营效率和经营业绩。

员工的职业发展最离不开企业对员工的培训。为了实现人才需求，企业通常情况下会利用内部培训、公开课、定点培训等多种方式对员工进行培养。这不仅能够提高员工自身的综合素质，也能够为企业培养后备力量，保持企业的长期经营。

（三）企业应与员工进行有效沟通

在当前的管理体系中，企业与员工之间基本上是单向沟通，即管理层以命令的方式传达工作，员工只能进行执行，无法表达自己的意见。但是，由于员工是企业的"人才蓄水池"，在以人为本的观念下，必须建立企业与员工相互平等的关系。因此，企业必须促进与员工的双向沟通，及时听取员工的意见，尤其是一线业务人员的意见，从而增强企业的向心力和凝聚力，提高企业的沟通效率。

复习思考题

1. 企业伦理与股东利益是如何相互影响的？
2. 股东抽逃出资会导致什么样的后果？
3. 企业与股东如何解决商业伦理问题？

4. 董事的权利与义务主要有哪些?
5. 董事面临的商业伦理问题主要有哪些?
6. 董事应如何履行道德责任?
7. 监事会面临的最主要的伦理问题是什么?
8. 监事应如何履行道德责任?
9. 如何理解管理层与股东之间存在的道德冲突?
10. 如何应对管理层与股东之间的道德冲突?
11. 员工与企业之间的关系是什么?
12. 就业歧视主要分为哪些表现形式?
13. 在企业和员工关系中,企业应如何履行道德责任?

 讨论案例2-1

上海家化内斗案例

上海家化联合股份有限公司(以下简称"上海家化")是我国一家历史悠久的日化企业,其前身是成立于1898年的香港广生行,公司已发展成为年销售额逾50亿元的大型日化集团,产品涵盖护肤、彩妆、香氛、家用等多个领域,并于2001年在上海股票交易所上市。

上海家化2017年报数据显示,2016年公司实现营业收入64.88亿元,同比增长8.82%;净利润3.898亿元,同比增长93.95%,扣非净利润3.31亿元,同比增长62%。上海家化主要从事护肤类、洗护类、家居护理类、婴幼儿喂哺类产品的研发、生产和销售,主要品牌包括佰草集、六神、高夫、美加净、启初、家安、玉泽、双妹、汤美星等。分品类看,护肤类表现最好,实现收入22.7亿元,同比增长16.13%,毛利率80.69%,其中佰草集表现亮眼,2017年首次启用刘涛作为代言人,品牌高端化进展顺利,400元以上价位产品销售占比由31%提升至41%。洗护类(主要有六神、美加净、高夫等)收入25.88亿元,剔除花王,同比增长14%左右。家居护理类(家安为主)收入1.65亿元,收入大幅增长74.64%,毛利率53.55%。新增婴幼儿哺喂(汤美星)收入14.39亿元,毛利率51.05%,基本达成收购预测收入。靓丽的零售数据背后反应的是伴随消费升级而来对美的追求,由此带动国内庞大美妆消费市场需求的爆发。券商研究报告纷纷指出,上海家化具备成长为行业龙头集团的优良潜质。剔除花王业务因素影响后(2017年1月上海家化正式终止代理日本花王业务,花王曾是上海家化最重要的利润来源之一),上海家化自有品牌营业收入为50.69亿元,同比增长15.85%。2017年,上海家化从多个方面入手,打造品牌新形象,为品牌注入全新活力。在当前这业绩持续上涨之前,上海家化经历过一系列的内部人员的斗争。

2011年,为了响应上海市政府出台的《关于进一步推进上海国资国企改革发展的若干意见》,上海家化开始进行股份制改革。2011年9月7日,上海市国有资产监督管理委员会表示将以公开挂牌方式出让所持有的家化集团100%国有股权。两个月后,上海家化再次发布公告,称平安信托旗下公司平浦投资为家化集团100%股权受让人,成为上海家化的控股股东。

改制带来的效果似乎显而易见。早在改制启动之初,葛文耀就在酝酿第二期股权激励计划，他希望家化在人才方面将能够提供不低于外资巨头的优厚待遇。改制后家化新一轮股权激励计划果然引发关注。激励草案显示，公司拟以市价的一半价格，向38.1%员工定向发行不超过2 840万股限制性股票，占总股本的6.71%，激励力度是前一次的5倍。在业界看来，这次激励意味着上海家化初尝了改制带来的甜头。葛文耀表示，改制解决了家化发展中的两个重大的问题——投资的决策性和激励的决策权。改制后的上海家化亦被认为是国内唯一有潜力与国外日化巨头竞争的企业。2013年3月15日，公司交出了一份靓丽业绩报告：2012年公司完成了39.4亿元的预定目标，实际营业收入达到45亿元，同比增长26%；净利润同比增长70.1%，达到6.1亿元。

虽然引入平安集团之后的业绩有所提升，但内部的矛盾也在不断激化，主要表现在三个方面。

矛盾一：平安指责上海家化高管设立"小金库"。

2013年5月13日晚，平安信托发声明称家化集团个别高管涉嫌私分小金库、侵占公司利益。随后上海家化表示，葛文耀绝无违法行为。平安信托所指的"小金库"是什么？根据调查可知，主要是向家化集团改制前一笔关于企业退休补贴的支出。"企业退休职工工资低是中国社保制度一大问题。2007年家化经济效益开始明显好转，我便开始解决退休职工的'共享费'（让退休员工也享受企业发展成果，每月发几百元生活补贴），前五年为公司成本，一年最多六百万元，公司业务上怎么也省得下来。"葛文耀在其个人微博中的这段话，将家化集团的一笔"共享费"公之于世。同时，葛文耀认为国企的主要问题是留不住人才。通过这样的手法来留住人才，最多是"擦边球"行为。随后，上海市国资委开始进行调查。

矛盾二：上海家化改制，平安进驻欲高位套现。

入驻伊始，双方的合作还算顺利，葛文耀曾公开赞扬中国平安，称通过中国平安上海家化可以和外资品牌竞争。当时葛文耀正好看中了海鸥手表的项目，2012年4月，葛文耀正式对外宣布上海家化有意参股海鸥手表，但该项目并不被中国平安方面看好，上海家化参股海鸥手表一事被搁置。2012年11月，葛文耀首度通过微博指责平安称："平安进来前，在'权益变动书'中向证监会保证要尊重上市公司的独立性，你收购的是集团，只是间接拥有上市公司27.5%的股份，我这董事长代表广大股东利益。"上述指责被认为是上海家化内斗公开化的标志。

双方的"正面交锋"出现在2012年12月中旬召开的平安入住家化集团的第一次股东大会上，葛文耀说，在海鸥表项目上，平安的态度前后不一，先是支持，后又认为项目不好，要停止投资，再后来又表示可以投资。同时，双方的矛盾还表现在平安的未来战略。当初平安收购上海家化的意图就是为了赚钱，其最开始是想要卖掉家化，但不可能在市场上进行操作，除非卖给类似联合利华这样的外资，因而平安只能在高位将其拆分卖掉。

矛盾三：引进平安，短期投资和长期承诺打架。

平安当时为了能够收购上海家化，给出了高达70亿元的投资承诺。上海家化亦是期待，在产品的分销渠道、人员的智力培训以及企业的科学管理等方面，平安的入驻可以为家化带来新的气象。不过，现实和期待总有出入。平安集团进入后，基本未见其有过具体行动。平安集团收购上海家化集团的51亿元资金，保监会没有批准用保险资金，不得不部分使用信托资金，这些资金不仅资金成本高、回报要求高，且有一些信托计划有退出节点。这种行为是短期的，用一个短期资金来做一个长期实业是矛盾的，无法实现长期承诺。此外,葛文耀一直想做大家化的概念,在这个基础上又想做时尚产业,但这和平安的想法存在出入。

2013年5月11日,上海家化集团召开临时董事会议,决议免去葛文耀上海家化集团董事长和总经理职务,由集团董事、平安信托副总经理张礼庆出任集团董事长。5月13日事件爆发后,上海家化股价下跌5.3%,公募基金当天的浮亏就达6.2亿元。为了消除葛文耀离职对公司的影响,上海家化5月15日晚间发布了一则对公司状况的说明称:"葛文耀先生已不再担任上海家化(集团)有限公司董事长,仍担任本公司董事长,正常履职。"在5月16日召开的股东大会上,葛文耀表示愿意修复与大股东的关系并做出三点表态:第一,对此次风波给股东造成的损失,深感歉意;第二,管理层将专心做好上市公司经营;第三,自认是个知道进退的人,不会利用股东信任做不利于家化的事情。

正当外界认为上海家化与大股东平安之争已握手言和时,上海家化9月17日发布的一则公告宣布双发彻底决裂:"2013年9月17日公司董事长葛文耀提出申请,本人因年龄和健康原因申请退休,请董事会批准。"2013年11月,上海家化正式任命强生医疗中国区原总经理谢文坚为上海家化董事长。谢文坚上台后开始着手"清嫡"行动,包括财务总监丁逸菁等人先后离开了上海家化,而总经理王茁一直坚持到2014年6月12日。

备注:资料来源于中国经济网。

请结合案例材料,思考并回答以下问题:
1. 上海家化的内斗对整个企业来说是否有利?
2. 上海家化的内斗矛盾主要是哪些?
3. 上海家化的内斗是否违背当前的商业伦理?具体的商业伦理问题有哪些?
4. 如何解决企业与股东之间的商业伦理问题?

讨论案例2-2

淄博甲化工股份有限公司内幕交易案例

根据《中国证监会行政处罚决定书(方某民)》上的规定,当事人存在以下违法事实。

一、内幕信息的形成与公开过程

2017年上半年,时任淄博甲化工股份有限公司(以下简称甲公司)董事长兼总经理车某聚安排时任甲公司董事、副总经理、董事会秘书祝某茂,以及时任甲公司副总经理焦某与菏泽乙材料有限公司(以下简称乙公司)谈判,计划出资直接购买乙公司的异丁烯/叔丁醇制备甲基丙烯酸甲酯(MMA)技术,但双方未达成一致。

2017年12月,甲公司车某聚、焦某、祝某茂开会讨论决定收购乙公司的控股权,以便实现获得乙公司MMA技术的目的。2017年年底,甲公司祝某茂、焦某赴乙公司与时任乙公司董事长陈某建见面,提出上述收购事宜,陈某建表示可以继续谈。2018年元旦后,陈某建赴江苏丙控股有限公司(以下简称丙公司)办公地,与乙公司第二大股东陈某忠沟通甲公司收购乙公司事宜。陈某忠没有反对,表示先了解一下甲公司情况。之后,陈某建、陈某忠等人赴甲公司考察,与车某聚、焦某和祝某茂见面洽谈收购事宜。

2018年春节前,祝某茂、焦某、陈某建赴张家港与陈某忠见面进一步讨论收购事宜,陈某建、陈某忠都同意出让股权,并约定春节后甲公司安排专业人员到乙公司进一步了解情况。2018年2月23日,甲公司祝某茂、焦某等人赴乙公司厂区进一步考察,主要考察生产线、财务状况及安全环保手续是否齐全等。2018年2月25日,车某聚通过手机微信向公司实际控制人丁集团有限公司(以下简称丁公司)董事局主席张某请示收购事宜,并发送了文档《菏泽乙材料有限公司简介》,同时建议时任丁公司副总裁韩某赴甲公司组成专门小组尽快谈判。张某同意了该请示,并安排韩某负责乙公司项目,时任丁公司投行部总经理陈某跟进。

2018年3月7日,祝某茂、焦某到上海与陈某建、陈某忠见面,正式讨论甲公司收购乙材料股份的细节以及工作安排。此次谈判确定了甲公司收购乙公司51%以上股权,乙公司估值15亿~20亿元,至于是否需要增资再考虑。2018年3月8日,祝某茂、焦某返程后向车某聚汇报了谈判情况,车某聚要求继续推进该项目,同时表示会向丁公司汇报。

2018年3月19日,韩某通知时任B集团有限公司(丁公司子公司A集团有限公司旗下公司)投资并购部副总经理安某甲公司要收购乙公司,让其配合甲公司开展相关工作,当日安某组建了名为"菏泽乙公司项目"的微信群,成员有焦某、祝某茂、丁公司投行部邓某平、丁公司集团上海股权投资公司投行部高级总监黄某、安某等。2018年3月23日,安某、邓某平等人根据韩某安排赴乙公司进行初步尽职调查。2018年3月28日,车某聚通过手机微信向张某发送信息进行汇报,称已按张某指示和韩某沟通好,已安排尽职调查人员进驻乙公司开展业务。

2018年4月份前后,祝某茂告诉时任甲公司证券部部长、证券事务代表姜某成甲公司拟收购一家菏泽的公司,让其做前期准备工作。2018年4月9日,祝某茂、安某、邓某平、黄某及其下属王某等人一起到乙公司继续开展尽职调查。

2018年5月11日,祝某茂、焦某、安某、邓某平、黄某、王某以及陈某建等人在丁公司上海办公地就收购对价问题进行谈判。2018年5、6月份,丁公司、甲公司多次与乙公司洽谈收购股权细节事宜,洽谈地点一般在乙公司办公地、甲公司办公地以及丙公司办公地。大概在停牌前一周,张某要求陈某加快推进并购重组事项。

2018年6月17日,丁公司陈某、黄某、王某等人,甲公司祝某茂,乙公司陈某建、陈某忠等人,C律师事务所黄某新在张家港进行谈判,这次谈判主要是针对交易对价、支付方式以及乙公司技术的使用等问题。谈判后陈某给张某打电话汇报了相关情况,并请示甲公司与乙公司签订意向性协议事宜,张某表示同意。当天晚上,甲公司与乙公司签订收购意向性协议。

2018年6月19日,甲公司停牌并发布《关于筹划重大资产重组停牌的公告》,称公司正在筹划发行股份收购乙公司控制权、发行股份及现金收购上海D有色金属有限公司(以下简称D公司)100%股权。该事项构成重大资产重组,自当日起停牌。根据该公告,公司拟发行股份收购乙公司51%~100%股权、交易预计金额为10亿~15亿元,发行股份及现金收购D公司100%股权,交易预计金额为10亿~12亿元。2018年10月16日,甲公司发布《关于对外投资进展暨工商变更登记完成的公告》,称公司以货币形式向乙公司增资3亿元人民币,并持有乙公司16.67%股权。2018年10月19日,甲公司发布《发行股份购买资产预案》,称公司拟以发行股份方式购买乙公司34.33%股权,交易价格初定6.18亿元。2018年11月14日,甲公司发布《关于继续推进重大资产重组事项暨股票复牌的公告》,称正在持续推进收购乙公司和D公司事项,同时新增海外标的TBA。2018年12月11日,甲公司发布《关于终止发行股份购买资产暨继续推进现金收购事项的公告》,称终止D公司和TBA收购事项,改为现金收购乙公司34.33%股权,本次重大资产重组终止。

甲公司收购乙公司51%~100%股份事项,属于《证券法》规定的重大事件,且该重大事件为内幕信息。内幕信息不晚于2018年3月7日形成,2018年6月19日公开。根据上述内幕信息形成过程,依据《证券法》和《上市公司重大资产重组管理办法》的相关规定,张某、韩某、陈某、安某、邓某平、黄某、王某、车某聚、祝某茂、焦某、姜某成、陈某建、陈某忠、黄某新等人为本案内幕信息知情人。其中,张某知悉内幕信息的时间不晚于2018年3月28日。

二、方某民内幕交易甲公司股票

方某民操作本人证券账户在内幕信息敏感期内交易甲公司的行为,构成内幕交易。

(一)方某民在内幕信息敏感期内与内幕信息知情人张某联络接触

方某民与内幕信息知情人张某于2000年左右通过业务合作认识,相识多年,并始终保持联系。2017年5月至2019年6月,方某民和张某一直保持微信联系,期间也多次见面接触。内幕信息敏感期内,2018年3月14日左右、2018年3月28日,二人亦有联络接触。方某民和张某在广州郊区江南世家都有住宅,张某经常在此居住,方某民周末有时在此居住。2018年3月30日,方某民约张某见面。3月31日(周六)上午11点左右,方某民从广州市区开车至江南世家,与张某单独见面交流大概2个小时。

(二)方某民利用"方某民"证券账户交易甲公司股票

"方某民"证券账户由方某民控制使用,以下交易均通过其本人手机下单操作。2017年2月3日,"方某民"证券账户首次买入甲公司股票。2017年"方某民"证券账户共买入甲公司股票25 800股,买入金额合计257 669元,期间陆续买入卖出直至2017年12月21日全部清仓,卖出金额合计286 078元。

2018年1月5日至2018年4月1日,期间"方某民"证券账户没有发生股票交易。2018年4月2日(周一),"方某民"证券账户卖出6只其他股票并将卖出后所获资金487 685元,加上当日从银行转入证券账户的资金200 000元,买入甲公司股票45 000股,成交金额589 800元。当天仅买入其他股票D股票2 000股,成交金额12 640元。

2018年4月2日至4月4日,连续3天方某民从三方存管银行账户转出资金共800 000元至"方某民"证券账户,该账户持续买入甲公司股票共100 000股,成交金额1 926 669元。

2018年4月2日至6月8日,方某民陆续从三方存管银行账户转出资金共5 160 500元进入证券账户。2018年4月2日至2018年6月15日,方某民共买入甲公司股票382 800股,成交金额5 350 910元,无卖出。期间买入其他股票的情况为:买入D股票109 000股,成交金额717 540元;买入E股票17 800股,成交金额100 586元(后又迅速卖出);买入F股票5 000股,成交金额152 500元(后又迅速卖出)。

经计算,方某民在内幕信息敏感期内买入甲公司股票亏损1 089 117.94元。

(三)方某民交易甲公司股票高度异常,且无合理解释

方某民与内幕信息知情人张某于2018年3月31日(周六)见面后首个交易日2018年4月2日即买入甲公司股票。在内幕信息敏感期内,方某民同内幕信息知情人张某联络接触时点、与证券账户转入大额资金时点、证券账户交易甲公司股票时点高度吻合,其交易甲公司股票与内幕信息形成、发展过程高度吻合,同时存在突击转入资金、卖出其他股票买入涉案股票、买入品种较为单一、交易金额明显放大、重仓买入等异常交易特征,且

无正当理由或正当信息来源。

上述违法事实，有相关人员询问笔录、手机微信记录、手机照片、银行账户交易流水、当事人证券账户开户资料、交易流水、资金流水、三方存管银行账户交易流水、上市公司公告、相关说明、深圳证券交易所数据等证据证明，足以认定。

方某民在内幕信息敏感期内交易甲公司股票行为违反了《证券法》的相关规定，构成《证券法》中所述的内幕交易行为。

根据当事人违法行为的事实、性质、情节与社会危害程度，依据《证券法》的相关规定，我会决定：责令方某民依法处理非法持有的甲公司股票，并处以罚款。

(资料来源：中国证监会网站)

请结合案例材料，思考并回答以下问题。
1. 方某民内幕交易的手段是什么？
2. 方某民的行为损害了哪些人的利益？
3. 如何评判张某的行为？
4. 从商业伦理的角度，在本案例你得到什么样的启示？

讨论案例2-3

北京甲科技股份有限公司关联方交易案例

根据《中国证监会行政处罚决定书（北京甲科技股份有限公司、陆某耀、靳某）》上的规定，当事人存在以下违法事实。

一、北京甲科技股份有限公司（以下简称甲公司）与乙优车股份有限公司（以下简称乙公司）、Luckin Coffee，Inc.（以下简称瑞幸咖啡）存在关联方关系

（一）陆某耀在乙公司持股、任职及实际控制乙公司的情况

2016年12月31日至2018年12月31日期间，陆某耀持有乙公司股份2.7亿股、占比10.05%。陆某耀及其一致行动人王某强、福建平潭自贸区丙合伙企业（有限合伙）等为乙公司控股股东。在2016年至2018年的三个资产负债表日，乙公司控股股东持股占比分别为47.27%、39.94%、39.94%。陆某耀系乙公司实际控制人，并自2016年1月起任乙公司董事长、自2016年4月起任乙公司总经理。

（二）陆某耀在瑞幸咖啡持股、任职及能够对瑞幸咖啡施加重大影响的情况

瑞幸咖啡首次公开发行并上市前，陆某耀持股30.39%。瑞幸咖啡上市后，陆某耀持股占比摊薄为25.75%，但仍为瑞幸咖啡第一大股东。2017年8月至我会调查时，陆某耀任瑞幸咖啡董事长及非执行董事。

（三）陆某耀投资甲公司及能够对甲公司施加重大影响的情况

1. 陆某耀持有北京丁汽车租赁有限公司（以下简称丁公司）股份权益、在丁公司任职及丁公司与乙公司的关联情况。

2016年至2018年，陆某耀以信托受益人、配偶权益、受控制法团权益及实益拥有人身份持有丁公司股份权益，在相应年度报告所涵盖的资产负债表日，陆某耀在丁公司持股占比分别为29.37%、29.03%、29.78%。2017年至2019年，陆某耀通过熊某东代持丁公司股份比例分别为1.35%、1.40%、1.16%。陆某耀自2014年4月至2016年4月任丁公司执行董事、行政总裁兼董事会主席，2016年4月至我会调查时任丁公司董事会主席、非

执行董事。

乙公司2016年至2018年年度报告均披露丁公司及其全资公司戊（平潭）信息技术有限公司（以下简称戊公司）系乙公司的关联方。丁公司董事会共8名董事中，董事陆某耀、执行董事兼行政总裁宋某凡、董事李某耕均代表乙公司，其中，陆某耀还是乙公司董事长兼总经理，宋某凡系乙公司股东，李某耕系乙公司董事兼副总经理。此外，乙公司委派曹某宇担任丁公司副总裁、财务总监。

2. 陆某耀以靳某名义持有甲公司10%股份，丁公司通过全资公司持有甲公司30%股份并委派管理人员。

2015年下半年，陆某耀有意投资甲公司。最终，陆某耀决定以其持有的北京A科技有限公司（乙公司的前身）0.6%的股份，换取甲公司时任股东李某友等持有的甲公司26.32%的股份。陆某耀取得的股份由靳某代持。换股后，丁公司全资公司戊公司收购以靳某名义受让的部分股权并对甲公司增资。收购并增资完成后，靳某代陆某耀持有甲公司10%的股份，戊公司持有甲公司30%的股份。靳某代陆某耀持有的甲公司股份的表决权和董事会席位决策，系被动跟随丁公司的决策做出。

甲公司2017年和2018年年度报告均显示公司董事会共有5人，其中，丁公司行政总裁兼执行董事宋某凡自2016年6月起任甲公司董事长、丁公司行政部副总监靳某自2016年6月起任甲公司董事、丁公司副总裁兼财务总监曹某宇自2018年9月起任甲公司董事。

甲公司在2017年年度报告中称，乙公司实际控制人对公司股东戊公司之控股股东丁公司存在重大影响。瑞幸咖啡在其招股说明书所附财务报表附注中称，甲公司系陆某耀的附属公司，并披露了与甲公司2018年交易金额。

综上，陆某耀属于能够对甲公司施加重大影响的主要投资者。同时，由于陆某耀还是乙公司实际控制人及董事长、瑞幸咖啡第一大股东及董事长，依据《企业会计准则第36号——关联方披露》的相关规定，甲公司与乙公司、瑞幸咖啡存在关联方关系。

二、甲公司与乙公司和瑞幸咖啡发生关联方交易的情况

2017年至2018年度，甲公司与乙公司及其3个子公司之间有销售业务往来。2018年度，甲公司与瑞幸咖啡子公司瑞幸咖啡（中国）有限公司之间有销售业务往来。甲公司2017年、2018年与乙公司和瑞幸咖啡之间关联方交易额分别为4 264万元、5 850万元，占甲公司当期净资产的比例分别为52.95%、55.62%。根据《企业会计准则第36号——关联方披露》的相关规定，甲公司与乙公司和瑞幸咖啡的相关交易构成关联方交易。

三、甲公司未如实披露与乙公司和瑞幸咖啡之间的关联方关系和关联方交易

经查，甲公司在2017年、2018年年度报告中均表示公司无关联方交易事项，并在年度报告"主要客户情况"部分表示与乙公司、瑞幸咖啡不存在关联方关系。

上述事实，有相关工商资料、公告资料、公司章程、销售合同、财务会计资料、相关情况说明、相关人员询问笔录等证据证明，足以认定。

证监会认为，甲公司未按照《企业会计准则第36条——关联方披露》的相关要求如实披露与神州优车和瑞幸咖啡之间的关联方关系和关联方交易，违反了《非上市公众公司监督管理办法》的相关规定，构成信息披露违法。陆某耀是乙公司的实际控制人，且能够对瑞幸咖啡、丁公司及其子公司参股的甲公司施加重大影响，其决定由靳某代为持有甲公司10%的股份，直接导致甲公司2017年和2018年年度报告未如实披露关联方关系和关联方交易。陆某耀是甲公司信息披露违法行为直接负责的主管人员，靳某是其他直接责任

人员。

在听证过程中,当事人提出如下陈述申辩意见:

陆某耀提出,一是陆某耀不是能够对甲公司施加重大影响的主要投资者,靳某也不是代陆某耀持有甲公司10%的股权,相关股权来源于乙公司管理团队基金;二是陆某耀没有主观过错,也不直接或间接持有甲公司股权,甲公司未披露关联关系和关联交易与陆某耀无关,不应对其予以处罚。靳某提出,一是持有甲公司股权是基于投资安排,并不负责甲公司的日常管理,也不负责信息披露工作;二是主观上没有违法故意,不应对披露行为承担责任,请求免予处罚。

经复核,证监会认为,第一,甲公司工商资料、乙公司在全国中小企业股份转让系统挂牌时公告的《公开转让说明书》、陆某耀本人及其他相关人员的陈述等多份在案证据证明,以靳某名义持有的甲公司相关股份,系以陆某耀持有的北京A科技有限公司股份换取,由靳某代持,相关股份的表决权和董事会席位决策系被动跟随丁公司的决策做出。另一方面,涉案期间,陆某耀在丁公司持股占比均超过30%,且在丁公司任行政总裁、董事会主席等职,而丁公司通过全资公司持有甲公司30%股份并委派管理人员。因此,依据在案证据,足以认定陆某耀能够对甲公司施加重大影响。第二,陆某耀作为乙公司的实际控制人和能够对瑞幸咖啡、丁公司、甲公司施加重大影响的主要投资者,其决定由靳某代为持有甲公司10%的股份,直接导致甲公司2017年和2018年年度报告未如实披露涉案关联方关系和关联方交易,应当认定为上述违法行为直接负责的主管人员。第三,靳某系甲公司董事,且为陆某耀代持甲公司10%的股份,其行为与甲公司信息披露违法存在因果关系,应当认定为上述违法行为的其他直接责任人员。综上,我会对当事人的陈述和申辩意见不予采纳。

根据当事人违法行为的事实、性质、情节和社会危害程度,依据《国务院关于全国中小企业股份转让系统有关问题的决定》《非上市公众公司监督管理办法》和《证券法》的相关规定,我会决定:

一、对北京甲科技股份有限公司给予警告,并处以三十万元罚款;

二、对陆某耀给予警告,并处以十万元罚款;

三、对靳某给予警告,并处以五万元罚款。

(资料来源:中国证监会网站)

请结合案例材料,思考并回答以下问题。

1. 案例公司关联方交易的手段是什么?
2. 证监会认定该关联方交易成立的理由是什么?
3. 关联方交易行为违反了哪些商业伦理规范?
4. 从商业伦理的角度,在本案例你得到什么样的启示?

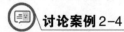

讨论案例2-4

平安银行的监事会

一、监事会构成

平安银行股份有限公司(以下简称"平安银行")监事会由7名监事组成,人员结构合理,其中外部监事2名,股东监事2名,员工监事3名,各位监事均具有较高的专业素质和丰富的从业经验,专业涵盖了金融学(博士1人)、经济学(硕士2人)、工商管理(硕士1人)、法学(硕士1人)、工学(学士2人)多个领域,其中有从事经济金融工作超过30年的监事1人,超过25年的监事3人,超过20年的监事2人,超过14年的监事1人,工作行业包括了银行、信托、投资、房地产等多个领域。各位监事均做到了勤勉尽责、务实诚信,年均工作时间均远远超过监管部门规定15个工作日的要求。

根据监管要求,监事会下设提名与考核委员会和审计与监督委员会两个专业委员会,由具有独立身份的外部监事担任各委员会主席,制定了相应议事规则,并依照法律法规、平安银行《章程》及监事会相关议事规则独立履行相关职能。

二、监事会对公司有关事项发表的独立意见

平安银行监事会按照《公司法》和《公司章程》的有关规定,遵守诚信原则,认真履行监督职责,对于公司依法经营情况,财务报告的真实性,公司募集资金的投入使用情况,公司收购、出售资产情况,关联交易情况,公司内控制度,股东大会决议的执行情况等事项进行审议及讨论,并在公司年度定期报告中发表详尽的独立意见,有效维护了股东、公司、员工的权益和利益。

三、监事会与股东大会、董事会和管理层之间的协作监督情况

概括:定位明晰——相互制衡、互相补台、风雨同舟

(一)理念

监事会工作应首先符合监管要求和上市公司的治理要求。在实际工作中,监事会与董事会、经营层的角色有以下几种:一团和气——形似神非、形同虚设;相互对立——虽能起到一定制衡,但没有效率,更多的是内耗;制衡与补台——相互制衡、互相补台、风雨同舟。

我们认为,监事会对于董事会和经营管理层既不能成为无法履行监督制衡的"摆设",更不能搞成内耗式的对立,宜建立"相互制衡、互相补台、风雨同舟"的关系。

(二)方法和原则

监事会工作应以独立性为前提,知情权为条件,监督权为手段。

三者之间的关系:监事会应保持独立性但不孤立于银行,具有知情权但不干预经营管理,具有监督权但不代替经营管理层的自平安银约束和控制。

(三)监事会与独立董事和董事会审计委员会的职能界定

1. 监督的侧重点

监事会侧重于中后期,特别是后期的监督;而独立董事及董事会审计委员会侧重于决策过程的监督,主要是中期的监督。

2. 监督的性质

监事会是董事会外部的独立的监督;而独立董事及董事会审计委员会是董事会内部的自平安银约束和监督。

两者既有不同,又有互补;既是监督与被监督的关系,又是合作关系。

四、监事会掌握公司日常经营管理状况及作用发挥情况

概括:监督畅顺——信息充分、渠道畅通、监督到位。

监事会发挥作用的途径:获取充分的信息→及时发现问题→建立畅顺的沟通渠道→提出监督意见和建议→督促整改到位并反馈。

(一) 知情权：建立获取充分信息的渠道是前提

监事会获取信息的途径较之过去大为畅通，信息量更为全面、丰富。

1. 深入更多条线和分支机构开展调查研究

监事会先后听取了零售、稽核、运营、风控、资金、合规、财务等多个业务条线的汇报，并到昆明、成都、重庆、广州、佛山、珠海、济南、青岛、天津、武汉、杭州、温州、深圳、大连、北京、海口、南京、宁波、东莞、惠州、中山、上海等多家分行进行调研，覆盖全行绝大部分条线和分支机构。

(1) 了解经营管理动态。

(2) 把脉内控建设。

(3) 倾听员工心声。

(4) 提出监督意见和建议。

2. 根据需要参加董事会和经营层的会议

监事会除列席董事会及董事会审计委员会外，还可以根据需要参加董事会风险委员会、战略委员会、特别委员会等专门会议以及经营层的各专业会议和活动，以获取充分的信息。

3. 行长和更多的条线向监事会报告工作

监事会每年要听取行长以及稽核、合规、财务、运营、风控等条线的专门汇报，并提出监督意见。

4. 定期召开监事例会，及时倾听员工心声

监事会建立了监事长与监事例会制，按月召开员工监事会议；按季召开股东监事、外部监事会议，定期与各监事沟通行内外工作动态；同时，注重收集来自员工的信息，与员工不定期地进行沟通。

(1) 了解行内外动态。

(2) 了解基层情况。

(3) 收集监事及员工意见和建议。

(4) 为监事会监督提供依据。

5. 全面收集各条线和分行的报表、分析/检查报告等信息资料

监事会每月定期收集稽核、合规、财务、运营、风控等条线和各分行的月报、分析/检查报告等信息，及时了解全行经营管理情况，为监督提供了很好的依据。

6. 创办《监事会通讯》信息平台

定期刊发《监事会通讯》（附录五）。通过收集内外各类信息和动态、监管部门信息及监事会工作情况，及时向各监事进行通报和反馈，形成了全体监事沟通交流的互动平台。

7. 建立了与董事会、高级管理层的定期沟通机制

监事长每月与董事长和行长分别进行沟通，在会上互通行内外重要资讯和监管要求，及时反馈监事会意见，提出合理化建议。

8. 董事会、经营层的邮件信息全部向监事会开放

监事会除通过以上渠道广泛获取信息，董事会、经营层的邮件信息还全部向监事会开放，确保了监事会信息的畅通。

（二）质询权：建立顺畅的监督渠道是保障

1. 会议监督渠道

监事会通过召开监事会会议，列席董事会及经营层会议进行监督，提出监督意见和建议。

2. 董监事评价监督渠道

监事会每一会计年度结束后需对上一年度董、监事履职情况进行评价，通过一系列较为完善的履职评价程序，对董事、监事的尽职履责情况进行监督。

3. 经营层报告监督渠道

监事会通过听取行长及各业务条线工作汇报，及时了解全行经层管理情况，提出监督监督意见。

4. 巡检调研监督渠道

监事会通过对分支机构进行巡检调研，及时掌握基层动态和诉求，提出监督意见和建议。

5. 风险、财务检查监督渠道

监事会每年度委派内审部门对全行的风险和财务工作进行检查，以更好把握、检验全行的风险和财务状况，进一步对经营层的管理情况进行监督。

6. 沟通监督渠道

监事会通过与董事会、高级管理层的定期沟通机制，及时反馈监事会意见，提出合理化建议。

（三）监督权：有效发挥监事会作用是目的

在充分获取信息和完善监督渠道的基础上，监事会善于发现问题，及时提出监督意见，妥当提出建设性意见，有效履行了自身的职责。

据统计，平安银行监事会2011年向董事会和经营层共发出监督意见和建议142条，2012年共发出监督意见和建议156条，这些意见和建议涉及业务发展、风险控制、人员稳定等各个方面，大部分被采纳并予以落实。

如风险控制方面，向董事会和高管层提出：对于市场和经济环境变化引起的不良资产上升，我们可以给予一定的容忍度；但对于因违规、不尽职或因道德风险等原因导致的不良资产，我们必须保持"零"容忍，问责到位。

如业务发展方面，在分行调研时提出：发展是硬道理，要树立远大目标，凝聚精气神，以特色产品为基础，以创新力为原动力，用灵活的机制来迎接市场的挑战。

如人员稳定方面，多次向经营层提出要关注两行整合过程中的人员稳定问题，要特别注重关心员工的当前利益，规划其未来发展，因地制宜，区别对待地用好人才，确保员工队伍的稳定。

五、监事会运作实践体会

概括：练好内功——夯实基础、加强沟通、方法得当、尽心尽职

（一）夯实基础

1. 加强培训

2011年组织监事参加银监会、证监会股权监事培训和深圳证监局监事任职资格培训，2012年组织监事会建设与实务培训，着力提升了监事履职能力。

2. 完善制度

目前已建立基本制度、工作制度、约束制度在内的较为完善的监事会规章制度体系，包括监事会及专业委员会议事规则，董、监事履职评价办法等。明确了监事会的工作定位和监督机制，融入监事会日常工作中。

3. 巡检调研

通过知情调查、专题谈话、专项分析、深度调研等方式进行，如 2011 年监事会对 16 家分行进行了巡检调研；2012 年对 9 家分行进行巡检调研，巡检调研已覆盖全行绝大部分分支机构，成为监事会进行监督的有效途径，为监事会监督决策提供依据和保证。

(二) 加强沟通

1. 与银监部门

第一，及时领会监管意图，把握方向；

第二，使监管部门了解、引领平安银行的工作。

2. 与董事会和高管层

第一，互通信息；

第二，建立监督渠道；

第三，实现互相补台。

3. 与监事会成员

第一，互通信息；

第二，发挥专业作用；

第三，集中大家的智慧。

4. 与银行同业

第一，加强交流；

第二，取长补短；

第三，提高自身工作水准。

(三) 方法得当："查、看、听、问"+调研

查：查阅相关记录；

看：观察相应业务；

听：听取人员意见；

问：询问具体信息；

调研：发放调查问卷。

(四) 尽心尽职

第一，责任心——肩负职责，尽心履职；

第二，细心——关注细节，把握环节；

第三，恒心——抓住问题，整改到位。

(五) 推动监事会工作制度化、透明化、一致化、专业化

第一，制度化——健全完善制度并依照制度开展工作；

第二，透明化——监事会监督和信息应公开、透明；

第三，一致化——与董事会、高管层目标一致，充分发挥监督作用；

第四，专业化——监事会人员组成应具备专业性，队伍应专业化。

(资料来源：中国证监会网站)

请结合案例材料，思考并回答以下问题：
1. 你觉得平安银行的监事会为什么会被作为上市公司监事会最佳实践案例？
2. 你认为平安银行的监事会做到了哪些商业伦理规范？
3. 从商业伦理的角度，在本案例你得到什么样的启示？

讨论案例2-5

成都甲信息技术有限公司、黄某某劳动争议

成都甲信息技术有限公司、黄某某劳动争议，经法院审判，认定事实如下：

原告甲公司诉称，2011年3月，原告将案涉工程承包给案外人成都市乙特种玻璃厂安装施工，该厂指派案外人蔡朝建组织人员施工。被告系蔡朝建雇用的人员，由蔡朝建管理并发放工资，被告医疗费也是由蔡朝建支付，原、被告不存在劳动关系，需追加蔡朝建及成都市乙特种玻璃厂参加诉讼以查明事实。仲裁裁决认定事实错误，适用法律不当，现诉至法院请求判令原告不支付被告一次性伤残补助金47 830.70元、停工留薪期工资35 873元、鉴定检查费300元、住院伙食补助费544元、护理费1 700元、一次性工伤医疗和伤残就业补助金179 365元。

被告黄某某辩称，双方劳动关系已有生效仲裁裁决认定，被告因工受伤，原告应当承担工伤保险待遇赔偿责任。仲裁裁决认定事实清楚，适用法律正确，应予维持。

经审理查明，2011年4月8日，被告进入原告发包的位于府城大道天府新谷的施工区从事玻璃安装。同日下午，被告在安装过程中受伤，并被送至成都市某医院住院治疗。2011年5月12日，被告出院，出院诊断中型颅脑损伤：脑挫裂伤伴外伤性蛛网膜下腔出血、多处头皮挫裂伤，出院医嘱休息一个月。

2011年8月22日，被告申请劳动仲裁，请求裁决与原告存在劳动关系。2011年11月3日，成都市劳动人事争议仲裁委员会做出成劳人仲委裁字（2011）第1161号仲裁裁决：原、被告存在劳动关系。原告不服该裁决，提起诉讼。2012年2月2日，法院做出（2011）武侯民初字第4832号民事判决：原、被告存在劳动关系。原告不服该判决，提起上诉。2012年6月22日，四川省成都市中级人民法院做出民事裁定：撤销原判，发回重审。2013年1月21日，法院做出民事裁定："因原告成都甲信息技术有限公司经法院合法传唤，无正当理由拒不当庭参加诉讼……本案按撤诉处理"。

2013年5月30日，成都市人力资源和社会保障局做出认定工伤决定：认定被告于2011年4月8日所受伤害为工伤。原告不服该决定，提起行政诉讼，请求撤销工伤认定。2013年11月18日，成都高新技术产业开发区人民法院做出行政判决：驳回原告的诉讼请求。原告不服该判决，提起上诉。2014年4月17日，四川省成都市中级人民法院做出行政判决：驳回上诉，维持原判。2013年10月24日，被告伤情经成都市劳动能力鉴定委员会评定为六级伤残，被告支出鉴定检查费300元。

2014年2月10日，被告申请劳动仲裁，请求裁决解除双方劳动关系，并由原告赔偿被告住院医疗费15 683.09元、门诊医疗费7 000元、停工留薪期工资35 873元、一次性伤残补助金47 830.70元、一次性工伤医疗补助金35 837元、一次性伤残就业补助金143 492元、住院伙食补助费1 700元、护理费3 341.60元、营养费1 920元、交通费1 000元、鉴定费2 480元。2014年5月14日，成都市劳动人事争议仲裁委员会做出仲

裁裁决：一、原、被告解除劳动关系；二、原告支付被告一次性伤残补助金47 830.70元、停工留薪期工资35 873元、鉴定检查费300元、住院伙食补助费544元、护理费1 700元、一次性工伤医疗和伤残就业补助金179 365元；三、驳回被告的其他仲裁请求。

上述事实，有仲裁裁决书2份、民事判决书、民事裁定书2份、行政判决书2份、入院证、出院病情证明书、出院记录、鉴定检查费票据及双方陈述等证据在案佐证。

法院认为，原、被告的劳动关系已经生效，仲裁裁决已认定，故法院对原告认为双方不存在劳动关系的主张不予采纳。在双方劳动关系存续期间，原告未按法律规定为被告购买工伤保险，致被告因工受伤后无法享受工伤保险待遇，应由原告承担相应的赔偿责任。

关于被告解除劳动关系的请求，符合法律规定，法院确认双方劳动关系解除。

关于一次性伤残补助金。因双方对原告月工资均未举证证明，故法院参照被告受伤前1年即2010年成都市职工平均工资30 515元，确定被告月平均工资为2 543元，根据《工伤保险条例》"职工因工致残被鉴定为五级、六级伤残的，享受以下待遇：（一）从工伤保险基金按伤残等级支付一次性伤残补助金，标准为……六级伤残为16个月的本人工资……"之规定，原告可获得的一次性伤残补助金为40 688元（2 543×16）。

关于一次性工伤医疗补助金和一次性伤残就业补助金。根据《工伤保险条例》"职工因工致残被鉴定为五级、六级伤残的，享受以下待遇：……经工伤职工本人提出，该职工可以与用人单位解除或者终止劳动关系，由工伤保险基金支付一次性工伤医疗补助金，由用人单位支付一次性伤残就业补助金。一次性工伤医疗补助金和一次性伤残就业补助金的具体标准由省、自治区、直辖市人民政府规定。"和《四川省人民政府关于贯彻〈工伤保险条例〉的实施意见》"……职工因工致残被鉴定为五级、六级伤残，工伤职工本人提出与用人单位解除或者终止劳动关系的，由用人单位支付一次性工伤医疗补助金和伤残就业补助金。其标准以统筹地区上年度职工月平均工资为基数计算：一次性工伤医疗补助金标准为五级伤残14个月，六级伤残12个月。……一次性伤残就业补助金标准为五级伤残60个月，六级伤残48个月……"之规定，参照双方劳动关系解除的上一年度即2013年成都市职工平均工资47 644元，原告可获得的一次性工伤医疗补助金为47 644元（47 644元/年÷12个月×12个月）、一次性伤残就业补助金为190 576元（47 644元/年÷12个月×48个月），共计238 220元，仲裁裁决金额为179 365元，被告对此未提起诉讼，应视为其对裁决结果的认可，故原告应支付被告一次性工伤医疗补助金和一次性伤残就业补助金179 365元。

关于停工留薪期工资，根据《工伤保险条例》"职工因工作遭受事故伤害或者患职业病需要暂停工作接受工伤医疗的，在停工留薪期内，原工资福利待遇不变，由所在单位按月支付。停工留薪期一般不超过12个月。……"，参照《成都市工伤职工停工留薪期管理办法》和《成都市工伤职工停工留薪期分类目录》，结合被告伤情，确认其停工留薪期为6个月。因被告停工留薪的时间在2011年，故参照2011年成都市职工平均工资34 008元，原告应获得的停工留薪期工资应为17 004元（34 008÷12×6）。

关于住院伙食补助费。法院结合被告住院天数，参照成都市相关政策，法院确认为544元（16×34）。

关于护理费。法院结合被告伤情等情况核定为1 700元。

关于鉴定检查费。根据被告所举票据，法院确认为300元。

关于住院医疗费15 683.09元、门诊医疗费7 000元、营养费1 920元、交通费1 000元，仲裁裁决未予支持，被告也未对此提起诉讼，应视为其对裁决结果的认可，故原告无须支付上述费用。

综上，原告应支付被告的总费用为 239 601 元（一次性伤残补助金 40 688 元+一次性工伤医疗补助金和一次性伤残就业补助金 179 365 元+停工留薪期工资 17 004 元+住院伙食补助费 544 元+鉴定检查费 300 元+护理费 1 700 元）。据此，法院依照《工伤保险条例》之规定，判决如下：

一、解除原告成都甲信息技术有限公司与被告黄某某的劳动关系。

二、原告成都甲信息技术有限公司于本判决生效之日起十日内支付原告黄某某工伤保险待遇 239 601 元。

三、原告成都甲信息技术有限公司不支付被告黄某某住院医疗费 15 683.09 元、门诊医疗费 7 000 元、营养费 1 920 元、交通费 1 000 元。

四、驳回原告成都甲信息技术有限公司的其他诉讼请求。

（资料来源：中国判决文书网）

请结合案例材料，思考并回答以下问题。

1. 工伤的认定标准是什么？黄某某是否属于工伤？
2. 成都甲信息技术有限公司需要承担赔偿责任吗？为什么？
3. 作为财务人员、审计人员，你所在的工作场所安全吗？

第三章 企业对外经营商业伦理

学习目标

1. 熟悉消费者的权利及企业对消费者的基本道德责任，能够分析企业与消费者之间的商业伦理问题，并提出道德规范对策。

2. 熟悉企业与供应商之间的互利关系和契约关系的内容，能够分析企业与供应商之间的商业伦理问题，并提出道德规范对策。

3. 熟悉企业与竞争者之间的关系，能够分析企业竞争中的商业伦理问题，并提出道德规范对策。

4. 熟悉企业社会责任的基本内容，能够分析企业履行社会责任的商业伦理问题，并提出道德规范对策。

案例导入

建立诚信体系——"虚拟网络"不"虚幻"

北京市民小张在淘宝网上订了一台电风扇，晚上八点钟下了订单，第二天早晨七点半，就有人来敲门，一位老人背了一台电风扇站在门口。小张说："大伯，谢谢您。"他准备倒一杯茶给老人，老人却说："不用谢，茶也不用给我，只要在网上给一个好评就够了。"

"好评""差评"的信用评价体系，是阿里巴巴诚信系统建设的缩影。

"诚信体系的基础就是大数据、云计算。"阿里巴巴集团副总裁胡晓明说，"目前，我们可以形成大量个人或企业的信用报告。我们有3亿实名用户，覆盖近一半的中国网民，涵盖购物、支付、投资、生活、公益等上百种场景数据，每天的PB级数据相当于5 000个国家图书馆的信息量。"

"小微企业在申请小额贷款的时候，我们几秒钟之内就能做出判断。"阿里巴巴支付宝一位负责人说，支付宝的一切行为，都在记录所有商家和用户的行为细节的数据，后面有一套体系进行测算。没有任何担保、抵押，就可以办贷款手续，因为对方的信用大概是在什么范围内，这套体系已经算好了。

一套有效的信用等级评价体系让网络诚信"落地"。"诚信通"给每个商家建立诚信档案，将商家每一笔交易都记录在诚信档案中，诚信档案向所有用户开放，客户可以查询。淘宝网建立了以星、钻、皇冠为等级和标识的商家信用等级体系，客户可以查看消费者对店铺商品的每一个评价，了解第一手消费体验。全民动员、全民参与，让信用等级评价体系更开放、更高效。

有关专家指出，由用户信息认证体系、信用等级评价体系、业务流程保障体系、惩恶体系、扬善体系、平台外开放合作体系及大数据底层信息体系七大体系组成的阿里诚信体系，给网络诚信建设带来了新的启示。

（资料来源：光明日报）

第一节 企业与消费者之间的商业伦理

企业在对外经营过程中，一个重要的环节就是销售。在销售环节中，企业与消费者关系中的道德规范尤为重要，企业能否生产出符合标准的产品、提供承诺的服务、制定合理的价格、进行正常促销，使消费者满意，是企业对外经营过程中需要关注的问题。企业应处理好与消费者之间的关系，避免对外经营过程中发生商业伦理问题，并履行好自身的商业伦理规范。

一、企业与消费者的关系

（一）消费者的主要权利

在《中华人民共和国消费者权益保护法》[①]（以下简称《消费者权益保护法》）中，对消费者应享有的权利做出了明确规定。

1. 人身、财产安全权

根据《消费者权益保护法》第七条的规定，消费者在购买、使用商品和接受服务时享有人身、财产安全不受损害的权利。消费者有权要求经营者提供的商品和服务，符合保障人身、财产安全的要求。

2. 知情权

《消费者权益保护法》第八条中规定，消费者享有知悉其购买、使用的商品或者接受的服务的真实情况的权利。

3. 自主选择权

法律应当保护消费者自由选择购买产品种类的权利，并通过《中华人民共和国反不正

[①] 1993年10月31日，第八届全国人民代表大会常务委员会第四次会议通过《中华人民共和国消费者权益保护法》，现行版本为根据2013年10月25日第十二届全国人民代表大会常务委员会第五次会议《关于修改〈中华人民共和国消费者权益保护法〉的决定》第二次修正版本。

当竞争法》①（以下简称《反不正当竞争法》）等法律法规切实保障消费者在购买同一种产品时有选择的可能性。

4. 公平交易权

根据《消费者权益保护法》第十条的规定，消费者享有公平交易的权利。消费者在购买商品或者接受服务时，有权获得质量保障、价格合理、计量正确等公平交易条件，有权拒绝经营者的强制交易行为。

5. 依法赔偿权

消费者因购买、使用商品或者接受服务受到人身、财产损害的，享有依法获得赔偿的权利。

（二）企业对消费者的义务

企业向消费者提供商品或服务，应当按照《消费者权益保护法》和其他有关法律、法规的规定履行相应的义务。

1. 公平合法交易的义务

企业向消费者提供商品或者服务，应当恪守社会公德，诚信经营，保障消费者的合法权益；不得设定不公平、不合理的交易条件，不得强制交易。

2. 提供安全的商品或服务的义务

企业应当保证其提供的商品或者服务符合保障人身、财产安全的要求。对可能危及人身、财产安全的商品和服务，应当向消费者做出真实的说明和明确的警示，并说明和标明正确使用商品或者接受服务的方法，以及防止危害发生的方法。

3. 提供真实商品或服务信息的义务

企业向消费者提供有关商品或者服务的质量、性能、用途、有效期限等信息，应当真实、全面，不得做虚假或者引人误解的宣传。

4. 依法履行售后的义务

企业提供的商品或者服务不符合质量要求的，消费者可以依照国家规定、当事人约定退货，或者要求经营者履行更换、修理等义务。

（三）企业与消费者之间的利益冲突

在现代社会中，利益关系是存在于企业与消费者之间最为显著的关系，企业作为具有一定治理结构和经营规模的组织，在商品流通过程中具有一定的主导性，而消费者由于信息不对称，在购买商品或服务的过程中，容易与企业产生一定的利益冲突。

随着社会和经济的发展，企业与消费者之间的利益关系也在不断变化着。最早的交易可以追溯至原始的物物交换，出于对不同商品的需求，商品提供者和需求者通过交换，获得自己需要的商品，在这个过程中，商品提供者和需求者获取的信息公开，货物交换的过程较为公平，彼此能够以道德约束行为，不会产生过多的商业伦理问题。随着货币的产

---

① 1993年9月2日，第八届全国人民代表大会常务委员会第三次会议通过《中华人民共和国反不当竞争法》，现行版本为根据2019年4月23日第十三届全国人民代表大会常务委员会第十次会议《关于修改〈中华人民共和国建筑法〉等八部法律的决定》修正版本。

生，商品能够被衡量为一定的价值，随之就出现了信息不对称。作为商品的提供方，其掌握了商品的信息和定价的权利，而对于购买方而言，只能是信息和价格的接受者，其获得的信息是否真实全面，取决于商品提供者愿意披露信息的多少。根据经济学家的研究，信息不对称恰恰是交易活动中产生不道德行为的原因。比如，我们常见的商品交易中的弄虚作假、以次充好、掺假造假、哄抬物价、缺斤少两、短尺少寸等，都是占信息优势的商业企业有意向消费者隐瞒信息而表现出来的行为。

商业的发展让企业生产工艺不断提高，市场中商品的品种和数量也逐渐丰富，消费者有了更多的选择，对商品和服务的需求也不断提升。消费者不再简单满足于低价，也不再是价格和信息的被动接受者，而更多的是货比三家，追求高性价比、质优的产品或服务。互联网的发展也给消费者带来更多获取信息的渠道，一方面消费者有了更多选择的机会，另一方面出于自我保护意识的提升，消费者在购买到不满意的商品和服务时，能够勇于发声，用多种途径维护自己的权益。企业与消费者之间的利益冲突愈加显著，要解决这些问题不仅要依靠完善的法律制度，更要依靠一定的道德规范。企业要直面在经营过程中存在的商业伦理问题，降低出现问题的可能性，减少侵害消费者利益的行为，才能经受住市场的选择，从而实现可持续的稳定的发展。

二、企业与消费者之间的商业伦理问题

（一）产品中的商业伦理问题

为广大消费者提供货真价实的优质产品和优质服务是企业最基本的责任，企业只有建立标准，严格把控质量才能经营更稳定，发展更长远。但是在实际中，因为产品质量把控不严格而生产大量低劣产品甚至产生安全问题的事件层出不穷。

1. 产品存在质量问题

企业生产、销售的产品存在质量问题，是近年来消费者反馈中最常出现的问题之一，其中最典型的问题为企业生产和销售假冒伪劣产品。假冒产品是指企业故意以相似或错误的产品名称、包装等信息，迷惑消费者令其购买的产品。伪劣产品是指企业生产的质量不合格或性能不过关的产品。企业生产销售假冒伪劣产品会产生严重的危害，一方面会使消费者经济蒙受损失，身心遭受伤害，另一方面会扰乱市场经济秩序，损害其他利益相关者的权益，使企业形象受到影响。

根据《消费者权益保护法》第五十六条规定：经营者在商品中掺杂、掺假，以假充真，以次充好，或者以不合格商品冒充合格商品的；伪造商品的产地，伪造或者冒用他人的厂名、厂址，篡改生产日期，伪造或者冒用认证标志等质量标志的；除承担相应的民事责任外，其他有关法律、法规对处罚机关和处罚方式有规定的，依照法律、法规的规定执行；法律、法规未做规定的，由市场监督管理部门或者其他有关行政部门责令改正，可以根据情节单处或者并处警告、没收违法所得、处以违法所得一倍以上十倍以下的罚款，没有违法所得的，处以五十万元以下的罚款；情节严重的，责令停业整顿、吊销营业执照。

企业生产假冒伪劣产品违背了诚信原则，为了追求短期利益而忽视了消费者、其他合法经营者甚至是国家的利益，更不利于企业长远发展。生产假冒伪劣产品的行为会受到法律的制裁，从道德层面也会受到社会舆论的谴责。

2. 产品存在安全性问题

产品安全是指产品在生产、销售、使用过程中不会对人身及财产造成损害。企业销售安全的产品是经营中的基本条件，而在实际中，企业为了获取不正当利益，漠视消费者生命和财产安全，销售对消费者存在安全隐患的商品或缺乏相应的技术保证，对质量把控不严格，从而使产品存在安全隐患。不仅给消费者带来身体和心理上的伤害，也会给消费者带来经济上的损失。

对可能存在安全隐患的产品，企业应在商品包装上或以其他形式对消费者加以提示和说明。根据《中华人民共和国产品质量法》[①]（以下简称《产品质量法》）第二十七条规定：产品或者其包装上的标识必须真实，并符合下列要求：有产品质量检验合格证明；有中文标明的产品名称、生产者厂名和厂址；根据产品的特点和使用要求，需要标明产品规格、等级、所含主要成分的名称和含量的；限期使用的产品，标明生产日期和安全使用期或者失效日期；使用不当，容易造成产品本身损坏或者可能危及人身、财产安全的产品，应有警示标志或者中文警示说明。企业不能因为向消费者告知安全问题可能会影响销售而心存侥幸，生产和销售存在安全性问题的产品，不仅会对消费者造成伤害，更会影响企业声誉和发展。

（二）定价中的商业伦理问题

商品价格是企业与消费者关系中一个重要的影响因素，商品价格能在一定程度上反映商品的价值，企业在定价中应考虑多种因素的影响，如生长周期、赢利目标、成本、市场需求、竞争对手等。制定合适的价格有助于企业迎合现阶段发展要求，在满足成本覆盖的基础上，实现利润，满足市场需求，获得竞争优势，从而实现稳定、可持续的发展。而在实际中，部分企业利用行业地位推行垄断价格，消费者只能被动成为价格的接受者，或利用不正当的打折促销等手段实行价格欺诈，或利用无形产品的非正常溢价来牟取暴利，这些行为都会损害消费者的利益。

1. 利用行业地位实行价格垄断

部分企业由于行业特殊性，由政府或政府的行业主管部门施以一定的限制或妨碍其他行业参与竞争，从而造成一定程度的行业内垄断，这属于国家控制的垄断。针对此类垄断，国家一般根据所属行业成本与效益制定价格，或采取补贴及其他政策保证垄断行业的合理利润。但部分企业利用其行业地位，采取乱收费、乱涨价的行为以获取不正当的超额利润，严重违背了国家和行业的定价政策。对消费者来说，利用行业地位实行价格垄断，消费者被动接受价格，会造成损害消费者利益的结果。价格垄断使商品不能反映市场供求关系，还会增大交易成本造成资源的浪费。为了反垄断，世界各主要国家都相继制定了反托拉斯法、反不正当竞争法来限制这种行为。因为企业价格垄断并不是通过提高经营效率来获得超额利润，相反，是牺牲了消费者和其他利益相关者的利益。

2. 存在价格欺诈问题

价格欺诈行为是指经营者利用虚假的或者使人误解的标价形式或者价格手段，欺骗、

[①] 1993年2月22日第七届全国人民代表大会常务委员会第三十次会议通过《中华人民共和国产品质量法》，现行版本为根据2018年12月29日第十三届全国人民代表大会常务委员会第七次会议《关于修改〈中华人民共和国产品质量法〉等五部法律的决定》第三次修正版本。

诱导消费者或者其他经营者与其进行交易的行为。根据《禁止价格欺诈行为的规定》①第六条规定，经营者收购、销售商品和提供有偿服务的标价行为，有下列情形之一的，属于价格欺诈行为。

（1）标价签、价目表等所标示商品的品名、产地、规格、等级、质地、计价单位、价格等或者服务的项目、收费标准等有关内容与实际不符，并以此为手段诱骗消费者或者其他经营者购买的。

（2）对同一商品或者服务，在同一交易场所同时使用两种标价签或者价目表，以低价招揽顾客并以高价进行结算的。

（3）使用欺骗性或者误导性的语言、文字、图片、计量单位等标价，诱导他人与其交易的。

（4）标示的市场最低价、出厂价、批发价、特价等价格表示无依据或者无从比较的。

（5）降价销售所标示的折扣商品或者服务，其折扣幅度与实际不符的。

（6）销售处理商品时，不标示处理品和处理品价格的。

（7）采取价外馈赠方式销售商品和提供服务时，不如实标示馈赠物品的品名、数量或者馈赠物品为假劣商品的。

（8）收购、销售商品和提供服务带有价格附加条件时，不标示或者含糊标示附加条件的。

（9）其他欺骗性价格表示。

价格欺诈行为扰乱了市场秩序，违背了公平竞争原则，侵犯了消费者的合法权益。部分企业因积压商品或产品临近换季、过季，而采取打折的手段进行促销，合理程度的打折有利于企业清理库存，周转资金，对消费者来说，也可以获得实惠。但是部分企业以打折的名义，或暗中调高原价，或设置各种复杂的优惠规则，使得消费者购买相关产品或服务后，并没有享受到相应的价格优惠，这种行为变成了价格欺诈，企业以打折为陷阱的价格欺诈是以短期利益换取消费者的信任，最终会损害企业的长期利益。

3. 用无形产品的非正常溢价牟取暴利

企业牟取暴利是指企业违背定价政策和行业定价标准，所出售的产品或服务定价超过一定合理范围的行为。企业牟取暴利在一定程度上侵害了消费者的利益。暴利行为主要出现在服务业和一些具有品牌价值的商品上，这是因为生产型企业的高价不易被接受，而服务和品牌是一种无形的商品，价格难以衡量，这就为某些商家提供了牟取暴利的机会。暴利行为严重损害消费者的经济利益。而且非正常的昂贵价格与"极品"现象一样助长了少部分人比阔斗富的奢侈消费。同时也为物价上涨、通货膨胀推波助澜，严重销蚀了改革开放与经济发展为人们带来的好处。人们已普遍要求有关部门加强价格管理，让价格成为合理的尺度，既保护消费者的利益，也为企业自身的竞争与发展提供一个公平的标尺。

为维护社会主义市场经济秩序，制止牟取暴利，保护消费者的合法权益，国务院颁布了《制止牟取暴利的暂行规定》②（以下简称《规定》）。《规定》指出，商品的价格和服

---

① 2001年11月7日中华人民共和国国家发展与改革委员会发布《禁止价格欺诈行为的规定》（中华人民共和国国家发展计划委员会令第15号），自2002年1月1日施行。

② 1995年1月11日国务院批准，1995年1月25日国家计划委员会令第4号发布《制止牟取暴利的暂行规定》，根据2011年1月8日《国务院关于废止和修改部分行政法规的决定》修订。

务的收费标准应当符合：某一商品或者服务的价格水平、差价率、利润率均不得超过同一地区、同一期间、同一档次、同种商品或者服务的市场平均价格的合理幅度，违者由价格监督检查机构责令改正；拒不改正的，予以警告、没收违法所得，可以并处违法所得5倍以下的罚款。同时，《规定》要求，生产经营者不得违反规定，采取价格欺诈等手段非法牟利，包括不按照规定明码标价或者在明码标示的价格之外索要高价、谎称削价让利进行价格欺诈、相互串通，哄抬价格、违反公平自愿原则，强迫交易对方接受高价等。违者由价格监督检查机构予以警告，责令其向遭受损害的一方退还违法所得，违法所得不能退还的，予以没收，可以并处违法所得五倍以下的罚款；情节严重，构成犯罪的，依法追究刑事责任。

（三）服务中的商业伦理问题

服务包括伴随实体商品销售的售前、售中和售后服务及以劳务形式存在的服务。在服务中出现的伦理问题表现在两个方面：一是在商品销售后服务质量难以保证，售后服务问题投诉频发；二是以劳务形式存在的服务中的不公平、不合理的格式合同条款。

1. 存在售后服务问题

售后服务是企业销售商品或服务之后提供的服务，包括产品支持、维修、安装、技术升级等服务。良好的售后服务使得消费者购买商品和服务后有保障，后续需求得以被满足，有助于提升消费者的信心及满意度，对企业来说，有助于树立品牌形象，建立良好的口碑。

目前，大多数企业能够意识到售后服务在企业经营管理中发挥的作用，并在经营中逐步由价格导向调整为服务导向的发展路线，但由于售后业务涉及环节及利益相关者较多，部分企业考虑成本与利益关系，在售后服务中，服务渠道构建不清晰，服务质量难以保证，导致售后服务问题投诉频发。比如在家电行业中，常见的售后服务渠道包括生产商自建售后服务中心，以及生产商提供技术支持，而由流通企业承担售后服务等方式。而在后一种方式下，虽然可以分担、降低服务成本，但容易造成服务过程缺乏监督、服务质量难以保证的问题。

2. 存在格式条款问题

《中华人民共和国民法典》[①] 第三编合同（以下简称"合同编"）第四百九十六条规定：格式条款是当事人为了重复使用而预先拟定，并在订立合同时未与对方协商的条款。格式合同还包括通知、声明、店堂告示等明示的手段。格式合同能够缩短交易过程，节约双方当事人的人力和时间。

格式条款主要包含以下三个特点：第一，普遍性，格式条款主要是为与消费者达成合同约定而提前拟定，所以在适用对象上具有普遍性；第二，固定性，格式条款一经拟定，通常在内容上具有固定性；第三，连续性，格式条款可以在一定时期内连续使用。

公平合理的格式条款，不仅有利于交易，也有利于保护企业与消费者之间的利益。但是从制定格式条款的权利主体来看，格式条款反映了企业与消费者之间经济地位的不平等，常见的格式条款问题主要体现在企业格式条款内容拟定不公平、不合理，从而损害消

---

① 2020年5月28日，第十三届全国人民代表大会第三次会议通过《中华人民共和国民法典》。

费者的权益。在这些条款中，有商业企业单方面制定逃避法定义务、减免自身责任的条款；也有一些企业因其行业特殊地位而享有所谓"行规"与"惯例"，诸如"最终解释权在商家""降价商品不退换"等。消费者因不公平、不合理的格式条款，无法行使其自主选择权和公平交易权，这一类伦理问题产生的根源在于企业生产经营缺乏道德规范，为保护自己的利益，不惜伤害消费者。

（四）促销中的商业伦理问题

企业为了更好地销售产品，获取利润，通常会采取促销的形式。促销就是企业向消费者传递有关本企业及产品的各种信息，说服或吸引消费者购买其产品或服务，以达到扩大销售量的目的的一种活动。常用的促销手段有广告、人员推销、网络营销、捆绑销售等。企业要和消费者沟通的内容，以及沟通的方式，在很大程度上取决于企业，而这种沟通效果对消费者的最终选择会有很大的影响。企业在促销中存在一系列商业伦理问题。

1. 发布虚假或误导性广告

广告是企业为了向社会潜在消费者宣传和推广自己的产品或服务，采用一定媒介和手段（如互联网、电视、橱窗、印刷品等）介绍自己所推销的商品或者服务的行为。通过广告，企业将所生产的商品或服务信息传递出去，消费者接收信息并做出是否购买的行为。

企业发布广告传递了商品或服务的信息，本身并不存在道德问题，但是部分企业为了最大限度推广、宣传其产品，从而实现自身利益，发布虚假广告或加入部分误导性信息，使其广告无法真实反映产品信息，带来的危害重大。从消费者权益来看，企业发布虚假或误导性广告损害了消费者的利益，消费者听信广告，收到商品或接受服务与商家广告宣传不符，属于误导、欺瞒消费者。从企业信誉来看，虚假或误导性的广告使得企业信任度下降，企业形象受损。从市场竞争来看，虚假或误导性的广告扰乱了正常的市场竞争秩序，阻碍了行业的健康发展。

《中华人民共和国广告法》[①]（以下简称《广告法》）第二十八条规定：广告以虚假或者引人误解的内容欺骗、误导消费者的，构成虚假广告。广告有下列情形之一的，为虚假广告：商品或者服务不存在的；商品的性能、功能、产地、用途、质量、规格、成分、价格、生产者、有效期限、销售状况、曾获荣誉等信息，或者服务的内容、提供者、形式、质量、价格、销售状况、曾获荣誉等信息，以及与商品或者服务有关的允诺等信息与实际情况不符，对购买行为有实质性影响的；使用虚构、伪造或者无法验证的科研成果、统计资料、调查结果、文摘、引用语等信息为证明材料的；虚构使用商品或者接受服务的效果的；以虚假或者引人误解的内容欺骗、误导消费者的其他情形。第五十五条规定：违反法律规定，发布虚假广告的，由市场监督管理部门责令停止发布广告，责令广告主在相应范围内消除影响，处广告费用三倍以上五倍以下的罚款，广告费用无法计算或者明显偏低的，处二十万元以上一百万元以下的罚款；两年内有三次以上违法行为或者有其他严重情节的，处广告费用五倍以上十倍以下的罚款，广告费用无法计算或者明显偏低的，处一百万元以上二百万元以下的罚款，可以吊销营业执照，并由广告审查机关撤销广告审查批

[①] 1994年10月27日第八届全国人民代表大会常务委员会第十次会议通过《中华人民共和国广告法》，现行版本为根据2021年4月29日第十三届全国人民代表大会常务委员会第二十八次会议《关于修改〈中华人民共和国道路交通安全法〉等八部法律的决定》修正版本。

准文件，一年内不受理其广告审查申请。

2. 欺骗性有奖销售

企业促销中的另一常见手段为有奖销售，即在销售产品或附加服务的过程中，附带性提供物品、金钱或其他经济利益的行为。有奖销售可以增加消费者购买兴趣，体现了消费者逐利、追求差异化补偿的消费心理。越来越多的企业通过设计花样繁多的有奖销售方案，来刺激消费者需求，同时扩大品牌知名度。

在各类抽奖、赠品、兑换等有奖销售风靡的背后，部分企业无视道德规范，设计步骤复杂的有奖销售规则，以各种隐蔽式条件或特殊要求为幌子，实际上为欺骗性有奖销售。《关于禁止有奖销售活动中不正当竞争行为的若干规定》[①] 指出，欺骗性有奖销售的具体表现形式主要有：谎称有奖销售或对所设奖的种类、中奖概率、最高中奖金额、总金额、奖品种类、数量、质量、提供方法等作虚假不实的表示；采取不正当手段故意让内定人员中奖；故意将设有中奖标志的商品、奖券不投放市场或不与商品、奖券同时投放，或者故意将带有不同奖金金额或奖品标志的商品、奖券按不同时间投放市场；抽奖式的有奖销售，最高奖的金额超过5万元（以非现金的物品或者其他经济利益作为奖励的，按照同期市场同类商品或者服务的正常价格折算其金额）；利用有奖销售手段推销质次价高的商品等。

欺骗性有奖销售违背了企业与销售者之间的诚信原则，把有奖销售当作吸引消费者围观的噱头，属于误导、欺骗消费者的行为。同时，欺骗性有奖销售也违背了市场公平竞争原则，侵犯了行业内其他竞争者的合法权益。

三、企业与消费者之间的商业伦理规范

企业与消费者之间层出不穷的商业伦理问题损害了消费者的利益，扰乱了正常市场竞争秩序，更不利于企业实现可持续发展。企业应正确认识与消费者之间的权利和责任，并正确处理好"义与利"之间的关系，不仅要守法经营，更重要的是建立良好的商业伦理观，从道德角度规范企业行为，建立良好的商业伦理规范。

（一）以诚信为根本

诚信是商业企业生存发展的根本，企业在为消费者提供商品和服务时，必须本着诚信为先的原则，严格按照对外宣传和承诺的内容提供相应品质的产品和服务，只有这样才能不断在消费者心中建立良好的口碑，增强自身的市场竞争力，促进自身的可持续性发展。如果企业违背商业伦理道德，出售假冒伪劣产品，夸大或虚假宣传自身产品和服务内容，这样不仅会对消费者的权益造成损失，更是对企业自身信誉的极大损害，这种短视的商业行为必将造成企业被市场淘汰。坚持诚信为本、质量为先是所有企业成功发展的必要前提，尤其对于已经牢固占领市场、获得良好市场口碑的企业，更要注重自身信誉和诚信的维护，保持自身一贯良好的口碑。

（二）以消费者需求为导向

企业生产产品或提供服务都必须严格以消费者需求为导向，在市场经济条件下，只有

---

① 1993年12月9日国家工商行政管理局局务会议通过《关于禁止有奖销售活动中不正当竞争行为的若干规定》。

消费者的青睐才能帮助企业站稳脚跟，立足市场。这就要求企业在生产经营发展过程中转换思路，从企业生产什么就向消费者推销什么，转变为消费者需要什么企业就生产并销售什么的消费者需求导向观。要时刻关注市场动态，了解消费者最新需求，不断调整自身经营方向，以消费者满意为准绳，不断改进自身产品和服务，完善售后服务质量，只有坚持这些基本原则，才能在激烈的现代化商业战场中保持竞争力，赢得市场。

（三）引导正确消费观

生产的目的是满足消费者的需求，消费者与生产者是在不断互相影响、互相促进的基础上前行的。消费者的需求既会对商业企业的生产产生巨大影响，同时商业企业也会通过产品宣传等方式不断影响消费者的消费观，让更多的消费者认同企业的文化理念，接受其产品或服务的特性。所以，在企业宣传引导消费者的消费观念与行为时，除了要注重自身利益之外，同时也要兼顾合理、科学的消费观念的引领，引导客户养成健康的消费习惯，拒绝炫耀性、报复性等不正当的消费行为。

第二节 企业与供应商之间的商业伦理

一、企业与供应商的关系

供应商是指向买家提供产品或服务并收取相应货币作为报酬的制造商或服务商。在采购活动中，企业与供应商之间利益相互影响，一方面，供应商所提供的原料数量和质量直接影响企业生产产品的数量和质量，其供货价格直接影响到企业产品成本、价格和利润；另一方面，企业的采购行为为供应商实现了收入与利润。企业与供应商之间的关系经历了从传统的竞争关系到互利共赢的合作关系的转变。

（一）企业与供应商之间的竞争关系

追求盈利是企业生产经营的基本动机，而采购作为生产经营活动的起点，决定了企业的后续业务活动开展的成本与效率，也是企业实现竞争力的前提和基础，传统的企业与供应商的关系体现为以博弈为核心的竞争关系，即企业尽可能缩减上游供应商的采购成本，而供应商希望提高物料供应价格以获取更高利益。

在竞争关系下，企业与供应商之间为尽可能实现经济利益而展开博弈，最直接的方式为价格谈判，企业或利用其买方市场优势强势压价，或通过采购招标，以竞标者低价中标确定供应商。这种竞争关系下，企业与供应商之间的交易具有短期性和不稳定性。短期性是指采购关系维持较短，基本以当次采购物料验收、货款支付即结束；不稳定性是指企业与供应商之间无法就市场竞争建立互通信息、优势互补的合作伙伴关系，同时受价格因素影响，部分供应商可能会降低供货质量或服务质量以补偿经济利益。企业虽然从短期获得了采购成本优势，但是从长期来看，不稳定的供应商关系和产品质量会增加交易成本。

（二）企业与供应商之间的合作关系

随着全球化进程的加快，国家与国家之间资源流动成为可能，企业逐渐意识到，与供应商之间的竞争关系对降低外部成本并无益处,而国外多家企业提升整体价值链效率从而降低成本、提升经济效益的成功经验,让企业与供应商的关系有了新的突破,企业开始尝试互利共赢的合作关系,主要体现在削减供应商数量、整合资源、信息共享,并对市场变化共同应对、风险共担,从而降低成本、实现经济利益。

企业与供应商之间构建互利共赢的合作关系有着重要的意义。第一,有助于整合资源,创造价值。企业与供应商之间的合作关系可以整合资源,实现资源共享,从而获得信息优势,并创造价值。第二,有助于建立充分信任的伙伴关系,实现共赢。在合作关系下,企业通过削减过去只提供短期采购服务的供应商数量,而保留少部分有品质保证的优质供应商,并维持长期、稳定的合作伙伴关系,在交易过程中共同承担来自合作关系带来的利益和风险,提高对市场风险的抵御能力,实现共赢。第三,有助于实现规模经济,降低成本。通过削减供应商数量,使得单个供应商供应总量增加,有助于实现规模经济;对企业来说,较少的供应商也便于管理,从而降低了管理成本和交易成本。

二、企业与供应商之间的商业伦理问题

(一)恶意拖欠货款

企业通常以赊销的形式进行采购,赊销是以商业企业信用为基本,由供应商对企业先发货、后收回货款的一种销售方式。赊销可以减轻企业自身的资金成本压力,减少对外融资需求,也意味着企业可以将资金用于其他商业环节的周转。而对供应商而言,赊销意味着资金被占用,并伴随着潜在无法收回的风险,因此赊销本是供应商为抢占市场而给予商业企业的一种具有优惠条件的销售方式,但在金融体系发展不健全、社会信用机制不完善的背景下,一部分正常的赊销演变为恶意拖欠货款,从而导致供应商利益得不到保障,市场交易成本提高,甚至对国家经济造成影响。企业与供应商之间的债务拖欠情况严重,主要体现在两个方面。

1. 企业与供应商之间关系不平等

受行业市场地位、企业规模以及生产效率等因素的影响,企业与供应商之间存在不平等的关系。较为常见的情况有:在买方市场下,企业较供应商在市场地位上具有主导权;拥有大量的物资采购需求的大中型企业较企业规模小的供应商在市场地位上具有主导权。

在买方市场下,需要采购物料的企业少,而供应商数量多。在产品质量相当、价格优势不大的情况下,供应商要想在竞争中获得销售机会,不得不依靠赊销的额度与周期,此种交易方式对供应商有着极高的风险识别和风险把控要求,一旦商业企业发生严重的经营危机,或者其自身履约意识淡薄、具有主观逃废债务的想法,都会对供应商应收账款的收回产生极大的影响。赊销的额度越大、周期越长,对供应商的压力越大,风险也越高。但因为企业与供应商之间关系不平等,使得恶意拖欠货款的情况屡屡发生。

由于金融体系发展不健全,小企业相较大中型企业面临融资难的先天性劣势,而我国市场普遍存在处于强势的大中企业对小企业货款的拖欠和欺压,这也是商业企业同供应商之间不平等关系的一种体现。

2. 国有企业过度负债

在企业与供应商的债务拖欠中,国有企业因其政府出资的特殊背景,决定了其在经济

市场中较高的信用等级，其履行承诺与契约的可靠性被广泛认可，其背景也给了交易对手兜底的信任。因此，在市场交易中，国有企业往往更能占据主动权，也能获得更多供应商的商业信用和宽松销售政策，这种情况一定程度上造就了国有企业普遍负债过度的情况发生。在另一方面，一部分国有企业因其陈旧的体制，缺乏商业创造性，竞争意识匮乏，人员缺乏创新精神和工作热情。这些企业在日趋激烈的市场经济下，经营状况每况愈下，已不能完全适应市场的需求。同时，为了维持社会就业的稳定，国有企业承担着巨大的社会就业压力，经营出现困境的时候，会收到来自政府的部分政策保护，帮助其继续维持经营，这种政策保护也给了社会各方国有企业债务有保障的错误预期。

从上面的分析中可以发现，解决国有企业过度负债的关键在于打破社会各方对国有企业债务由国家"买单"的错误认知，将国有企业作为经济市场的一分子正常对待，合理预估其债务承受能力。

（二）采购回扣问题

采购回扣是指供应商为达成交易而向采购方或采购方员工支付一定贿赂金的行为，是商业贿赂的一种典型表现形式，是以牺牲采购方的利益作为代价的。

供应商支付回扣给采购人员，通常为达成以下两种欺诈行为交易，一是非法支付回扣给采购人员，使采购方同意在众多供应商中优先选择自身作为供应商，或优于其他供应商获得采购方的采购议案等核心信息，以不正当手段提升自身竞争力，获取产品订单；二是对已达成稳定合作的，为提高自身利润，向采购方人员支付回扣，使采购方同意其不合理、不恰当的价格上涨需求或默许其降低供应产品质量，以次充好。

采购回扣破坏了社会主义市场正常交易秩序，根据《反不正当竞争法》第八条规定：经营者不得采用财物或者其他手段进行贿赂以销售或者购买商品。在账外暗中给予对方单位或者个人回扣的，以行贿论处；对方单位或者个人在账外暗中收受回扣的，以受贿论处。同时采购回扣对采购方自身利益的损害也是极其明显的，采购回扣一定程度上加大了采购方的采购支出成本或降低了采购产品质量，这都是对采购方利益的极大侵蚀。

（三）不合理压价

企业与供应商之间应该是主体地位平等的买卖关系，但是在现实情况中，还是存在不合理、不公平的采购关系，因为在交易活动中采购方具有较强的话语权，在交易过程中占据着一定程度的优势地位，供应商的合法权益有时会受到一定侵害，主要体现在企业对供应商的不合理压价。

企业对供应商的不合理压价主要是为了提升自身的利润空间，商业的本质都是追求利益的最大化。企业依靠其在买卖关系中的强势地位，以竞争对手报价更低等为由不断压低供应商报价底线，以期获得更低的生产成本。在市场价格范围之内的压价是企业的权利与自由，也是保证自身利益的一种有效手段。但是，无底线的不合理压价不仅会损害供应商的正常利益，同时，长期来看也可能对企业自身的利益造成损失。过低的采购价，供应商并不能确保商品品质的不降低，随之引起的企业自身产品质量问题对企业的口碑造成极大的损害。所以，只有供应商和商业企业在生产经营中都能取得合理的利润，互利互惠，商业企业与供应商的合作关系才能维持下去。

三、企业与供应商之间的商业伦理规范

（一）互利共赢

市场经济是主体地位平等的经济，也是竞争激烈的经济，市场价格逐步已走向透明。作为采购方，如要确保采购材料的质量，必须给供应方留足一定的利润空间，只有以互利共赢为原则，协商确定双方都能接受的价格，才能保证双方的共同利益。过低的单价会压低供应商的合理利润，逼迫供应商采取降低材料品质等手段维持自身利润区间。因此，协商确定采购单价，接受供应商提出的合理价格要求，是保障共赢的重要前提条件。同时，给予供应商充分的合作交流渠道，也可有效防范采购回扣等问题的发生。

（二）相互尊重

相互尊重是维持公平交易的首要前提条件，在市场经济运行中，要承认和尊重所有市场主体的意志自主性。企业在构建与供应方之间的合作关系时，互相尊重是达成合作的基础条件，同时也是维持公平交易合作关系的重要纽带。给予供应商充分的信任与话语权，有助于供应商不断在品质、效率等方面进行提升，保障企业供应链的建设。例如，供应商可以在基于市场原材料涨价等客观因素变化时，合理提出调高采购价格等要求，而非以降低品质来维持供应。

（三）诚信与合作

在现代商业市场中，能够取得一定成就的人都是诚信为先、信守诺言的。随着社会的发展，个人及企业的信用体系逐渐完善，信用违约成本会越来越高。逃避债务、商业欺诈、商业贿赂这些行为会得到更严格的惩戒，需要付出更大的代价来弥补与挽回自身的声誉。因此，如果任何人希望自己的企业能够可持续发展，必须始终保持自身的诚信，建立自身的良好口碑。一旦自身的信用出现危机，就很难继续获得市场其他方的信任与合作。

第三节　企业与竞争者之间的商业伦理

企业生产经营的直接目的是获得利润，在生产经营过程中通过提高整体运作效率，不断扩大市场份额，以期实现可持续的发展。企业的发展也促进了行业的发展，而除了少数垄断行业外，行业发展过程是行业内企业之间不断竞争、优胜劣汰的结果。在竞争市场下，企业通过提升产品或服务质量、提高管理效率、树立良好的品牌形象等方式，培养核心竞争力，同市场其他竞争者相比获得优势，奠定并维持其在市场中的地位。企业在竞争过程中应正确认识与竞争者之间的关系，在遵循法律法规的基础上，加强商业伦理规范，减少商业伦理问题的发生。

一、企业与竞争者之间的关系

竞争者对企业对外经营具有最直接的影响作用，企业只有分析和了解与竞争者之间的关系，才能在市场竞争中做到知己知彼。

(一) 竞争的概念

竞争是指个体或群体间力图胜过或压倒对方的心理需要和行为活动。即每个参与者不惜牺牲他人利益、最大限度地获得个人利益的行为，目的在于追求富有吸引力的目标。

竞争具有以下特点：第一，同向性。竞争主体在追求目标上具有同向性，通常能够对具有相同吸引力的目标展开竞争。第二，稀缺性。主要体现在所追求的目标较为稀缺。对于数量很多且能轻易取得的目标，通常不构成竞争。第三，间接排斥性。竞争过程中，竞争主体为获得目标通常会采取一系列手段来排斥竞争者，从而降低竞争难度，但该排斥性仅建立在获得目标基础上，而非直接排斥其他竞争主体本身，是一种间接的排斥关系。第四，规范性。竞争要按照一定的社会规范进行。为了防止竞争发展成为竞争主体之间的直接反对关系，就要制定一些各方都必须遵守的规则。涉及政治、经济领域的大规模竞争，往往需要法律、制度来维持，否则就会变成暴力或战争，导致社会动乱。

(二) 企业与竞争者之间的竞合关系

竞争体现在方方面面，从管理学角度来看，商业企业之间为了更大限度争取资源并获得经济利益，更愿意采取各种竞争手段，获得一定市场份额。市场是开放的，在全球化背景下，市场竞争越来越激烈，我国企业不仅要面对国内同行业竞争者，更要面对来自外资企业的同台竞争，争夺市场份额的冲击。企业要想在市场竞争中分得一杯羹，首先要了解企业与竞争者之间的关系，以及竞争关系中的影响要素，从而争取竞争主动性，获得经济利益。

迈克尔·波特在《竞争战略》[①]一书中提出著名的五力模型，即在行业中存在决定竞争规模和程度的五种力量，分别是同行业内现有竞争者的竞争能力、潜在竞争者进入的能力、替代品的替代能力、供应商的讨价还价能力、购买者的讨价还价能力。这五种能力综合影响着产业的吸引力和现有企业的竞争战略决策。

在现代市场经济中，企业与竞争者的关系是不断变化的，竞争与合作的状态是随着市场动态不断在调整的。企业在市场竞争中需要不断推陈出新，抢占市场份额。但是在有些时候，竞争与合作也是相辅相成，企业与竞争者以共同利益最大化为目的达成一种合作关系，可以促进双方或多方不断提升自身在市场中的竞争力。这种竞争与合作的关系，是对传统竞争关系中非赢即输的一种改善，其目的是团结可团结的力量，增强自身与部分竞争者的实力，从而保持对市场其他竞争者的竞争优势，避免价格战等传统竞争手段造成的恶性竞争的局面。

市场竞争促使社会生产力不断提升与发展，只有不断提升自身产品实力，才能保证不被市场淘汰，独家垄断的市场是缺乏竞争的，导致了技术提升、产品升级极为缓慢。因此，在市场竞争中，企业要学会正确地面对竞争对手，竞争对手的存在也是鞭策自身进步的一种动力。同时，竞争关系并不是绝对的，竞争关系的存在是企业之间有着共同的市场与客户，其产品也存在一定共性，所以企业与竞争对手之间存在合作共赢的可行性，彼此以长补短，才能促进共同进步。

---

① 迈克尔·波特. 竞争战略 [M]. 北京: 华夏出版社, 2005.

二、企业竞争中的商业伦理问题

(一) 不正当的价格竞争

企业在市场竞争中采取的最常见手段是产品或服务价格的竞争。企业在权衡生产经营成本的基础上,根据市场需求设置合理的利润空间,计算出产品价格进行销售。企业的产品价格不是长期保持不变的,而是会根据市场销售情况,以及行业内其他同类企业售价,有针对性地调整。但部分企业为抢夺市场,把价格当作吸引客户的唯一决定因素,采取不正当手段随意定价或恶意哄抬物价,影响了正常经营者的正当经济利益,扰乱了市场竞争秩序,损害了消费者利益。不正当的价格竞争主要体现在利用低价倾销排挤竞争对手,以及利用行政手段控制价格等。

1. 利用低价倾销排挤竞争对手

低价倾销,是指经营者在依法降价处理商品之外,为排挤竞争对手或独占市场,以低于成本的价格倾销商品,扰乱正常经济秩序,损害国家利益或者其他经营者合法权益的行为。

低价倾销与企业正常依法降价有着本质上的区别。部分企业由于库存积压、商品过季或邻近换季、商品邻近保质期或有效期限、面临更新换代或回收资金的需求,可以通过适当降价重新获得客流量、清理积压商品收回资金。正常降价销售能在一定程度上解决企业生产经营困境,盘活现金,刺激市场消费,属于正常的市场竞争行为。而企业实施低价倾销的目的为排挤竞争对手或独占市场,以低于成本的价格销售产品,通过一定时间内的亏损,达到最终控制市场,获得超额利润的目的。实施价格倾销需要企业在一定时间内承受短期亏损,因此较常出现在拥有雄厚资金、企业规模较大、市场占有率较高且具有一定竞争优势的大型企业中。

为了制止低价倾销行为,促进市场价格竞争合法、公平,保护消费者和经营者的合法权益,《关于制止低价倾销行为的规定》[①] 第七条中对界定价格倾销的行为做出了规定,生产企业销售商品的出厂价格低于其生产成本的,或经销企业的销售价格低于其进货成本的;采用高规格、高等级充抵低规格、低等级等手段,变相降低价格,使生产企业实际出厂价格低于其生产成本,经销企业实际销售价格低于其进货成本的;采取多发货少开票或不开票方法,使生产企业实际出厂价格低于其生产成本,经销企业实际销售价格低于其进货成本等。

2. 利用行政手段控制价格

在市场经济体制下,价格应由市场调节,企业根据生产经营成本自主制定价格,并由市场供求情况进行价格选择,在竞争过程中实现价格的平衡。由市场控制价格有利于发挥市场的调节机制,有利于市场充分竞争,并在一定程度上提升产品或服务的质量。但由于我国政治经济发展特殊性,部分行业(如石油、电力、通信、交通等)成了国企垄断的领域。一些企业利用市场进入壁垒,滥用市场支配地位排挤竞争对手,利用行政手段控制价格,或联合限制竞争,对行业内价格制定和市场竞争都产生了重要的影响。《中华人民共

[①] 1999年8月3日中华人民共和国国家发展计划委员会令第2号发布《关于制止低价倾销行为的规定》。

和国反垄断法》①（以下简称《反垄断法》）规定，具有市场支配地位的经营者，不得滥用市场支配地位，排除、限制竞争，不得以不公平的高价销售商品或者以不公平的低价购买商品。而对于部分消费者广为诟病的电信运营商差别定价拒绝交易、价格歧视等问题，2018年4月，中华人民共和国工业和信息化部也正式发文，明确表示对电信行业进行开放，引入民营企业参与市场的垄断竞争，打破市场进入壁垒，实现行业内充分竞争。

（二）商业诋毁

商业诋毁也称商业诽谤，是指经营者捏造、散布虚假事实，损害竞争对手的商业信誉、商品声誉，从而削弱竞争力，为自己取得竞争优势的行为。在竞争市场下，部分企业通过刊登对比性明显的广告或以暗喻形式夸大自身产品效果，贬低竞争对手，凸显自身优势；或通过网络发帖造势散布不实信息恶意中伤竞争对手；或以相关人员伪装消费者拨打投诉电话，对竞争对手产品或服务进行虚假投诉，这些行为都对竞争者声誉及正常的市场竞争秩序带来了严重影响。

商业诋毁行为严重损害了行业内竞争者的合法权益，侵犯了其商业信誉和商业声誉，更对竞争者的经济利益造成了影响，属于不正当竞争行为。企业的商业信誉和声誉需要长时间积累，是建立在研究开发、采购生产、市场销售、产品质量、售后服务等多方面有序经营的基础之上，是长期建立的企业良好形象，也是市场竞争中核心竞争力的重要体现。而商业诋毁让企业长期建立的良好信誉和声誉受到影响，部分消费者在众多信息中无法辨别真伪，导致企业经济利益受到影响，同时，企业为应付商业诋毁，可能需要花费更多的人力、财力进行证据搜集和诉讼。最后，商业诋毁扰乱了正常的市场竞争秩序，助长了不良之风。

商业诋毁属于违法行为，企业对竞争者进行商业诋毁，应按其严重程度承担民事责任或刑事责任。根据《反不正当竞争法》第十一条规定，经营者不得编造、传播虚假信息或者误导性信息，损害竞争对手的商业信誉、商品声誉。经营者违反上述规定损害竞争对手商业信誉、商品声誉的，由监督检查部门责令停止违法行为、消除影响，处十万元以上五十万元以下的罚款；情节严重的，处五十万元以上三百万元以下的罚款。如果损害他人商业信誉、商业声誉，给他人造成重大损失或者有其他严重情节的，根据《刑法》第二百二十一条规定，应处两年以下有期徒刑或者拘役，并处或者单处罚金。

（三）混淆行为

混淆行为是指经营者在市场经营活动中，以种种不实手法对自己的商品或服务做虚假表示、说明或承诺，或不当利用他人的智力劳动成果推销自己的商品或服务的行为。经营者不得实施混淆行为，引人误认为是他人商品或者与他人存在特定联系。

《反不正当竞争法》中对混淆行为的具体表现进行了界定：擅自使用他人有一定影响的商品名称、包装、装潢等相同或者近似的标识；擅自使用他人有一定影响的企业名称（包括简称、字号等）、社会组织名称（包括简称等）、姓名（包括笔名、艺名、译名等）；擅自使用他人有一定影响的域名主体部分、网站名称、网页等；其他足以引人误认为是他人商品或者与他人存在特定联系的混淆行为。

混淆行为会产生一系列的危害，首先会使用户或者消费者产生误解。经营者将他人具

---

① 2007年8月30日第十届全国人民代表大会常务委员会第二十九次会议通过《中华人民共和国反垄断法》。

有一定影响的商品名称或标识用在自己的产品或服务上,对接触到此类信息的用户或消费者来说,会对经营者与他人企业产生某种特定联系的认知,进而产生误解。其次,混淆行为扰乱了市场秩序。混淆行为严重影响了市场竞争的公平公正,一些企业利用混淆"搭便车"借以出售自己的产品,属于不正当竞争,扰乱了市场秩序。再次,混淆行为损害了同业竞争者的利益。对于行业内其他竞争者来说,其名称、包装、标识等是其付出一定智力劳动成果建立的品牌形象,而混淆行为以不正当手段轻易窃取其成果,属于具有明显利益动机的攀附行为,如最后无法提供和其他企业一致的质量或服务,可能会给其他企业的声誉造成影响。最后,混淆行为侵犯了消费者利益。混淆行为带给消费者的是虚假的表示、说明或承诺,属于不实宣传,消费者因不实宣传而选择该企业产品或服务,却可能无法得到其应有承诺的产品或服务,消费者的正当利益受到了侵害。

(四) 侵犯商业秘密

商业秘密是指具有商业价值,能为权利人带来经济利益,具有实用性并经权利人采取保密措施不为公众所知悉的技术信息、经营信息等商业信息。在现代社会,商业秘密就是企业的核心竞争力,一旦被恶意泄露,危害甚大。在竞争中,部分企业通过一系列不正当行为挖取其他企业人才,从而获取对手的专利、技术诀窍、客户关系、销售渠道,以及其他与企业竞争有关的机密,或者通过收买竞争对手内部员工,获取对手的商业秘密。侵犯商业秘密是一种不正当的竞争行为,它会引发经济纠纷,破坏正常的社会经济秩序。商业秘密是一种无形资产,是权利人通过投入巨资和企业员工通过劳动创造的具有巨大经济价值的技术信息与经营信息,一旦被竞争对手获取,就失去了原有价值,失去了竞争中的优势。

根据《反不正当竞争法》第九条规定,经营者不得实施下列侵犯商业秘密的行为:以盗窃、贿赂、欺诈、胁迫、电子侵入或者其他不正当手段获取权利人的商业秘密;披露、使用或者允许他人使用以前项手段获取的权利人的商业秘密;违反保密义务或者违反权利人有关保守商业秘密的要求,披露、使用或者允许他人使用其所掌握的商业秘密;教唆、引诱、帮助他人违反保密义务或者违反权利人有关保守商业秘密的要求,获取、披露、使用或者允许他人使用权利人的商业秘密。经营者以外的其他自然人、法人和非法人组织实施前款所列违法行为的,视为侵犯商业秘密。第三人明知或者应知商业秘密权利人的员工、前员工或者其他单位、个人实施所列违法行为,仍获取、披露、使用或者允许他人使用该商业秘密的,视为侵犯商业秘密。经营者,以及其他自然人、法人和非法人组织违反本法第九条规定侵犯商业秘密的,由监督检查部门责令停止违法行为,没收违法所得,处十万元以上一百万元以下的罚款;情节严重的,处五十万元以上五百万元以下的罚款。

三、企业与竞争者之间的商业伦理规范

近年来,企业与竞争者之间的商业伦理问题频繁出现,不仅对企业正常经营造成影响,更在一定程度上损害了消费者的利益,破坏了正常的市场竞争秩序。对于侵犯商业秘密、商业诋毁等问题,我国相关法律明确规定了相应的惩处措施,但企业在提升法律意识、做到守法经营的基础上,还应该从道德角度提高认识,认清企业竞争中伦理规范的必要性,自觉遵守商业伦理规范,构建健康、有序发展的市场竞争环境。

(一)在企业竞争中遵循商业伦理规范的必要性

企业竞争中遵循伦理的必要性体现在三个方面。

1. 市场竞争的要求

市场经济讲求自由竞争,即企业自身的优胜劣汰是通过竞争的方式所实现的,因此,伦理道德成为企业竞争中的必然要求。企业为了在竞争中达到自身的目标,会采用各种手段,不正当竞争便成为企业获取暴利的主要途径。但不正当竞争会损害其他守法企业在竞争中的积极性,甚至会造成其他守法企业参与到不正当竞争中,扰乱整个竞争市场,不能使社会健康发展,甚至造成经济发展停滞。此外,无规矩不成方圆。企业的运营必须合乎一定的规章制度,以及伦理道德所形成的潜在规则。以各类规则为企业运营的底线,才能维持市场的整体秩序,形成良性竞争,从而促使经济的进步。

2. 维护竞争秩序

企业竞争除了一定的法律法规的约束外,伦理道德也是维护竞争秩序的主要手段。由于法律的滞后性,无法满足日益变化的市场的需要。伦理道德的出现,正好满足了市场经济的发展特性。伦理道德主要是以自律的形式出现在企业竞争中,即市场经济的发展离不开各个企业的自律。企业在竞争的过程中,必须利用伦理道德约束自身的行为,不侵害其他利益相关者,从而能够保证市场经济的正常运行。随着社会经济的不断发展,企业也越来越重视伦理道德。

3. 企业发展的最根本要求

从长远来看,企业在竞争中遵守伦理道德能够促使其实现经济目标以及发展目标,因此伦理道德是企业最根本的要求。市场竞争是各类企业共同参与、相互制衡、相互促进的一种形式。良好的企业竞争必须要平衡企业自身的利益和其他企业的利益。只有在遵守伦理道德的情况下,才能够实现自利与他利的平衡,从而进行有序竞争。当然,如果一旦失去竞争,企业就会失去向前发展的动力,导致最后的衰落。同时,企业之间的良性竞争也会促使企业内部的变革,营造积极向上的工作氛围,打造良好的企业文化。此外,在竞争中遵守伦理道德能够在社会上形成良好的声誉,无形转化有形,即企业通过声誉的效应能够获取较大的经济利益。不仅如此,以长远的目光看待伦理道德,可以发现,企业最终能够实现竞合理念,从而实现与竞争者的双赢。

(二)企业在竞争中的商业伦理规范

企业在竞争中应从以下几个方面遵守商业伦理规范。

1. 地位平等

企业与竞争者之间虽然规模不同,经营发展理念不同,管理者风格不同,但在市场竞争地位上应该是平等的,企业与竞争者之间应享有同样的交易机会及权利。企业不得利用行业地位限制市场竞争,不得利用市场特权限制竞争者参与市场竞争的机会。在市场经济中,每个竞争主体都是独立平等的,无论其竞争力高低、规模的大小,都有参与市场竞争的权利。交易机会的平等是指在市场竞争中,任何竞争主体都不应被等级差别地对待,在提供相同的产品或服务时,应当获得平等的机会。

2. 公平竞争

公平竞争主要是指在企业竞争的过程中需要保持各方之间的公平性,做到不偏不倚。

也就是说，竞争中的首要原则就是公平，公平也是市场交易的重要标准。其主要有以下三层含义：第一，所有企业能够有公平竞争的理性认知；第二，所有企业认为公平竞争是经营过程中的规范要求；第三，所有企业按照公平竞争所采取的相同经营活动都能够得到相同的判断。公平原则就要求各个企业在竞争的过程中遵守伦理道德，只有在不侵害其他企业时，才能够被公平地对待。与此同时，各个企业按照同一个伦理道德进行竞争，也表现出公平原则，即需要用统一的道德体系对各个竞争者进行评价和处理。因此，公平原则作为企业竞争的外在条件，必须以伦理道德作为支撑。

3. 竞争与合作

竞合思想主要来自竞争合作理论，即企业在正常的经营活动中，要考虑价值链上其他参与者，如供应商、客户、竞争者等，在建立和价值链上参与主体的关系中，不仅有竞争还要有一定的合作，通过权衡竞争与合作带来的经济效益，从而进行战略决策。如果企业之间能够通过合作实现共赢，企业可能就会放弃竞争活动。企业应正确看待与竞争者之间的关系，并在生产经营中树立合作共赢的意识。合作共赢意味着企业与竞争者之间并非非输既赢的对抗关系，而是通过资源的强强联合，建立一加一大于二的协同效应。企业应把竞争—合作—共赢作为长期的发展方向。企业之间建立竞争与合作具有重要的意义，一方面改变了传统的竞争理念，在一定程度上减少企业之间商业伦理问题的产生，有助于企业关系重塑；另一方面有助于整合社会资源，增加交易机会，提升价值，实现双赢。

第四节　企业与社会责任

一、企业社会责任的基本内容

企业社会责任（Corporate Social Responsibility，简称 CSR）的概念最早于 1923 年由英国学者欧利文·谢尔顿提出，他认为企业不仅要追求股东利益，还要满足不同利益相关者的需求，因此道德因素应该包含在企业社会责任中[1]。但开启现代意义的企业社会责任研究则归功于霍华德·R. 鲍恩于 1953 年发表的著作《商人的社会责任》，其中，对社会责任的界定为企业家根据社会目标和价值观念做出相应决策，且采取的具体行动均符合政策要求[2]。

（一）企业社会责任的主要观点

企业社会责任的概念自其诞生之日起就饱受争议。主要包含两种观点，一种是以股东利益最大化为基础的社会责任观；另一种是以所有利益相关者为基础的社会责任观。

股东利益最大化为基础的社会责任观的倡导者包括经济学家米尔顿·弗里德曼。他认为，"企业的任务就是经营企业""企业的唯一目标就是追求利润最大化"。企业必须对股东负责，而股东的目标是实现利润最大化，企业的目标就是力求实现股东的目标。如果企

---

[1] Carroll A B. A three-dimensional conceptual model of corporate performance [J]. Academy of management review, 1979, 4 (4)：497-505.

[2] 霍华德·R. 鲍恩. 商人的社会责任 [M]. 肖红军，王晓光，周国银，译. 北京：经济管理出版社. 2015.

业将资源用于社会产品时,可能会破坏市场机制的基础。

随着利益相关者理论在企业社会责任领域得到广泛应用,以所有利益相关者为基础的社会责任观应运而生。在该观点下,企业的所有利益相关者对企业的共同期望是企业应该承担的社会责任。为了实现这一目标,企业在创造财富、追求利润最大化的同时,还要承担起环境保护、产品质量、员工权益、支持教育和公共卫生、赞助慈善、反对种族歧视等社会责任。

(二) 企业应承担社会责任的内容

通常意义上的企业社会责任内容包括三个方面。

1. 保证企业利益相关者的基本利益要求

这包括保护股东的基本权益,保证对债权人按时还本付息,及时向国家缴纳税款,保证员工的基本权益,正确处理与购买者、供应者之间的利益分配等。

2. 保护资源环境

这包括处理好与企业生产有关的废气、废水、废渣的排放,制定安全政策以减少环境安全灾难的发生,珍稀稀缺自然资源等。

3. 支持公益慈善事业发展

这包括向公益慈善事业进行捐赠,反对种族、民族歧视等政治不公平,支援落后国家或地区等。

原国务院参事,第九、第十届全国政协常委任玉岭对我国企业应承担的社会责任内容从八个方面进行了概况和总结[1],对我国企业履行社会责任具有重要借鉴意义。

(1) 承担明礼诚信确保产品货真价实的责任。该责任要求企业诚信经营,杜绝不守信、商品造假等行为,以保障消费者权益,维护市场经济有序运营。

(2) 承担科学发展与交纳税款的责任。该责任要求企业科学发展,不能只顾眼前,不顾长远,也不能只顾局部,不顾全局,更不能只顾自身,而不顾友邻。在科学发展的同时扩大纳税份额,完成纳税义务。

(3) 承担可持续发展与节约资源的责任。该责任要求企业树立可持续发展的理念,改变经济增长方式,发展绿色经济、循环经济,实现经济发展与资源节约相适应,克服我国人均资源严重贫乏的困难。

(4) 承担环境保护和维护自然和谐的责任。该责任要求企业在实现经济发展的同时,正确处理生产经营与环境污染之间的关系,保护自然资源,防止向大气、水、土壤、海洋等环境排放污染物,防止森林、矿产等自然资源过度开采,实现人与自然和谐发展。

(5) 承担公共产品与文化建设的责任。该责任要求企业在财力和精力富余的同时,积极支持医疗卫生、公共教育与文化建设等事业,以弥补国家投入不足,为我国民众实现全面健康、脱贫脱困、综合素质提升贡献力量。

(6) 承担扶贫济困和发展慈善事业的责任。该责任要求企业在有余力的情况下,参与

---

[1] 黄乐桢. 企业应承担的八大社会责任——专访全国政协常委、国务院参事任玉岭 [J]. 中国经济周刊, 2005, (41): 19.

社会的扶贫济困，精准扶贫，积极带动农村人口、就业困难人口实现就业，共同奔赴小康生活。同时通过慈善机构、非营利基金会或协会等方式，赞助慈善事业，支援我国落后地区、边远地区、贫困地区的家庭。

（7）承担保护职工健康和确保职工待遇的责任。该责任要求企业爱护员工，搞好劳动保护，确保职工的工作与收入待遇，多与员工沟通，多为员工着想，以保障职工的生命健康，实现员工的职业发展，在促进企业持续健康发展的同时，实现社会的稳定与发展。

（8）承担发展科技和创新自主知识产权的责任。该责任要求企业改变技术落后状况，在引进技术的消化吸收的同时，要加大科技研发，加大资金与人员的投入，努力做到创新以企业为主体，实现自主创新。

二、企业履行社会责任中的商业伦理问题

企业的社会责任目标要满足利益相关者对企业的共同期望，但是企业自身的经济目标是实现利润最大化。企业的社会责任目标与企业自身经济目标通常很难两全其美。例如，企业按照法律规定缴纳税款，会降低企业的利润；企业保护自然环境，就需要加大环保设备、环保人员等的投入，会加大企业的支出，造成利润的降低；企业向社会公益事业进行慈善捐赠，也会加大企业的支出，造成利润的降低。因此，企业的社会责任目标与企业的自身利润最大化目标往往是不一致的。企业如何看待社会责任，企业在社会中应该发挥什么作用，承担什么责任，是企业在社会责任领域面临的商业伦理问题的实质。这不仅涉及企业的利益相关者的利益或期望是否能得到满足，也涉及企业的长远目标能否实现等问题。在企业履行社会责任过程中，有时会发生过于看重自身经济发展，而不能满足社会公众对企业道德期望的逃税、环境污染、慈善履行不到位等商业伦理问题。

1. 逃税行为

逃税罪是指纳税人采取欺骗、隐瞒手段进行虚假纳税申报或者不申报，逃避缴纳税款数额较大，并且占应纳税额10%以上，扣缴义务人采取欺骗、隐瞒等手段，不缴或者少缴已扣已收税款，数额较大或者因逃税而受到两次行政处罚又逃税的行为。企业的逃税行为与其应履行的社会责任相违背，不符合商业伦理规范。

我国企业的逃税罪常见行为包括不申报纳税行为，虚假纳税申报行为（例如隐匿账簿、记账凭证，多列支出，不列或者少列收入，报送虚假纳税申报表、财务报表等），骗取所缴纳税款行为（例如采用虚假发票抵扣）。根据国家税务总局的相关统计，自2018年8月税务总局、公安部、海关总署、中国人民银行四部委启动打击虚开骗税违法犯罪两年专项行动以来，截至2019年9月，全国依法查处涉嫌虚开骗税企业17.63万户；通过严查"假企业"，认定虚开增值税发票835万份，涉及税额1 558亿元①。

为打击逃税行为，《刑法》进行了专门规定。《刑法》第二百零一条规定：纳税人采取欺骗、隐瞒手段进行虚假纳税申报或者不申报，逃避缴纳税款数额较大并且占应纳税额10%以上的，处三年以下有期徒刑或者拘役，并处罚金；数额巨大并且占应纳税额30%以

---

① 相关数据来源于国家税务总局网站，具体网址为http://www.chinatax.gov.cn/chinatax/n810219/n810724/c5138716/content.html。

上的，处三年以上七年以下有期徒刑，并处罚金。扣缴义务人采取前款所列手段，不缴或者少缴已扣、已收税款，数额较大的，依照前款的规定处罚。对多次实施前两款行为，未经处理的，按照累计数额计算。有第一款行为，经税务机关依法下达追缴通知后，补缴应纳税款，缴纳滞纳金，已受行政处罚的，不予追究刑事责任；但是，五年内因逃避缴纳税款受过刑事处罚或者被税务机关给予两次以上行政处罚的除外。

2. 环境污染

环境污染指自然的或人为向环境中添加某种物质超过环境的自净能力而产生危害的行为。环境污染按属性分为大气污染、土壤污染、水体污染。环境污染是各种污染因素本身及其相互作用的结果。同时，环境污染还受社会评价的影响而具有社会性，其特点包括以下几点。

（1）公害性，环境污染不受地区、种族、经济条件的影响，一律受害。

（2）潜伏性，许多污染不易及时发现，一旦爆发后果严重。

（3）长久性，许多污染长期连续不断的影响，危害人们的健康和生命，并不易消除。

企业的环境污染行为与其应履行的社会责任相违背，不符合商业伦理规范。

目前，我国在大气污染、土壤污染和水体污染等方面面临严峻的形势，企业没有处理好生产经营与污染物排放之间的关系是造成环境污染的重要原因。根据生态环境部发布的《2019 年全国大、中城市固体废物污染环境防治年报》显示，全国 200 个大、中城市 2019 年一般工业固体废物产生量为 15.5 亿吨，工业危险废物产生量为 4 643.0 万吨，医疗废物产生量为 81.7 万吨，生活垃圾产生量为 21 147.3 万吨[1]。《2019 年全国地表水、环境空气质量状况》显示，2019 年 12 月京津冀及周边地区"2+26"城市 PM2.5 浓度为 81 微克/立方米，同比上升 1.2%，优良天数比例为 55.5%；汾渭平原 11 个城市 2019 年 12 月 PM2.5 浓度为 85 微克/立方米，同比上升 10.4%，优良天数比例为 54.0%；长三角地区 41 个城市 2019 年 12 月 PM2.5 浓度为 58 微克/立方米，同比上升 7.4%，优良天数比例为 72.8%[2]。

保护环境是我国的基本国策。为保护环境，有效防范环境污染行为，打击环境污染违法活动，《中华人民共和国环境保护法》（以下简称《环境保护法》）进行了专门规定。《环境保护法》第五十九条规定："企业事业单位和其他生产经营者违法排放污染物，受到罚款处罚，被责令改正，拒不改正的，依法作出处罚决定的行政机关可以自责令改正之日的次日起，按照原处罚数额按日连续处罚。""前款规定的罚款处罚，依照有关法律法规按照防治污染设施的运行成本、违法行为造成的直接损失或者违法所得等因素确定的规定执行。"第六十条："企业事业单位和其他生产经营者超过污染物排放标准或者超过重点污染物排放总量控制指标排放污染物的，县级以上人民政府环境保护主管部门可以责令其采取限制生产、停产整治等措施；情节严重的，报经有批准权的人民政府批准，责令停业、关闭。"第六十一条："建设单位未依法提交建设项目环境影响评价文件或者环境影响评价文件未经批准，擅自开工建设的，由负有环境保护监督管理职责的部门责令停止建设，处

---

[1] 资料来源于中国生态环境部网站，具体网址为 http://www.mee.gov.cn/hjzl/sthjzk/gtfwwrfz/。
[2] 资料来源于中国生态环境部网站，具体网址为 http://www.mee.gov.cn/hjzl/dqhj/qgkqzlzk/。

以罚款,并可以责令恢复原状。"第六十二条:"违反本法规定,重点排污单位不公开或者不如实公开环境信息的,由县级以上地方人民政府环境保护主管部门责令公开,处以罚款,并予以公告。"①

3. 企业慈善事业发展不到位

按照《中华人民共和国慈善法》(以下简称《慈善法》)的规定,慈善活动,是指自然人、法人和其他组织以捐赠财产或者提供服务等方式,自愿开展的下列公益活动:扶贫、济困;扶老、救孤、恤病、助残、优抚;救助自然灾害、事故灾难和公共卫生事件等突发事件造成的损害;促进教育、科学、文化、卫生、体育等事业的发展;防治污染和其他公害,保护和改善生态环境;符合本法规定的其他公益活动②。我国慈善事业整体处于向好的发展趋势。根据民政部发布的《2018年民政事业发展统计公报》显示,我国社会组织捐赠收入由2014年的524.8亿元增长至2018年的919.7亿,增长幅度为75.25%③。

但是由于企业对慈善事业认识不到位、慈善组织管理机制尚不健全等原因,导致我国企业履行慈善责任与社会公众的期望相比、与发达国家慈善发展状况相比均存在一定差距,主要表现在以下几个方面。

(1) 企业参与慈善事业的主动性不足问题。企业参与慈善事业的主动性不足问题导致我国企业参与慈善事业的比例相对较低。分析其原因,首先,企业对慈善事业的社会认同感不足,认为慈善事业不能为企业带来经济效益,甚至与企业的经营目标相违背,而看不到慈善事业给企业带来的长期的品牌效应。其次,企业对慈善文化的理解有误。企业将慈善简单理解为捐赠和社会救助,而忽视慈善涉及科技、教育、文化、卫生、体育等一系列领域。

(2) 企业参与慈善事业的专业性不足问题。首先,慈善人才专业性不足。我国高校在慈善公益专业设置方面、在慈善公益专业人才培养方面与市场需求严重不匹配,不能满足市场的需求。此外从事慈善公益的专业化人才面临收入较低、人才流失严重的困难。其次,慈善资源的专业性不足。我国慈善事业的发展以国家行政主导为主,以官办机构为主要形式,由于市场化运作的不足,导致慈善资源的培育与发展缺乏有效的土壤,行政色彩过度的慈善项目与企业的利益需求不匹配。再次,慈善战略的专业性不足。企业的慈善战略应该基于企业的愿景、使命、战略和财务策略等综合确定,根据企业所处的生命周期阶段的不同,慈善战略应该不断调整,既要防止对慈善事业"一毛不拔",也要防止对慈善事业过于"功利主义"。

(3) 企业参与慈善事业的形式感过度问题。很多企业参与慈善事业中存在形式感过度的问题,在参与慈善活动时过于追求社会曝光度,甚至不惜做出超过企业承受能力的捐赠承诺,或者参与商业化色彩过于浓重的慈善项目,导致慈善项目后期出现资金等问题时,拖累企业发展。同时形式感过度的慈善项目既难以达到旁观者的道德期望,也让受助者感

---

① 《中华人民共和国环境保护法》由中华人民共和国第十二届全国人民代表大会常务委员会第八次会议于2014年4月24日修订通过,自2015年1月1日起施行。
② 2016年3月16日,第十二届全国人民代表大会第四次会议通过《中华人民共和国慈善法》。
③ 资料来源于中国民政部网站,具体网址为http://www.mca.gov.cn/article/sj/tjgb/。

到心理不适，影响慈善项目产生的社会效益和公益价值。

三、企业履行社会责任的商业伦理规范

1. 企业要正确处理好履行社会责任和追求经济效益之间的关系

既不能过分强调履行社会责任，而忽视企业的自身经济利益，这会导致企业过多承担政府和社会应承担的责任，从而使企业自身的经营包袱加重，削弱企业的竞争能力，损害企业对社会做贡献的最主要方式（例如上缴税金和利润等），也不能过分强调自身经济利益，而不履行相应的社会责任，这会导致企业为追求眼前利益，而损害整个社会的长远和整体利益。例如，如果医院过于追求经济效益最大化，而忽视救死扶伤的首要使命，则会引发社会公众的愤怒和不满；如果造纸企业过于追求经济效益最大化，而忽视污染物的治理，则会导致生态环境的破坏，最终会损害企业自身的利益。因此，在履行社会责任与追求经济效益之间，企业需要寻找一个平衡点。

2. 企业要秉持主动、客观、负责的态度，不向受益人附加条件

企业在履行社会责任的过程中应具有主动性和纯粹性，法律法规是底线，利益相关者的道德期望是目标，不虚假宣传企业社会责任的履行情况，不夸大企业社会责任的履行效果，不过度包装企业的社会责任形象，更不应该向企业社会责任履行的受益方附加违反法律法规和违背社会公德的条件。

3. 企业应及时披露企业社会责任报告

企业社会责任报告是企业将其履行社会责任的理念、战略、方式、方法，其经营活动对经济、环境、社会等领域造成的直接和间接影响，取得的成绩及不足等信息，进行系统的梳理和总结，并向利益相关方进行披露的方式。企业社会责任报告是企业非财务信息披露的重要载体，企业可以通过定期披露企业社会责任报告的方式，降低利益相关者与企业之间社会责任信息不对称的问题，是企业与利益相关方沟通的重要桥梁。

复习思考题

1. 如何理解企业对消费者的责任？
2. 企业与消费者之间存在哪些商业伦理问题？
3. 企业在处理消费者的利益关系时应遵循哪些伦理规范？
4. 企业与供应商之间存在哪些商业伦理问题？
5. 如何从道德角度规范企业与供应商的行为？
6. 企业竞争的伦理意义有哪些？
7. 怎样看待企业与竞争者之间的关系？
8. 企业不正当价格竞争的内容有哪些？
9. 我国企业应承担的社会责任有哪些？
10. 企业履行的社会责任中有哪些典型的商业伦理问题？
11. 企业应如何处理发展经济与履行社会责任之间的关系？

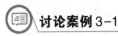
讨论案例 3-1

出境旅游隐藏格式条款

赵某某于 2014 年 1 月 15 日与 BQ 旅行社签订出境旅游合同,并预先支付费用 15 000 元(赵某某与其女儿),该旅游项目是 2 月 9~14 日的巴厘岛六日游,2 月 5 日赵某某因家中老人重病无法成行,与 BQ 旅行社解除旅游合同,赵某某自愿承担 BQ 旅行社合理的实际业务损失费用,要求 BQ 旅行社退还剩余相关费用,但 BQ 旅行社一直拖延不予退还。赵某某将 BQ 旅行社诉至法院,请求法院判令 BQ 旅行社退还赵某某预付的旅行费 10 500 元。

BQ 旅行社辩称,赵某某所述出境旅游合同签订的时间、地点及旅游项目属实,赵某某按期交付了 15 000 元费用。2014 年 2 月 5 日,赵某某通过短信通知旅行社因其家人生病无法成行,旅行社答复赵某某同意解除合同。关于费用,由于当时属于旅游旺季(春节),当赵某某提出解除合同时,飞机票已经订了,两人共计 10 268 元,目前只能退还 1 668 的机票税,同时旅行社已经提前交了两晚别墅的全额定金 3 600 元,如果客人不去,将会损失相应定金;另外,门票、小费、餐费和司机的费用每人为 538 元,意外保险每人 30 元均已支出。综上,旅行社不同意赵某某的请求。

某市人民法院经审理查明,2014 年 1 月 15 日,赵某某与 BQ 旅行社签订了出境旅游合同及补充条款,约定:旅游者为赵某某及其女儿,行程时间共计 6 天 4 夜,2014 年 2 月 9 日自北京首都机场出发,2014 年 2 月 14 日返回北京首都机场,成人旅游费用 7 500 元/人,共计 15 000 元,旅游费用的支付方式为 2014 年 1 月 15 日刷卡支付,费用包括往返飞机经济舱、当地旅游用车、行程中所列的餐、景点首道大门票、司机导游小费、人身旅游意外险;双方关于旅游者的违约责任约定如下:旅游者在出发前 30 日以内(含第 30 日)提出解除合同的,应当按照下列标准向组团社支付业务损失费:……出发前 6 日至 4 日,按旅游费用总额的 70%……。如按上述比例支付的业务损失费不足以赔偿组团社的实际损失,旅游者应当按实际损失对组团社予以赔偿,但最高额不应当超过旅游费用总额。组团社在扣除上述业务损失费后,应当在旅游者退团通知到达日起 5 个工作日内向旅游者退还剩余旅游费用。

在《补充条款》中约定:因旅行团机票的特殊性,机票不得签转、更改、退还,如因客人自身原因取消或更改出发日期产生的损失由客人承担。

法院认为,依法成立的合同受法律保护。赵某某与 BQ 旅行社签订的出境旅游合同及补充条款是双方当事人的真实意思表示,不违反法律、行政法规的强制性规定,该合同应属有效。本案赵某某在合同签订后,依约向 BQ 旅行社支付了旅游费用,但赵某某因其个人原因,在出发前 4 天向 BQ 旅行社单方提出了解除合同,按照双方合同中违约责任的约定,赵某某应当按照旅游费用的 70% 向 BQ 旅行社支付业务损失费。如按上述比例支付的业务损失费不足以赔偿组团社的实际损失,旅游者应当按实际损失对组团社予以赔偿,但最高额不应当超过旅游费用总额。赵某某认为该约定系 BQ 旅行社提供的格式条款,加重了其本人的责任,有失公平,对此问题,法院认为,赵某某提及的上述合同条款确为 BQ 旅行社提供的格式条款,该条款约定了赵某某单方提出解除合同时,应按照 70% 的比例向 BQ 旅行社支付业务费,如 BQ 旅行社的损失超出上述比例,赵某某应当按照 BQ 旅行社的实际损失予以赔偿,但该条款未对BQ旅行社的实际损失未达到70%的比例时,是否退还赵某某多余的费用进行约定,该条款明显加重了赵某某的责任,有失公平,故对BQ旅行社减轻自己责任的条款,法院不予采纳。按照我国旅游法第六十五条的规定,在旅游者解除合同的情况下,旅行社应当在扣除必要的费用后,将余款退还旅游者,但BQ旅行社提交的为赵某某预订机票的证据均为复印件且BQ旅行社未提供其实际支付相关款项的证据,故BQ旅行社针对其主张的相关支出,证据不足,现赵某某自愿扣减部分费用赔偿BQ旅行社,法院对此不持异议。赵某某要求BQ旅行社退还剩余旅游费用的请求正当,法院予以支持。

据此,依照《中华人民共和国合同法》第八条、《中华人民共和国旅游法》第六十五条之规定,判决自本判决生效之日起七日内,BQ旅行社退还赵某某旅游费用10 500元。如BQ旅行社未按本判决指定的期间履行给付金钱义务,应当依照《中华人民共和国民事诉讼法》第二百五十三条之规定,加倍支付迟延履行期间的债务利息。

(资料来源:中国判决文书网)

请结合案例材料,思考并回答以下问题:

1. 什么是格式条款?格式条款有什么样的特点?
2. 案例中签订的旅游合同及补充条款是否为格式条款?请说明理由。
3. 案例中签订的旅游合同及补充条款对违约责任的约定是否公平合理?为什么?
4. 不公平、不合理的格式条款会导致什么样的后果?
5. 结合案例,谈谈你身边是否存在格式条款问题?

讨论案例3-2

CS公司违法违规生产狂犬疫苗案例

2018年10月16日,国家药品监督管理局和吉林省食品药品监督管理局依法从严对CS公司违法违规生产狂犬病疫苗做出行政处罚。

行政处罚决定书载明,CS公司存在以下八项违法事实:一是将不同批次的原液进行勾兑配制,再对勾兑合批后的原液重新编造生产批号;二是更改部分批次涉案产品的生产批号或实际生产日期;三是使用过期原液生产部分涉案产品;四是未按规定方法对成品制剂进行效价测定;五是生产药品使用的离心机变更未按规定备案;六是销毁生产原始记录,编造虚假的生产记录;七是通过提交虚假资料骗取生物制品签发合格证;八是为掩盖违法事实而销毁硬盘等证据。

行政处罚决定书认定,上述行为违反了《中华人民共和国药品管理法》及其实施条例,以及《药品生产质量管理规范》《药品生产监督管理办法》《生物制品批签发管理办法》等法律法规和规章。

依据行政处罚管辖有关规定,国家药品监督管理局和吉林省食品药品监督管理局分别对CS公司做出多项行政处罚。国家药品监督管理局撤销CS公司狂犬病疫苗(国药准字S20120016)药品批准证明文件;撤销涉案产品生物制品签发合格证,并处罚款1 203万元。吉林省食品药品监督管理局吊销其《药品生产许可证》;没收违法生产的疫苗、违法所得18.9亿元,处违法生产、销售货值金额三倍罚款72.1亿元,罚没款共计91亿元。此外,对涉案的高俊芳等十四名直接负责的主管人员和其他直接责任人员做出依法不得从事药品生产经营活动的行政处罚；涉嫌犯罪的，由司法机关依法追究刑事责任。

（资料来源：国家药品监督管理局网站）

请结合案例材料，思考并回答以下问题：

1. 案例中反映了哪些商业伦理问题？
2. CS公司违法违规生产狂犬疫苗事件侵犯了哪些人的权益？
3. 试从药品制造行业分析如何加强道德规范？

讨论案例3-3

J市妇幼保健院眼科采购受贿案例

J市妇幼保健院为财政补助的副县级事业单位，眼科为该单位内设业务科室。2002年1月至2018年4月，陈某任J市妇幼保健院眼科主任，1995年6月起，谢某任J市妇幼保健院眼科主治医师。陈某在履职期间，眼科共计收受角膜塑形镜片供货商回扣款512 615元，陈某及谢某利用职务便利贪污公款336 627元并予以均分；陈某收受人工晶体折叠片供货商贿赂131 325元，谢某收受贿赂112 500元。具体事实如下。

一、单位受贿、贪污事实

2011年，陈某在担任J市妇幼保健院眼科（以下简称眼科）主任期间，在欧某视科技（合肥）有限公司（以下简称合肥欧某视公司）J市代理商章某的推荐介绍下，了解到"梦戴维"系列角膜塑形镜片可以防控未成年人近视程度加深，双方表示了合作意向。2013年，陈某向妇幼保健院提出到合肥欧某视公司考察角膜塑形镜项目，同年4月，医院派党委副书记冯某带队，陈某、谢某等人一同前往该公司考察，并与合肥欧某视公司湖北大区销售经理张某达成合作意向，商定由供应方给予医院销售额15%比例的利润。后因该镜片没有上招标网且不属于医疗服务收费名录，没有相应的收费条码，医院无法收费，院领导商议后形成决议，决定引进该项目，向合肥欧某视公司购买验配仪器交给眼科使用，由眼科负责具体落实患者的验配、治疗以及购买镜片事宜，医院提供服务并收取正常的诊疗费用，由患者将购买镜片款直接打款和由眼科工作人员代收后统一付款给镜片供货方。

2013年6月，经医院同意，陈某代表眼科与张某代理的BQ医疗器械有限公司（以下简称BQ公司）签订了为期一年的单点销售合同书，陈某代表眼科私自与张某口头约定按销售额15%的比例返利及镜片付款方式。之后陈某告知科室所有成员15%回扣款的存在和发放方案，同时安排被告人眼科医生谢某负责结算和发放。2013年6月至2014年5月期间，眼科共向BQ公司购买角膜塑形镜片56片、镜片款121 900元，收取回扣款18 285元。

2014年5月，眼科与BQ公司的张某合作协议到期，经合肥欧某视公司同意，改由其J市代理商章某继续与妇幼保健院眼科合作。同时被告人陈某向章某提出将回扣比例提升到30%并就此达成了口头协议，眼科在章某的订单系统上购买，收到镜片后，由谢某直接扣除镜片款的30%，将余下70%镜片款以现金或者银行卡转账的方式与章某结算。经查，2014年6月至2014年12月间，眼科在章某处下单43片、镜片款112 100元，其中30%被眼科留下，共计33 630元。陈某向眼科人员隐瞒了按30%比例收取回扣款的事实，将其中的16 815元（镜片款的15%）安排被告人谢某发放给科室所有成员，余下16 815元被陈某、谢某二人均分。

在此期间，欧某视公司H省代理商黄某找到被告人陈某，提出合作意向，陈某表示目前与他方合作良好，如果黄某想分得市场就必须给更高的回扣比例。据此，双方经过协商后达成口头协议，由黄某给予 50% 回扣款给眼科，眼科在黄某提供的系统账号上购买镜片并代收货款。经统计，2014 年 8 月至 2016 年 8 月期间，眼科经由黄某系统下单 44 片、镜片款 133 700 元，其中眼科留下 50% 回扣款 66 850 元，陈某向眼科人员隐瞒了按 50% 比例收取回扣款的事实，由被告人谢某按照陈某的安排将其中的 20 055 元（镜片款的 15%）发放给科室所有成员，余下 46 795 元被陈某、谢某均分。

2014 年年底，章某得知眼科另在黄某处购买角膜塑形镜片，遂质问被告人陈某，陈某提出黄某给的回扣比例更高，如果要求眼科不在黄某处下单那么章某要给同样比例的回扣，经协商双方同意亦按销售额的 50% 的比例返利，从 2015 年 1 月起执行，2017 年 7 月审计发现问题后终止合作。经查，2015 年 1 月至 2017 年 6 月期间，眼科在章某处购买角膜塑形镜片 266 片、镜片款 780 050 元，眼科获得回扣款 390 025 元。陈某向眼科人员隐瞒了按 50% 比例收取回扣款的事实，被告人谢某根据陈某的安排，将其中的 117 008 元（镜片款的 15%）发放到科室所有成员，余下 273 017 元被陈某、谢某均分。

综上，2013 年 6 月至 2017 年 6 月期间，眼科共计收受角膜塑形镜片供货商回扣款 512 615 元，没有报告、上交医院，除部分用于科室发放福利外，其余 336 627 元被被告人陈某、谢某隐瞒后并予以均分。

二、个人受贿事实

2013 年 4 月，J 市妇幼保健院与 KT 公司签订了"眼力健"人工晶体片（用于治疗白内障）购销合同，黄某系该供货商负责人。时任眼科主任的陈某应黄某的请托，承诺号召医生多推荐患者使用利润高的折叠片，为此二人达成协议，眼科每推荐使用一片折叠片，由黄某给予 200 元的回扣。随后，陈某召集科室医生开会，传达供货商承诺使用人工晶体片折叠片有回扣，每用一片两名管床医生可以各得 50 元。同时还告知谢某（手术医生），参加手术并使用的折叠片每片给其 50 元回扣，每片余下 50 元回扣由陈某自己分得。

2018 年 2 月，陈某谎称黄某给予回扣款降低，决定给管床医生、手术医生的回扣每片减少为 25 元，实际每片余下 125 元由自己得，此种分配方案持续到 2018 年 4 月。

经查，2013 年 4 月至 2018 年 4 月期间，眼科共计从黄某处购买人工晶体片折叠片 1 791 片，收取回扣款 358 200 元，其中陈某分得 131 325 元，谢某分得 112 500 元，其余的由其他医生分得。

案发后，J 市妇幼保健院眼科向 J 市某区监察委上交赃款 512 615 元（其中包括陈某、谢某侵吞的 336 627 元）；陈某、谢某亲属分别向 J 市某区监察委退缴违法所得 131 325 元、112 500 元。

法院认为，J 市妇幼保健院眼科在开展角膜塑形镜片医务过程中，帮助供货商销售角膜塑形镜片，为供货商谋取利益，非法暗中收受回扣 512 615 元归本科室所有，情节严重，其行为已构成单位受贿罪；被告人陈某、谢某作为直接负责的主管人员和直接责任人员，其行为构成单位受贿罪并应承担相应罪责；被告人陈某、谢某利用职务上的便利，共同侵吞公款 336 627 元，数额巨大，其行为均已构成贪污罪；被告人陈某利用其眼科主任职务便利，非法收受他人财物 131 325 元，数额较大，为他人谋取利益，其行为已构成受贿罪；被告人谢某利用其眼科医生处方权的职务便利，非法收受他人财物 112 500 元，数额较大，为他人谋取利益，其行为已构成非国家工作人员受贿罪，均应依法惩处，应当数罪并罚。

遂判决：一、被告单位 J 市妇幼保健院眼科犯单位受贿罪，判处罚金人民币 20 万元。

二、被告人陈某犯单位受贿罪,判处有期徒刑六个月;犯贪污罪,判处有期徒刑三年,并处罚金人民币 20 万元;犯受贿罪,判处有期徒刑十个月,并处罚金人民币 10 万元。合并决定执行有期徒刑三年六个月,并处罚金人民币 30 万元。三、被告人谢某犯单位受贿罪,判处有期徒刑六个月;犯贪污罪,判处有期徒刑一年六个月,并处罚金人民币 10 万元;犯非国家工作人员受贿罪,判处有期徒刑八个月。合并决定执行有期徒刑一年十个月,并处罚金人民币 10 万元。四、被告单位 J 市妇幼保健院眼科单位退缴的赃款 512 615 元(包含陈某、谢某退缴的 336 627 元),被告人陈某退缴的赃款人民币 131 325 元,被告人谢某退缴的赃款人民币 112 500 元,均依法予以没收,由 J 市某区监察委员会上缴国库。

(资料来源:中国判决文书网)

请结合案例材料,思考并回答以下问题:
1. 案例中涉及什么商业伦理问题?
2. 案例中单位及个人的受贿事实有什么危害?
3. 试从个人、企业及行业监管角度分析如何降低此类违法行为的发生。

讨论案例 3-4

KD 公司不正当竞争纠纷案例

KT 公司成立于 2011 年 3 月 21 日,为专业装饰装修公司。经过多年苦心经营,KT 公司在业内取得了良好的商誉,现 KD 公司在未经过 KT 公司允许的情况下,擅自使用 KT 公司的标识,且将公司命名为 KD 公司,KD 公司的经营范围及广告推广、公司简介、服务内容、团队成员与 KT 公司公司雷同。KT 公司认为 KD 公司的行为严重侵犯了该公司的合法权益,构成不正当竞争,故对其提起诉讼,请求依法支持 KT 公司的诉求。

KT 公司向法院提出诉讼请求:①判令 KD 公司变更公司名称,立即停止使用"KD"名称及不正当竞争行为;②判令 KD 公司立即停止侵犯"KT"的标识及不正当竞争行为;③判令 KD 公司立即删除某装修网站上的不实宣传及不正当竞争行为;④判令 KD 公司公开赔礼道歉、消除影响并在某装修网站及相关报刊上登载致歉声明;⑤判令 KD 公司承担 KT 公司因维权产生的律师费、公证费,合计 6 800 元人民币;⑥判令本案诉讼费由 KD 公司承担。

KD 公司答辩称:字号受法律保护的前提为知名度,判断字号是否知名需结合使用该字号的时间,企业的规模,盈利状况,广告宣传的持续时间、程度和范围等因素进行综合判断。KD 公司名称经工商依法核准,在所在地区营业范围和 KT 公司一致的装饰工程公司包含"K"字的有 50 多家,有些甚至成立时间比 KT 公司公司还早。KT 公司并非在装饰工程领域的驰名公司,其名称字号只能是基于一般保护原则,而不能扩大为只要有一个字相同,即视为侵权。且 KD 公司名称中的"KD"与 KT 公司名称中的"KT"读音并不相近,不会构成混淆。关于 KT 公司的第二项诉讼请求,KD 公司已经纠正,并已设计了自己的 logo 标识。关于 KT 公司的第三项诉讼请求,属于广告调试期间的过渡现象,已然全部修改,无再行判决的必要。关于 KT 公司的第四项诉讼请求,KD 公司在某装修网站上做的宣传只是一种广告调试,持续时间较短且已修改,KD 公司愿意在该网站上刊登致歉声明。因 KD 公司的宣传仅限于网站且浏览量有限,故不同意 KT 公司要求在相关报刊上登报登载致歉声明的诉请,请求予以驳回。关于 KT 公司的第五项诉讼请求,因 KT 公司未举证证明 KD 公司在某装修网站上的广告对 KT 公司造成了实际损失,故不同意赔偿维权费用。

法院经审理认为,KT 公司、KD 公司经营业务均涉及建筑装饰装修,存在竞争关系。本案争议焦点在于 KD 公司在某装修网站上发布的"公司简介""团队成员""工商注册信息"及"联系我们"等板块内容的行为是否构成不正当竞争行为及其应承担何种民事责任。

根据《反不正当竞争法》的规定,经营者不得擅自使用他人有一定影响的企业名称及其他足以引人误认为是他人商品或者与他人存在特定联系的混淆行为;经营者不得对其商品的性能、功能、质量、销售状况、用户评价、曾获荣誉等做虚假或者引人误解的商业宣传,欺骗、误导消费者。本案中,KT 公司并未举证证明其属于知名企业,KD 公司企业名称中虽用了"KD"字样,但因"KT"自身显著性不强,"KT""KD"字音、字意也并不相同,单就企业名称而言并不足以造成混淆,故 KT 公司要求 KD 公司变更企业名称的诉请,法院不予支持。但 KD 公司在该企业名称前使用了 KT 公司企业推广标识,并在公司介绍部分引入了 KT 公司的介绍,将 KT 公司注册地址标注为 KD 公司注册地址,而在"联系我们"处标注了 KD 公司,由于宣传内容中大量使用 KT 公司信息,对于接触到上述宣传内容的潜在客户而言,在看到上述网页宣传内容后会产生 KT 公司、KD 公司之间存在某种特定联系的认知,从而产生市场混淆,KD 公司故意攀附动机明显,违反诚实信用原则,构成不正当竞争。

综上,法院认为,KD 公司在某装修网站上不实宣传易使相关公众对 KD 公司的经营规模、品牌信誉等实际情况产生误认,使 KD 公司不适当地建立起自己的竞争优势,从而挤占 KT 公司的市场份额,其行为构成虚假宣传的不正当竞争行为,应承担相应的民事责任。故 KT 公司要求 KD 公司停止虚假宣传行为,删除其某装修网站上不实宣传等内容的诉请,法院予以支持。关于 KT 公司要求 KD 公司在某装修及相关报刊上向 KT 公司公开赔礼道歉、消除影响的诉讼请求,法院认为 KD 公司并未侵害 KT 公司的人格权,赔礼道歉的诉请,法院不予支持。因 KD 公司虚假宣传的行为造成混淆影响,故 KD 公司应在影响所及的某装修网站上以适当方式做出澄清,以消除影响。关于维权费用损失,KT 公司对相关事实进行调查取证而支付公证费,委托律师进行诉讼并实际支付律师费,属 KT 公司为制止侵权行为所支付的合理开支,法院予以支持。

据此,根据《中华人民共和国侵权责任法》及《反不正当竞争法》《民事诉讼法》之规定,判决如下:

一、KD 公司自本判决生效之日起立即停止不正当竞争行为,删除某装修网站上相关虚假宣传内容;

二、KD 公司于本判决生效之日起十日内在某装修网站上刊登声明(内容需经法院核准)消除侵权影响,时间持续 10 天,逾期不履行,法院将在《中国知识产权报》上公布判决主要内容,费用由 KD 公司负担;

三、KD 公司于本判决生效之日起十日内赔偿 KT 公司维权损失 6 800 元;

四、驳回 KT 公司其他诉讼请求。

(资料来源:中国判决文书网)

请结合案例材料,思考并回答以下问题:

1. 本案例中 KD 公司的行为是否构成了不正当竞争?
2. KT 公司要求 KD 公司变更企业名称的诉请,为什么法院不予支持?

3. KD公司在某装修网站上宣传内容中使用其他公司信息会造成什么影响?
4. 企业与竞争者之间应遵循怎样的商业伦理规范?

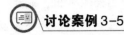
讨论案例3-5

S建材公司大气污染物自动监测数据造假案

2017年4月11日,Z市环境保护局会同Z市公安局对S建材公司联合突击检查时发现,该企业存在采用在大气污染物在线监控设施监测取样管上套装管子并喷吹石灰中和气体等方式,达到干扰自动监测数据的目的。S建材公司超标排放氮氧化物、二氧化硫等大气污染物,对周边大气生态环境造成损害。经Z市环保科技服务中心鉴定评估,造成生态环境损害数额110.414 3万元,鉴定评估费用12万元,合计122.414 3万元。4月12日,Z市环保局依法将该案件移送Z市公安局。

Z市环境保护局经与S建材公司、C镇人民政府进行磋商,达成了《生态环境损害修复协议》,主要内容为:一、各方同意S建材公司以替代修复的方式承担生态环境损害赔偿责任。S建材公司在承担生态环境损害数额110.414 3万元的基础上,自愿追加资金投入175.585 7万元,合计总额286万元用于生态工程修复,并于2018年10月31日之前完成修复工程。二、C镇人民政府对修复工程进行组织、监督管理、资金决算审计,修复后移交。三、修复工程完成后,由S市环境保护局委托第三方评估机构验收评估,提交验收评估意见。四、生态环境损害鉴定评估费、验收鉴定评估费由S建材公司承担,并于工程验收通过后7日内支付给鉴定评估单位。五、如S建材公司中止修复工程,或者不按约定时间、约定内容完成修复的,Z市环境保护局有权向S建材公司追缴全部生态环境损害赔偿金。

S市中级人民法院受理司法确认申请后,对《生态环境损害修复协议》内容进行了公告。S市中级人民法院对协议内容审查后认为,申请人达成的协议符合司法确认的条件,遂裁定确认协议有效。一方当事人拒绝履行或者未全部履行的,对方当事人可以向人民法院申请强制执行。

本案是涉大气污染的生态环境损害赔偿案件。大气污染是人民群众感受最为直接、反映最为强烈的环境问题,打赢蓝天保卫战是打好污染防治攻坚战的重中之重。2019年世界环境日主题聚焦空气污染防治,提出"蓝天保卫战,我是行动者"的口号,显示了中国政府推动打好污染防治攻坚战的决心。本案中,S建材公司以在大气污染物在线监控设施监测取样管上套装管子并喷吹石灰中和气体等方式,干扰自动监测数据,超标排放氮氧化物、二氧化硫等大气污染物。虽然污染物已通过周边大气生态环境稀释自净,无须实施现场修复,但是大气经过扩散等途径仍会污染其他地区的生态环境,不能因此免除污染者应承担的生态环境损害赔偿责任。人民法院对涉案赔偿协议予以司法确认,明确由S建材公司以替代方式承担生态环境损害赔偿责任,是对多样化责任承担方式的积极探索。本案体现了环境司法对大气污染的"零容忍",有利于引导企业积极履行生态环境保护的主体责任,自觉遵守环境保护法律法规,推动企业形成绿色生产方式。此外,经磋商,S建材公司在依法承担110.414 3万元生态环境损害赔偿的基础上,自愿追加资金投入175.585 7万元用于生态环境替代修复,体现了生态环境损害赔偿制度在推动企业主动承担社会责任方面起到了积极作用。

本案入选最高人民法院生态环境损害赔偿典型案例，上海财经大学王树义教授也对本案进行了点评，他指出，大气污染致生态环境损害的案件均会碰到两个具有共性的问题：其一，排污者排入大气环境的污染物质，因空气的流动，通常在案发后已检测不出，或检测不到污染损害结果。这种情况下要怎么办？排污者有没有对生态环境造成损害，要不要修复？其二，若要修复，如何修复，是否一定要在案发地修复？本案较好地回答了这两个问题，具有一定的典型意义。首先，S建材公司排放的大气污染物虽然通过周边C镇大气环境本身的自净已经稀释、飘散，但并不等于大气环境没有受到损害。损害是存在的，只不过损害没有在当时当地显现出来。S建材公司排放的污染物飘散到其他地方，势必会对其他地方的生态环境造成损害。故此，S公司应当承担生态环境损害的赔偿责任。其次，由于大气污染所致生态环境损害案件的特殊性，对大气环境损害的赔偿责任，往往是通过对生态环境的修复来实现的。但问题是，案发后S建材公司排入周边C镇大气环境的污染物客观上已经自然稀释、飘散，再对其修复已无实质意义。由此产生了S建材公司以替代修复的方式承担生态环境损害赔偿责任的问题。这个案例对大气污染所致生态环境损害赔偿案件的处理，具有很好的示范作用。

（资料来源：最高人民法院网）

请结合案例材料，思考并回答以下问题。
1. 上述案例中存在什么商业伦理问题？
2. 产生上述商业伦理问题的原因是什么？
3. S建材公司大气污染物自动监测数据造假会带来什么样的后果？
4. S建材公司采取替代修复的方式对改善生态环境有什么意义？
5. 对工业企业来说，应采取什么措施以履行其社会责任？

模块二

会计职业道德

第四章 会计职业道德

学习目标

1. 掌握会计职业道德的概念、特征、功能和作用。
2. 熟悉财务会计人员的职责。
3. 掌握财务会计人员职业道德规范的内容。
4. 能够分析财务会计人员面临的职业道德困境,并进行应对。
5. 掌握财务舞弊的内涵、动因、手段和道德治理对策。
6. 掌握财务会计人员职业道德教育的形式、内容和途径。
7. 掌握管理会计人员职业道德规范的内容。
8. 分析管理会计人员面临的职业道德冲突,并进行应对。

案例导入

财政部关于加强会计人员诚信建设的指导意见

2018年4月19日,财政部发布《关于加强会计人员诚信建设的指导意见》(财会〔2018〕9号),对推动会计行业提高诚信水平具有重要作用。其有关加强会计人员诚信建设的主要举措包括以下几方面。

一、增强会计人员诚信意识

(一) 强化会计职业道德约束

针对会计工作特点,进一步完善会计职业道德规范,引导会计人员自觉遵纪守法、勤勉尽责、参与管理、强化服务,不断提高专业胜任能力;督促会计人员坚持客观公正、诚实守信、廉洁自律、不做假账,不断提高职业操守。

(二) 加强会计诚信教育

财政部门、中央主管单位和会计行业组织要采取多种形式,广泛开展会计诚信教育,将会计职业道德作为会计人员继续教育的必修内容,大力弘扬会计诚信理念,不断提升会计人员诚信素养。要充分发挥新闻媒体对会计诚信建设的宣传教育、舆论监督作用,大力发掘、宣传会计诚信模范等会计诚信典型,深入剖析违反会计诚信的典型案例。引导财会类专业教育开设会计职业道德课程,努力提高会计后备人员的诚信意识。鼓励用人单位建立会计人员信用管理制度,将会计人员遵守会计职业道德情况作为考核评价、岗位聘用的重要依据，强化会计人员诚信责任。

二、加强会计人员信用档案建设

（一）建立严重失信会计人员"黑名单"制度

将有提供虚假财务会计报告，做假账，隐匿或者故意销毁会计凭证、会计账簿、财务会计报告，贪污、挪用公款，职务侵占等违法行为的会计人员，作为严重失信会计人员列入"黑名单"，纳入全国信用信息共享平台，依法通过"信用中国"网站等途径，向社会公开披露相关信息。

（二）建立会计人员信用信息管理制度

研究制定会计人员信用信息管理办法，规范会计人员信用评价、信用信息采集、信用信息综合利用、激励惩戒措施等，探索建立会计人员信息纠错、信用修复、分级管理等制度，建立健全会计人员信用信息体系。

（三）完善会计人员信用信息管理系统

以会计专业技术资格管理为抓手，有序采集会计人员信息，记录会计人员从业情况和信用情况，建立和完善会计人员信用档案。省级财政部门和中央主管单位要有效利用信息化技术手段，组织升级改造本地区（部门）现有的会计人员信息管理系统，构建完善本地区（部门）的会计人员信用信息管理系统，财政部在此基础上构建全国统一的会计人员信用信息平台。

三、健全会计人员守信联合激励和失信联合惩戒机制

（一）为守信会计人员提供更多的机会和便利

将会计人员信用信息作为先进会计工作者评选、会计职称考试或评审、高端会计人才选拔等资格资质审查的重要依据。鼓励用人单位依法使用会计人员信用信息，优先聘用、培养、晋升具有良好信用记录的会计人员。

（二）对严重失信会计人员实施约束和惩戒

在先进会计工作者评选、会计职称考试或评审、高端会计人才选拔等资格资质审查过程中，对严重失信会计人员实行"一票否决制"。对于严重失信会计人员，依法取消其已经取得的会计专业技术资格；被依法追究刑事责任的，不得再从事会计工作；支持用人单位根据会计人员失信的具体情况，对其进行降职、撤职或解聘。

（三）建立失信会计人员联合惩戒机制

财政部门和中央主管单位应当将发现的会计人员失信行为，以及相关执法部门发现的会计人员失信行为，记入会计人员信用档案；支持会计行业组织依据法律和章程，对会员信用情况进行管理；加强与有关部门合作，建立失信会计人员联合惩戒机制，实现信息的互换、互通和共享。

（资料来源：中华人民共和国财政部网站）

第一节 会计职业道德概述

习近平在《之江新语》中写道:"人而无德,行之不远。没有良好的道德品质和思想修养,即使有丰富的知识、高深的学问,也难成大器。"[①] 对会计人员来讲,没有良好的职业道德,即使有丰富的专业知识,也很难有好的职业发展前景。

一、会计职业道德的概念

会计职业道德是指在会计职业活动中应当遵循的、体现会计职业特征的、调整会计职业关系的职业行为准则和规范。会计职业道德规范的对象,既包括财务会计人员,也包括管理会计人员。

二、会计职业道德的特征

会计职业道德是一般职业道德在会计行业中的特殊表征。会计职业道德除具有职业性、实践性、继承性和多样性等职业道德的一般特征外,还具有其特殊性。其特殊性主要体现在两个方面:一是具有一定的强制色彩;二是较多地关注社会公众利益。

(一)具有一定的强制色彩

一般的职业道德侧重于对人们行为动机和内心信念的调整,通常只是对最低限度的要求加以规范。会计职业道德不仅局限于会计领域,更是渗透于社会经济活动的各个方面,旨在维护社会经济秩序,具有广泛的社会性。为了强化会计职业道德对经济生活的调整职能,我国会计职业道德中的许多内容都已经直接纳入会计法律制度中。例如,我国的《中华人民共和国会计法》(以下简称《会计法》)、《会计基础工作规范》等对会计职业道德规范的内容进行了规定。这就要求会计从业人员必须依照法律规范的相关职业道德要求,从事会计职业活动。

(二)较多关注社会公众利益

会计人员的职业活动与社会公众利益密切相关,会计人员在从事会计职业活动中,经常会受到各种利益因素的驱动。当会计人员的个人利益与所在组织的利益及社会公众利益发生冲突时,便会产生会计职业道德危机。这就要求会计人员必须坚持职业道德的相关要求,把社会公众利益放在第一位。

三、会计职业道德的功能

会计职业道德的主要功能包括指导功能、评价功能和教化功能。

(一)指导功能

会计职业道德的指导功能,是指会计职业道德指导会计人员行为的功能。会计职业

[①] 习近平. 之江新语 [M]. 杭州:浙江人民出版社,2007.

德规范对会计人员的行为准则及行为动机提出要求，引导、规劝和约束会计人员树立良好的职业观念，遵循职业道德要求，从而达到规范会计职业道德行为的目的。

（二）评价功能

会计职业道德的评价功能，是指根据一定的会计职业道德标准对会计人员的行为和品质进行是非善恶的价值判断与评价。会计职业道德评价的主要形式有社会评价形式和自我评价形式。其中，社会评价形式是从社会角度来考察现实会计道德活动，借助外在力量来评价、制约和调节会计职业道德行为。自我评价形式是从会计人员角度来考察其自身职业道德行为及行为动机，主要依靠会计人员内在的力量来认识、评价和调节自己的行为。

（三）教化功能

会计职业道德的教化功能，是指会计职业道德对会计人员具有教育和感化的功能。会计职业道德的教化功能可以通过塑造典型人物、宣传典型事件、反思典型案例等形式展开，以深刻影响会计人员的职业道德观念和职业道德行为，让会计人员将践行职业道德行为由被动服从转为主动自觉。

四、会计职业道德的作用

会计职业道德的作用主要体现在以下几个方面。

（一）规范会计行为的基础

会计职业道德是规范会计行为的基础，有助于会计人员正确履行工作职责。会计人员的职业行为由会计人员内心意识所支配，而内心意识受会计人员职业道德的约束。在会计职业活动中，只有将爱岗敬业、诚实守信、客观公正、廉洁自律等职业道德规范的内容内化于会计人员的意识中，让会计人员从内心接受并认可，才能有效地规范会计人员的行为，使会计人员正确履行工作职责。

（二）实现会计目标的重要保证

会计职业道德是实现会计目标的重要保证，有助于提升会计信息的质量。会计目标是指会计所需要达到的目的，会计目标主要是生成和提供会计信息。为了保证会计所生成和提供的信息是客观的、可靠的、与决策相关的，而非虚假的、有遗漏的、误导决策的，就需要会计人员抵制各种利益的诱惑，坚守会计职业道德的要求，提升会计信息质量，保障会计目标的实现。

（三）提高会计人员素质的内在要求

会计职业道德是提高会计人员素质的内在要求，有助于会计人员综合素养的全面提升。随着社会经济的发展，企业对于会计人员的要求在不断提高。高素质的会计人员，不仅要有较强的理论知识和实践经验，更应具备良好的职业道德素养。只有具备良好的职业道德素养，会计人员才能履行好自身的工作职责和所承担的社会义务。因此，加强会计人员职业道德建设是会计人员实现全面发展、提高会计人员素质的内在要求。

（四）有助于净化会计从业环境

会计职业道德有助于净化会计从业环境，有助于增强社会公众对会计行业的信任。近年来，国内外频繁出现的会计造假事件使会计行业陷入了诚信危机。这种诚信危机与会计从业环境的不理想及会计人员的天然从属地位息息相关。因此,加强会计职业道德建设,从根本上杜绝会计造假事件的发生,有利于营造良好的工作氛围,净化会计行业的不良之风,重塑会计行业的诚信形象。

(五) 对会计法律制度的补充

会计职业道德是对会计法律制度的重要补充。道德和法律是维系社会经济秩序的重要手段,两者不可偏废。会计法律制度强调他律性特征,以法律条文的形式明确规定了会计人员必须遵守的行为准则和规范。会计职业道德则强调自律性特征,主要依靠社会舆论和心理活动来维系,是会计法律制度的重要补充。在现实中会计法律制度只能规范人的行为,而无法触及人的灵魂和动机,不能有效地解决会计职业活动中的所有问题,而必须依靠会计职业道德来调节。

第二节 财务会计人员的职责

一、财务会计的定义与目标

(一) 财务会计的定义

财务会计首先出现在美国,是在对传统会计进行继承的基础上发展起来的一个重要的会计分支,对于"财务会计"目前尚无一个公认的定义。

比较有代表性的是美国注册会计师协会[①]所属的会计原则委员会发表的第四号报告对财务会计的定义:"企业财务会计是会计的一个分支。它在下述的局限性之内,以货币即定量化的方式提供有关企业资源及义务的持续性历史,也提供改变那些资源及义务的经济活动的历史"。

中国著名会计学家葛家澍先生曾对财务会计做出一个较为全面的定义:"立足于主体(企业),面向市场,对企业已发生的交易与事项进行确认、计量、记录等程序,主要通过货币表现形式,以公认会计原则为依据,在财务报表内表述财务信息,并通过报表附注加以解释和补充。同时通过其他财务报告或其他手段,充分披露同财务会计有关的、不能够在表内或附注表述的、一切有助于使用者进行经济决策所需要(并有用)的财务、非财务、数量化或叙述性的信息"[②]。

(二) 财务会计的目标

财务会计的目标在不同理论下的解释有所不同。在受托责任理论下,财务会计的目标是对受托责任的履行情况进行确认、计量和报告,此时财务会计信息更多地强调可靠性,会计计量主要采用历史成本。在决策有用理论下,财务会计的目标是会计系统输出对决策

[①] 美国注册会计师协会(American Institute of Certified Public Accountants,简称 AICPA)成立于 1887 年,是美国的全国性会计职业组织。

[②] 葛家澍,杜兴强. 中级财务会计学 [M]. 北京:中国人民大学出版社,2007.

有用的信息，此时财务会计信息更多地强调相关性。会计计量在坚持历史成本外，如果采用其他计量属性能够提供更加相关信息的，会较多地采用除历史成本之外的其他计量属性。

财务会计的目的是通过向外部会计信息使用者提供有用的信息，以反映企业财务信息，帮助使用者做出相关决策。承担这一信息载体和功能的便是企业编制的财务报告，它是财务会计确认和计量的最终成果，是沟通企业管理层与外部信息使用者之间的桥梁和纽带。

我国财务会计报告的目标是向财务会计报告使用者提供与企业财务状况、经营成果和现金流量等有关的会计信息，反映企业管理层受托责任履行情况。财务会计报告使用者包括投资者、债权人、政府及其有关部门和社会公众等。满足投资者的信息需要是企业财务报告编制的首要出发点，通过向投资者提供与企业财务状况、经营成果和现金流量等有关的会计信息，有助于现在的或者潜在的投资者正确、合理地评价企业的资产质量、偿债能力、营利能力和营运效率等，有助于投资者根据相关会计信息做出理性的投资决策，有助于投资者评估与投资有关的未来现金流量的金额、时间和风险等。

企业贷款人、供应商等债权人通常十分关心企业的偿债能力和财务风险，他们需要信息来评估企业能否如期支付贷款本金及其利息、能否如期支付所欠购货款等；政府及其有关部门作为经济管理和经济监管部门，通常关心经济资源分配的公平、合理，市场经济秩序的公正、有序，宏观决策所依据信息的真实可靠等，因此，他们需要信息来监管企业的有关活动（尤其是经济活动）、制定税收政策、进行税收征管和国民经济统计等；社会公众也关心企业的生产经营活动，企业对所在地经济做出的贡献，如增加就业、刺激消费、提供社区服务等。

二、财务会计人员的职责

（一）基于工作内容的职责划分

《会计人员管理办法》中对财务会计人员的工作内容进行了规定，具体包括：出纳；稽核；资产、负债和所有者权益（净资产）的核算；收入、费用（支出）的核算；财务成果（政府预算执行结果）的核算；财务会计报告（决算报告）编制；会计监督；会计机构内会计档案管理；其他会计工作[①]。从财务会计人员从事的工作内容来看，财务会计人员的职责主要分为会计核算职责和会计监督职责两大类。

1. 财务会计人员应积极履行会计核算职责

财务会计人员在核算过程中必须根据实际发生的经济业务事项进行会计核算，填制会计凭证、登记会计账簿、编制财务会计报告，不得以虚假的经济业务事项或者资料进行会计核算。其中，实际发生的经济业务事项（引起会计要素发生增减变动的事项）包括两方面：一是各单位在生产经营或者预算执行等过程中发生的，并能够引起资金增减变化的事项（例如现金的收付、财物收发结存等）；二是虽不引起资金增减变化，但需要在会计账簿中记录和反映的各种事项（例如费用的合理分摊分配、有关账项结转等）。

---

① 具体可参考财政部于2018年12月6日发布的《会计人员管理办法》（财会〔2018〕33号）中的相关规定，该办法自2019年1月1日起实施。

2. 财务会计人员应积极履行会计监督职责

单位内部会计监督是指会计机构、会计人员依照法律的规定，通过会计手段对经济活动的合法性、合理性和有效性进行的一种监督。会计机构、会计人员应当忠于职守，认真履行监督职责，不得放弃原则，不得失职、渎职，更不能与违法者同流合污。一切妨碍、阻扰会计机构、会计人员进行会计监督的行为都是违法行为。任何人都应支持会计机构、会计人员依法行使会计监督权。具体职责包括：一是依法开展会计监督，对违反《会计法》和国家统一的会计制度规定的会计事项，有权拒绝办理或者按照职权予以纠正；二是对单位内部的会计资料和财产物资实施监督。会计机构和会计人员发现会计账簿记录与实物、款项及有关资料不相符的，按照国家统一的会计制度的规定有权自行处理的，应当及时处理；无权处理的，应当立即向单位负责人报告，请求查明原因，做出处理。

（二）基于管理层级的职责划分

财务会计人员的职责按照管理层级划分，通常包括首席财务官的职责、财务会计管理层的职责和财务会计员工的职责。

1. 首席财务官的职责

首席财务官（Chief Financial Officer，简称 CFO），是企业内部对整个财务部门和财务工作负最终责任的最高级财务官员，也是现代公司中最重要、最有价值的顶尖管理职位之一。在不同的组织中，首席财务官的称谓有所不同，如财务总监、总会计师等。我国 2017 年新修订发布的《会计法》①中规定，"国有的和国有资产占控股地位或者主导地位的大、中型企业必须设置总会计师。总会计师的任职资格、任免程序、职责权限由国务院规定。"

首席财务官的主要职责包括（但不限于下列）：制定公司财务、税务及投融资等事务的发展战略；建立健全财务相关的管理体系；根据公司的业务发展战略和组织架构，制定公司的财务管理策略，对业务发展提供有效支持；合理分析评估公司财务状况，为管理层提供财务、税务、资金管理的合理化建议和决策支持；参与公司战略规划及重要事项的策略制定，包括公司重大经营性、投资性、融资性的项目等；负责财务报表流程的建立并监督执行，对外财务信息披露，法定审计协调；负责会计制度和会计政策管理，执行财务检查；制定、管理和实施公司的财务标准和流程，有效控制、规避各项风险；负责财务信息系统的建设和管理，确保有效运行；总经理安排的其他工作任务。

2. 财务会计管理层的职责

财务会计部门的管理可以设置多个层级的主管或经理，以监督和指导现场财务会计人员的工作，推动有效财务会计职能的建立。财务经理或主管通常是某个领域（资金、成本或报表编制等领域）的专家，在职位要求中通常需要具备会计师资格。

财务经理或主管根据其所负责的不同会计工作领域，其职责内容也有所不同。例如，对于资金主管来讲，其具体职责包括（但不限于下列）：在首席财务官的领导下，负责全公司资金运作方面的管理与操作；管理日常的公司内部转账业务；管理全公司对外付款工

---

① 1985 年 1 月 21 日第六届全国人民代表大会常务委员会第九次会议通过，现行版本为根据 2017 年 11 月 4 日第十二届全国人民代表大会常务委员会第三十次会议《关于修改〈中华人民共和国会计法〉等十一部法律的决定》第二次修正版本。

作；管理全公司的费用报销工作；监督督促业务部门应收账款的回收工作；负责与银行联系，维护好与银行的合作关系，及时准确地完成银行授信、银行承兑汇票开具及银行承兑汇票贴现等工作；制订和完善公司资金管理制度及管理流程，并对公司内部各机构的资金工作执行进行监督管理，保证资金的安全使用；向公司管理层提供资金预测报表，以提高资金使用效率。

3. 财务会计员工的职责

财务会计员工应当在财务经理或主管的领导下，负责完成指定的财务会计任务（如资金核算、成本核算等）。例如，对于资金核算会计而言，具体职责包括（但不限于下列）：严格按照公司有关现金管理和银行结算制度的规定，根据授权人员审核签章的收付凭证进行复核和结算操作；保管与收付费业务相关的单证、票据；规范公司银行账户的使用、维护，保证资金结算的及时性和规范性；及时与各银行进行定期对账，确保各银行账户余额的准确性。

第三节　财务会计人员职业道德规范

财务会计人员职业道德是指财务会计人员在进行财务会计活动、处理财务会计关系时应遵循的、体现财务会计职业特征的、协调财务会计利益关系的职业行为准则，是会计人员满足社会需要、承担社会责任、履行社会义务的总体要求，也是财务人员的基本职业规范。

一、财务会计人员职业道德规范的相关规定

《会计法》从法律层面对财务会计人员遵守职业道德进行了规定，一方面要求财务会计人员遵守职业道德，另一方面对严重违反职业道德行为的法律后果进行了规定。例如，第五章第三十九条规定："会计人员应当遵守职业道德，提高业务素质。"第五章第四十条规定："因有提供虚假财务会计报告，做假账，隐匿或者故意销毁会计凭证、会计账簿、财务会计报告，贪污，挪用公款，职务侵占等与会计职务的有关违法行为被依法追究刑事责任的人员，不得再从事会计工作。"

《会计基础工作规范》①第二章第二节规定了财务会计人员的职业道德规范的相关内容。具体包括如下一些内容。

第十七条：会计人员在会计工作中应当遵守职业道德，树立良好的职业品质、严谨的工作作风，严守工作纪律，努力提高工作效率和工作质量。

第十八条：会计人员应当热爱本职工作，努力钻研业务，使自己的知识和技能适应所从事工作的要求。

第十九条：会计人员应当熟悉财经法律、法规、规章和国家统一的会计制度，并结合

---

① 《会计基础工作规范》现行版本为根据 2019 年 3 月 14 日《财政部关于修改〈代理记账管理办法〉等 2 部部门规章的决定》（中华人民共和国财政部令第 98 号）修改的版本，自发布之日起实施。

会计工作进行广泛宣传。

第二十条：会计人员应当按照会计法规、法规和国家统一的会计制度规定的程序和要求进行会计工作，保证所提供的会计信息合法、真实、准确、及时、完整。

第二十一条：会计人员办理会计事务应当实事求是、客观公正。

第二十二条：会计人员应当熟悉本单位的生产经营和业务管理情况，运用掌握的会计信息和会计方法，为改善单位内部管理、提高经济效益服务。

第二十三条：会计人员应当保守本单位的商业秘密。除法律规定和单位领导人同意外，不能私自向外界提供或者泄露单位的会计信息。

第二十四条：财政部门、业务主管部门和各单位应当定期检查会计人员遵守职业道德的情况，并作为会计人员晋升、晋级、聘任专业职务、表彰奖励的重要考核依据。会计人员违反职业道德的，由所在单位进行处理。

二、财务会计人员职业道德规范的主要内容

财务会计人员职业道德是会计职业分工的产物，既要体现财务会计职业的特殊性，又要反映财务会计职业的内在义务和社会责任。1996年，财政部发布《会计基础工作规范》，首次较为系统地提出了会计人员的职业道德要求。之后，陆续出台的相关会计法律法规从不同方面对财务会计人员职业道德规范进行了完善和补充。会计从业资格考试（已取消）曾经的考试科目之一《财经法规与会计职业道德》中对财务会计人员职业道德规范的内容做了较为全面的介绍[①]。具体包括：爱岗敬业、诚实守信、廉洁自律、客观公正、坚持准则、提高技能、参与管理和强化服务。

（一）爱岗敬业

1. 爱岗敬业的含义

爱岗敬业是指忠于职守的事业精神，这是会计职业道德的基础。其中爱岗是指财务会计人员热爱本职工作，安心本职岗位，并为做好本职工作尽心尽力、尽职尽责。敬业是指人们对其所从事的会计职业或行业的正确认识和恭敬态度，并用这种严肃恭敬的态度，认真对待本职工作，将身心与本职工作融为一体。爱岗和敬业，互为前提，相互支持，相辅相成。"爱岗"是"敬业"的基石，"敬业"是"爱岗"的升华。如果不爱岗，不能忠于职守于自己的工作岗位，就谈不上敬业。如果没有敬业精神，对工作缺乏严肃认真的态度，也就无从谈起爱岗。

2. 爱岗敬业的基本要求

（1）正确认识会计职业，树立职业荣誉感。经济越发展，会计越重要。财务会计人员要正确认识会计工作在企业的重要地位和重要作用，热爱财务会计工作，克服"懒""惰""拖"的不良习惯和作风，树立职业荣誉感。

（2）热爱会计工作，敬重会计职业。财务会计人员要正确认识会计职业，珍惜会计工

[①] 2017年新修订的《会计法》删除了"从事会计工作的人员，必须取得会计从业资格证书"的规定，修改为："会计人员应当具备从事会计工作所需要的专业能力。"会计从业资格考试随即取消。但是作为会计从业资格曾经的考试科目之一的《财经法规与会计职业道德》中关于会计职业道德的相关内容依然值得借鉴。

作岗位，做到"干一行，爱一行"，敬重会计职业。

（3）安心工作，任劳任怨。财务会计人员要安心干好本职工作，发扬不怕吃苦的实干精神，不计较个人得失的忘我精神。

（4）严肃认真，一丝不苟。要严肃认真，对一切不合法、不合理的业务开支要把好关口。要一丝不苟，绝不能有"都是熟人不会错"的麻痹思想和"马马虎虎"的工作作风。

（5）忠于职守，尽职尽责。忠于职守主要表现为三个方面，即忠实于服务主体、忠实于社会公众、忠实于国家。

（二）诚实守信

1. 诚实守信的含义

诚实守信是做人的基本准则，也是会计职业道德的精髓。诚实是指言行跟内心思想一致，不弄虚作假、不欺上瞒下，做老实人、说老实话、办老实事；守信就是遵守自己所做出的承诺，讲信用，重信用，信守诺言，保守秘密。

中国现代会计学之父潘序伦先生认为，立信是做人的重要准则，同时也是会计的职业道德。他曾说："立信，乃会计之本"。他终身倡导："信以立志，信以守身，信以处事，信以待人，毋忘'立信'，当必有成"。

2. 诚实守信的基本要求

（1）做老实人，说老实话，办老实事，不弄虚作假。做老实人，要求财务会计人员言行一致，表里如一，光明正大。说老实话，要求财务会计人员说话诚实，是一说一，是二说二，不夸大事实，不缩小事实，不隐瞒事实，不歪曲事实，如实反映和披露单位的各项经济业务事项；办老实事，要求财务会计人员踏踏实实工作，不弄虚作假，不欺上瞒下。

（2）保守秘密，不为利益所诱惑。财务会计人员应依法保守单位商业秘密，除法律规定和单位领导人同意外，不能将工作过程中所获知的商业秘密用于谋取私利，或者向外界提供，泄露给第三方以谋取私利。

（三）廉洁自律

1. 廉洁自律的含义

廉洁自律是会计职业道德的前提，这既是会计职业道德的内在要求，也是会计职业声誉的试金石。廉洁是指不收受贿赂、不贪污钱财，保持清白；自律是指自律主体按照一定的标准，自己约束自己、自己控制自己的言行和思想的过程。廉洁是自律的基础，自律是廉洁的保证。自律的核心就是用道德观念自觉地抵制自己的不良欲望。

2. 廉洁自律的基本要求

（1）树立正确的人生观和价值观。财务会计人员要树立正确的人生观和价值观，自觉抵制享乐主义、个人主义、拜金主义等不良思想的侵蚀，不断提升自身的道德修养水平。

（2）公私分明，不贪不占。公私分明，是指严格划分公私界线，公是公，私是私。不贪不占，是指财务会计人员不贪、不占、不收礼、不同流合污。

（3）遵纪守法，一身正气。首先，财务会计人员要遵纪守法，一身正气，要有红线原则，不违法乱纪，增强抵制行业不正之风的能力。

（四）客观公正

1. 客观公正的含义

客观公正是会计职业道德追求的理想目标。客观是公正的基础，公正是客观的反映。

客观是指按事物的本来面目去反映，不掺杂个人的主观意愿，也不为他人意见所左右。对于财务会计工作而言，客观要求企业应当以实际发生的交易或者事项为依据进行确认、记录、计量和报告，如实反映符合确认和计量要求的各项会计要素及其他相关信息，保证会计信息真实可靠、内容完整。会计信息应当确保是中立的、无偏的。如果为了达到事先设定的结果或效果，通过选择或列示有关会计信息以影响决策和判断的，就不是中立的。

公正就是平等、公平、正直，没有偏失。对于财务会计工作而言，公正一方面体现在所有的会计主体都能平等地运用会计准则和会计制度，而不会因某一特定主体的运用较其他主体的运用获得更大的优势，另一方面体现在执行会计准则和会计制度的人能公正地开展会计核算和会计监督工作，不偏不倚地对待相关利益各方。

2. 客观公正的基本要求

（1）依法办事。依法办事是财务会计工作保证客观公正的前提。财务会计人员在会计核算和会计监督中，要以《会计法》《企业会计准则》《企业会计制度》等法律、法规和制度为准绳。

（2）实事求是。客观公正贯穿会计活动的整个过程。首先是会计核算过程要客观公正。财务会计人员进行会计处理时，特别是需要运用职业判断时，要以事实为基础，秉持客观公正的态度，做到不偏不倚。其次是最终结果要公正。财务会计人员对经济业务的处理结果是公正的，这一处理结果即使由第三方来评判，依然是公正的。

（3）如实反映。财务会计人员在开展会计核算时，应当以实际发生的交易或事项为依据，如实反映企业的财务状况、经营成果和现金流量，绝不能弄虚作假。

（五）坚持准则

1. 坚持准则的含义

坚持准则是指财务会计人员在处理业务的过程中，严格按照会计法律制度办事，不为主观或他人意志所左右。这里所说的"准则"不仅指会计准则，而且包括会计法律、国家统一的会计制度，以及与会计工作相关的法律制度。坚持准则是会计职业道德的核心。

2. 坚持准则的基本要求

（1）熟悉准则。熟悉准则要求财务会计人员应熟悉《会计法》和国家统一的会计制度及与会计相关的法律制度，这是遵循准则的前提。

（2）遵循准则。遵循准则即要求财务会计人员在会计核算和监督时要自觉地严格遵守各项准则进行业务处理，同时也要求他人遵守准则，对不合法、不符合国家统一的会计制度要求的事项不予受理。

（3）敢于同违法行为做斗争。财务会计人员在熟悉和遵循准则的基础上，要坚持准则，敢于同违法行为做斗争，不仅要对单位负责，也要对法律负责，对国家和社会公众负责。

（六）提高技能

1. 提高技能的含义

提高技能是指财务会计人员通过学习、培训和实践等途径，持续提高会计职业技能，以达到和维持足够的专业胜任能力的活动。作为一名财务会计工作者，必须不断地提高其职业技能，这既是财务会计人员的义务，也是在职业活动中做到客观公正、坚持准则的基础，是参与管理的前提。财务会计职业技能包括财务会计理论水平、财务会计实务能力、财务会计职业判断能力、沟通交流能力，以及职业经验等。不同岗位、不同级次的财务会计人员有不同的技能要求。

2. 提高技能的基本要求

（1）具有不断提高专业技能的意识和愿望。只有具备不断提高财务会计专业技能的意识和愿望，才会主动学习、不断进取，做到"活到老、学到老"。

（2）具有勤学苦练的精神和科学的学习方法。只有具有勤学苦练的精神，才能不断提高自己的会计理论水平、会计实务能力和职业判断能力，才能不断适应大数据、互联网环境下的新变化，推动自己会计职业的不断发展。掌握科学的学习方法，要做到理论学习与社会实践相结合，学以致用，积极参加会计实践活动，在实践中不断提高自己的职业水平。

（七）参与管理

1. 参与管理的含义

参与管理，就是间接地参加管理活动，为管理者当参谋，为管理活动服务。财务会计人员应当树立参与管理的意识，在业务处理过程中，积极利用财务数据对企业的生产经营状况进行分析，为提升企业经营管理提供合理化建议，支持管理活动，服务管理活动，为管理者做好参谋。

2. 参与管理的基本要求

（1）努力钻研业务，熟悉财经法规和相关制度，提高业务技能，为参与管理打下基础。娴熟的业务、精湛的技能是财务会计人员参与管理的前提。财务会计人员应当努力钻研业务，持续提高业务技能，熟悉企业的各项财经法规与管理制度，这样才能更好地参与管理。

（2）熟悉服务对象的经营活动和业务流程，使管理活动更具针对性和有效性。财务会计人员应当熟悉本单位生产、采购、销售、研发等各方面的经营活动和业务流程，深入业务，使财务与业务不断融合，利用财务工作中的信息优势，积极参与企业管理，为管理活动改善和经济效益提升提出更多具有针对性和有效性的建议。

（八）强化服务

1. 强化服务的含义

强化服务就是要求财务会计人员具有文明的服务态度、强烈的服务意识和优良的服务质量。会计职业强化服务的结果，就是奉献社会。如果说爱岗敬业是会计职业道德的出发点，那么，强化服务、奉献社会就是会计职业道德的归宿点。

2. 强化服务的基本要求

（1）强化服务意识。财务会计人员在为单位和社会公众服务的过程中，要树立强烈的服务意识。只有树立了强烈的服务意识，才能履行好会计职责，为单位和社会经济发展做出应有的贡献。

（2）提高服务质量。在财务会计工作中提供质量上乘的服务，并非无原则地满足服务主体的需要，而是在坚持原则、坚持会计准则的基础上尽量满足用户或服务主体的需要。此外，提高服务质量要有创新意识。

第四节　财务会计人员职业道德困境及应对

很多财务会计人员认为提高专业技术能力很重要，并通过不断获取更高的资格证书来证明自己的专业技术能力，在教育阶段花费大量的精力和金钱用于提升自身的专业能力。但是纵观国内外大量的会计造假事件，很少是因为专业技术能力问题而导致的。相反，很多会计造假事件，是因为违背了诚实守信、客观公正、廉洁自律等职业道德规范所导致的。为什么会发生这种现象？这与财务会计人员所面临的职业道德困境相关。

一、财务会计人员职业道德困境的含义

从职业和岗位角色来看，财务会计人员属于会计行业的从业人员，应当遵循会计职业道德规范，按照国家统一的会计制度及相关法律规定要求，如实地反映企业经济业务的实际情况，将会计信息提供给信息使用者。同时财务会计人员又属于企业的员工，应该站在企业角度，维护企业利益。但是，在实际工作中，当财务会计人员遵循职业道德去维护股东、金融机构、社会公众等主体的利益时，可能会与企业，特别是企业管理层的利益相冲突，这样就产生了职业道德困境。

二、财务会计人员职业道德困境的类型

财务会计人员职业道德困境主要是会计信息涉及的利益相关者众多引起的。这些利益相关者之间的利益通常不一致，关注的会计信息重点也不同。财务会计人员在提供会计信息的过程中，经常会面临利益相关者利益不一致所导致的职业道德困境。其中比较典型的职业道德困境有以下三种。

（一）管理层利益与企业利益相矛盾导致的职业道德困境

在现代企业中，所有权与经营权相分离，股东不直接参与企业的经营管理，而是通过聘请经理人的方式来管理企业。股东为了考核职业经理人是否完成了股东所委托的任务，就需要依据企业经营绩效信息，会计信息就成为判断经理人绩效的依据。因此，经理人就有动机对会计信息施加影响，并运用职位权力向财务会计人员施压。当财务会计人员面临来自上级的不恰当的施压，同时考虑到会计准则、职业道德的要求时，就会产生职业道德困境。

（二）金融机构利益与企业利益相矛盾导致的职业道德困境

企业为了实现持续发展，通常有融资需求。为了融资方案能够顺利通过金融机构的审

核,企业经理人可能会对财务会计人员进行施压,要求其执行不恰当的会计处理和信息披露。一方是金融机构的利益,另一方是企业的利益,在此情形下,财务会计人员会产生职业道德困境。

(三)政府利益与企业利益相矛盾导致的职业道德困境

企业在申请政府补贴的过程中,为了使政府补贴的申请方案能够通过政府部门的审核,企业经理人可能对财务会计人员进行施压,要求其执行不恰当的会计处理和信息披露。一方是政府部门的利益,另一方是企业的利益,在此情形下,财务会计人员也会产生职业道德困境。

三、财务会计人员职业道德困境的潜在损害

财务会计人员面临职业道德困境,有可能导致其做出违反职业道德规范的会计行为,进而对企业、个人及其他利益相关者造成损害。其潜在损害具体表现在以下三个方面。

(一)损害企业的会计信息质量

在职业道德困境下,如果财务会计人员屈从于经理人的压力,进行不恰当的会计处理,并将相关会计信息进行披露,将严重损害企业会计信息的质量。

1. 虚假披露

企业违反信息披露的真实性要求,通过不合法的手段虚构账目,不遵守相关的法律法规进行账务处理,人为粉饰财务报表,向外部披露虚假财务信息。例如多计收入、少计成本等。

2. 披露部分会计信息

企业违反信息披露的完整性要求,有选择性地披露愿意披露的事项,而未进行充分、完整的披露。例如,会计信息披露时,报喜不报忧,仅披露对企业利好的消息,而对于不好的消息,选择性地不予披露,从而对信息使用者形成误导。

3. 选择会计信息披露时机

企业违反信息披露的及时性要求,根据自身需要,在信息披露的时机上进行选择,提前或者延后披露会计信息。对于信息披露的时间,资本市场虽然制定了相关要求,但是管理层依然拥有自主选择的空间。对于财务报告等定期公告的披露时间,管理层的自主决策权和机动灵活性都较弱;对于业绩预告的披露时间,管理层相对而言具有较大的时间选择空间。"提前披露好消息,延迟披露坏消息"就是典型的披露时机选择行为。

4. 含糊披露

企业违反信息披露的准确性要求,会计信息披露的语言含糊不清、模棱两可、避重就轻、避实就虚,给信息使用者很大猜测空间。企业会计信息的含糊披露,使信息使用者对企业会计信息披露的内容难以达成共识,降低信息使用者对企业坏消息的负面反应,从而实现掩盖事实真相的目的。

(二)损害利益相关者的利益

在职业道德困境下,如果财务会计人员屈从于经理人的压力,进行不恰当的会计处理,并将相关会计信息进行披露,若利益相关者根据质量受损的会计信息做出决策,将严

重损害利益相关者的利益。

会计信息的利益相关者包括股东、债权人、客户、供应商、政府部门等。对于股东来讲，若会计信息存在问题，将严重误导股东对企业资产质量、偿债能力、营利能力和营运效率等的合理评价，进而做出错误的投资决策，损害股东的利益。对于债权人和供应商来讲，若会计信息存在问题，将严重误导债权人、供应商对企业偿债能力和财务风险的合理评价，进而做出错误的借贷决策，损害债权人和供应商的利益。对于客户来讲，若会计信息存在问题，将严重误导客户对企业资信状况的合理评价，进而做出错误的购买决策，损害客户的利益。对于政府部门来讲，若企业根据严重扭曲的会计信息申报纳税、申请财政补贴，由此可能会给政府部门带来税收、财政资金上的损失。此外，若政府监管机构依据严重扭曲的会计信息对企业税负、产值、就业等方面进行评价，据此得出的宏观决策也将难以发挥实效，对政府监管机构的利益形成损害。

（三）损害财务会计人员的职业信誉

在职业道德困境下，如果财务会计人员屈从于经理人的压力，进行不恰当的会计处理，将相关会计信息进行披露，或用于申报纳税等，可能违反法律法规的规定，可能导致财务会计人员受到法律的制裁，成为会计领域违法失信当事人，并计入会计人员个人诚信档案中，甚至被纳入会计人员严重失信"黑名单"中，被禁止从事会计职业，严重损害其职业信誉。

四、财务会计人员职业道德困境的应对

当不同利益主体的利益不一致，导致财务会计人员陷入职业道德困境时，财务会计人员应积极寻找解决办法。

首先，当企业利益与国家利益、社会公众利益冲突时，财务会计人员应该忠实于国家、忠实于社会公众，承担起维护国家和社会公众利益的责任。

其次，当财务会计人员面临职业道德困境时，可以收集相关信息，并确认职业道德困境问题是否确实存在；确定职业道德困境问题可能违反的基本原则或法律法规；确定在道德困境解决过程中需要涉及的人员；拟定解决道德困境的方案并评估其预期结果；实施行动方案。

再次，当财务会计人员面临职业道德困境时，可以向上级领导、审计委员会或其他负责的组织寻求建议；可以向会计师协会等职业组织寻求建议；在必要时，也可以寻求法律的援助，向律师、法务人员等进行咨询；在一些情况下，财务会计人员可以选择脱离组织，从组织中辞职。

此外，财务会计人员应优先支持企业建立合法且符合道德标准的目标，以协调利益相关者之间的利益冲突，并为实现这些目标而制定相应的规则和程序，以减少具体实施过程中由于职责的模糊不清而导致潜在冲突的频繁发生。但在这一过程中，不应该违反法律法规、违反职业道德规范，应用不道德或非法的盈余管理手段，向外部审计人员说谎或对审计人员进行误导，在严重歪曲事实的基础上签名或与此声明有关联[①]。

---

① 张曾莲. 商业伦理与会计职业道德［M］. 北京：经济管理出版社，2015.

第五节 财务舞弊的道德透视

一、财务舞弊的内涵及类型

（一）财务舞弊的内涵

美国注册会计师协会第 16 号审计准则（SAS16）[①] 指出，"舞弊指故意编造虚假的财务报告，可能是漏列或错误地反映事项与经纪业务的结果，篡改、伪造记录或文件，从记录或文件中删除重要的信息，记录没有实现的交易，蓄意乱用会计原则，以及为管理人员、雇员或第三方的利益随意侵吞资产"。我国 2019 年 2 月发布的新修订《中国注册会计师审计准则第 1141 号——财务报表审计中与舞弊相关的责任》[②] 中，将舞弊定义为："舞弊是指被审计单位的管理层、治理层、员工或第三方使用欺骗手段获取不当或非法利益的故意行为。"

舞弊行为主体的范围很广，可能是企业的管理层、治理层、员工或第三方。涉及管理层或治理层一个或多个成员的舞弊通常被称为"管理层舞弊"，只涉及员工的舞弊通常被称为"员工舞弊"。无论是何种舞弊，都有可能涉及企业内部或与外部第三方的串谋，而舞弊行为的目的则是为特定个人或利益集团获取不当或非法利益，其性质是一种故意行为。在实务中，要注意舞弊和错误的区别，舞弊与错误有本质的区别。错误是指导致财务报表错报的非故意的行为。错误的主要情形包括：为编制财务报表而收集和处理数据时发生失误；由于疏忽和误解有关事实而做出不恰当的会计估计；在运用与确认、计量、分类或列报（包括披露）相关的会计政策时发生失误。因此，区分舞弊和错误的标准是，导致错报的行为是否出于故意。若错报的行为是出于故意行为，则为舞弊；若错报的行为是出于非故意行为，则为错误。

（二）财务舞弊的类型

财务舞弊通常分为两种类型：一类是对财务信息做出虚假报告，另一类是侵占资产。

1. 对财务信息做出虚假报告

对财务信息做出虚假报告是指企业出具的财务报告不符合公认会计准则以及现行法律法规规定，不能如实对外提供反映企业某一特定日期财务状况和某一会计期间经营成果、现金流量的财务报告。通常表现为：对财务报表所依据的会计记录或相关文件记录的操纵、伪造或篡改；对交易、事项或其他重要信息在财务报表中的不真实表达或故意遗漏；对与确认、计量、分类或列报有关的会计政策和会计估计的故意误用。

[①] AICPA SAS NO.16, Consideration of Fraud in a financial statement audit, 1977.

[②] 财政部于 2019 年 2 月 20 日发布了新修订的《中国注册会计师审计准则第 1101 号——注册会计师的总体目标和审计工作的基本要求》等 18 项审计准则，其中包括《中国注册会计师审计准则第 1141 号——财务报表审计中与舞弊相关的责任》，于 2019 年 7 月 1 日起施行。

2. 侵占资产

侵占资产是指被企业管理层或员工非法占用本企业的资产。侵占资产通常伴随着虚假或误导性的文件记录，其目的是隐瞒资产缺失或未经适当授权使用资产的事实。具体行为包括盗窃或挪用现金、存货等资产，贪污款项等。

二、财务舞弊的动因

（一）理论体系

国外关于财务舞弊动因理论的研究比较成熟，主要理论有冰山理论，即舞弊二因素理论；舞弊三角理论，即舞弊三因素理论；舞弊 GONE 理论，即舞弊四因素理论；舞弊风险因子理论，即舞弊多因素理论。

20 世纪 70 年代，加拿大会计学家罗伯特·林德奎斯特（Robert Lindquist）将心理学中的冰山理论引入了管理学当中，并由此提出了著名的财务舞弊冰山理论，同时也被称为舞弊二因素理论。冰山理论把舞弊看作海面上的冰山，露在海平面上的只是冰山一角，更庞大、更危害的部分则藏在海平面之下。该理论从结构和行为方面考察舞弊，冰山以上的部分就是可观察到的结构部分，即容易被人们所发现的组织管理问题；而冰山以下的部分则是难以被观察到的行为部分，这一部分通常带有主观和个性化色彩，更容易被刻意隐藏起来。冰山理论说明，一个公司是否可能发生财务舞弊，不仅取决于其内部控制制度是否健全和严密，更重要的是取决于该公司是否存在财务压力，是否有潜在的败德可能性。该理论强调：在舞弊风险因素中，个性化的行为因素更为危险，必须多加注意。审计师在进行审计时，不仅应对内部控制、内部管理等结构方面的内容进行关注与评价，而且更应注重个体行为因素的影响，用职业判断分析和挖掘人性方面的舞弊危险[①]。舞弊冰山理论可用图 4-1 简单诠释。

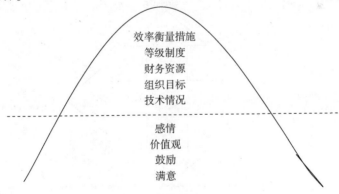

图 4-1 舞弊冰山理论

舞弊三角理论由美国著名会计学家史蒂文·阿伯雷齐特（Albrecht）等于 1986 年首次提出，该理论认为企业发生财务舞弊主要有三个因素，即机会、压力、借口，如图 4-2 所示。这三项必须同时具备，缺一不可。其中，舞弊机会是指企业能够进行财务舞弊而不被发现或能够逃脱惩罚的时机，譬如企业缺乏完善的内部管理制度或缺乏发现舞弊行为的制

---

① 孙青霞，韩传模．会计舞弊识别研究经典文献导读 [M]．北京：经济管理出版社，2012．

度等；舞弊压力则是指驱使企业或个人进行舞弊行为的动机，譬如经济压力或工作压力等；借口因素则是指舞弊者必须找到一个看似合理的理由说服自己对舞弊行为的认同感。舞弊三角理论说明，防范和治理财务舞弊既要通过加强内部控制消除舞弊机会，还应通过消除"压力"和"自我合理化借口"来抑制舞弊①。

图 4-2　舞弊三角理论

GONE 理论由伯洛格那（Bologna）等人在总结舞弊三角理论的基础上于 1993 年提出，该理论认为财务舞弊因素由贪婪（Greed：G）、机会（Opportunity：O）、需求（Need：N）、暴露（Exposure：E）四个因子组成，如图 4-3 所示。其中，贪婪和需求是以行为人视角来看，即个人因利益的渴望产生贪婪之心，为获得巨额利益有了舞弊的念头；而机会和暴露则从组织视角来看，当内控和监管失效时，舞弊就有了机会，这时企业的精心策划和外部审计、监管组织的包庇或失职则使舞弊被发现的可能性减小，同时舞弊暴露后如果惩罚程度较小，则会增加再次舞弊的可能性。GONE 理论将三角理论中舞弊的动机解释为舞弊者的"需要"；将合理化的借口解释为与行为人道德价值取向有关的"贪婪"，另外还补充了"暴露"因素，确保舞弊动因理论能够对外部环境因素进行充分考虑②。

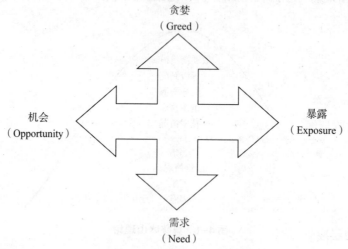

图 4-3　舞弊 GONE 理论

---

① Albrecht W S, Romney M B, Cherrington D J, et al. Red-flagging management fraud: a validation [J]. Advances in Accounting, 1986, 3: 323-333.

② Bologna G Jack, Lindquist Robert J, Wells Joseph T. The accountant's handbook of fraud and commercial crime [M]. John Wiley&Sons Inc, 1993.

在 GONE 理论的基础上，伯洛格那（Bologna）等人于 1995 年提出舞弊风险因子理论，这是迄今为止最完善的关于舞弊动因分析的理论。该理论认为，企业进行舞弊行为的动因主要分为个别风险因子与一般风险因子。其中，一般风险因子又可以细分为三部分，即财务舞弊的机会、被发现的可能性，以及被发现后受到惩罚的性质与程度，主要是基于组织角度；而个别风险因子通常是从个人角度入手，组织并不能对其进行有效控制，通常指的是动机与道德品质。而当上述两种风险因子交叉时，便会滋生舞弊行为①。

（二）实务动机

在实务工作中，企业进行财务舞弊的动机较为具体，主要包括以下几点。②

1. 迎合市场预期或特定监管要求

例如，迎合资本市场上财务分析师对公司业绩的预期，或者迎合监管机构所设定的作为特定行为先决条件的"门槛"指标。

2. 牟取以财务业绩为基础的私人报酬最大化

例如，在管理层的私人报酬与被审计单位的财务业绩直接挂钩的情况下，往往会导致管理层出于追求私人报酬最大化的动机而歪曲财务业绩数据和指标。

3. 偷逃或骗取税款

例如，企业通过故意少记、漏记作为计税依据的业务收入、当期利润等财务信息，以达到少交或不交税金的目的；或者通过伪造业务和财务信息，达到骗取出口退税或不当享受税收优惠的目的。

4. 骗取外部资金

例如，企业不符合相应条件或资质要求，但为了达到增资扩股、取得银行贷款或商业信用等融资目的，通过粉饰财务信息的方式，来掩盖事实真相，骗取投资者、债权人的资金。

5. 掩盖侵占资产的事实

例如，企业收取客户的现金资产，而不入账，不进行会计处理，从而达到侵占资产的目的。

三、财务舞弊的手段

对财务信息做出虚假报告的行为往往是受到被审计单位管理层的授意和掌控的，因此，通常与管理层凌驾于控制之上有关③。国内外典型上市公司的财务舞弊手段如表 4-1 所示。

---

① Bologna G Jack, Lindquist Robert J. Fraud Auditing and Forensic Accounting: New Tools and Techniqu-es [M]. John Wiley&Sons Inc. 1995.

② 中国注册会计师协会组织. 审计 [M]. 北京：中国财政经济出版社. 2019.

③ 详见中国注册会计师协会于 2019 年 3 月 29 日发布的《中国注册会计师审计准则第 1141 号——财务报表审计中与舞弊相关的责任》应用指南中关于管理层通过凌驾于控制之上实施舞弊的重要手段和侵占资产的手段。

表 4-1　国内外典型上市公司的财务舞弊手段

公司名称	财务舞弊手段
安然公司	将负债转移到表外特殊目的的实体；将减少的资产销售给其控制的特殊目的实体来确认收入；进行循环交易，例如在确认销售收入和利润后将资产还给安然；大量的其他关联方交易
东芝公司	公司在完工百分比法（例如合同成本的总金额低估、合同损失没有及时记录）、运营费用记录（例如通过操纵标准成本与实际成本之间的差额分配方法，来操纵利润）、存货估值（例如延期记录运营费用）等方面采用不恰当的会计处理，导致在 2008～2014 年 7 个财年累计发生的错报额达 2 248 亿日元，占更正前税前利润的 38.56%
欣泰电气	通过外部借款、使用自有资金或伪造银行单据的方式虚构应收账款的收回，在年末、半年末等会计期末冲减应收款项（大部分在下一会计期期初冲回），致使其在向中国证监会报送的 IPO 申请文件中相关财务数据存在虚假记载
康美药业	通过伪造、变造增值税发票等方式虚增营业收入；通过财务不记账、虚假记账，伪造、变造大额定期存单或银行对账单，配合营业收入造假伪造回款等方式，虚增货币资金；将前期未纳入报表的 6 个工程项目纳入表内，虚增固定资产、在建工程、投资性房地产

（资料来源：财经类网站及证监会的相关处罚报告）

管理层通过凌驾于控制之上实施舞弊的重要手段有以下几种。

（1）做出虚假会计分录，特别是在临近会计期末时，从而操纵经营成果或实现其他目的。

（2）不恰当地调整对账户余额做出估计时使用的假设和判断。

（3）在财务报表中漏记、提前或推迟确认报告期内发生的事项和交易。

（4）遗漏、掩盖或歪曲适用的财务报告编制基础要求的披露或为实现公允反映所需的披露。

（5）隐瞒可能影响财务报表金额的事实。

（6）构造复杂交易，以歪曲财务状况或经营成果。

（7）篡改与重大和异常交易相关的记录和条款。

侵占资产的手段主要包括以下几种。

（1）贪污收入的款项。

（2）盗窃实物资产或无形资产。

（3）使被审计单位对未收到的商品或未接受的劳务付款。

（4）将被审计单位资产挪为私用。

四、财务舞弊的道德治理对策

企业财务舞弊发生的原因是多方面的，企业为了获取融资、偷逃税款等构成企业进行财务舞弊的动机，而企业内外部信息不对称、公司治理结构不完善、处罚力度不够等均为财务舞弊提供了机会；同时，财务人员职业道德的缺失也使舞弊者找到了自我合理化的借口。因此，财务舞弊行为的道德治理对策，应多种手段并用，既要实现职业道德的自律，也要实现职业道德的他律。

(一) 会计职业道德的自律

自律是个体为追求道德本身的目的而制定的伦理原则,是个体达到一种不受外在的约束或情感的左右而依据其"良心"法则行动的自主状态。为防范财务舞弊的发生,既需要财务人员实现个体自律,也需要在企业层面建立自律机制。

1. 个人自律

在个人层面,财务会计人员要实现个体自律,以防范财务舞弊。财务会计人员的个体自律表现在自我立法、自我选择和自我控制上。在自我立法上,财务人员在职业活动中要将外在的会计职业道德规范,生成自我的职业良心,形成自己的职业道德认识、职业道德情感、职业道德意志,以及职业道德习惯等。在自我选择上,财务人员依据职业良心制定自己内心所尊崇的会计职业道德规范。虽然不同财务人员的价值观复杂多样,使得会计职业活动中的职业道德观念和职业道德行为层次有别,但这本身就是财务人员进行职业道德自我选择的表现。在自我控制上,财务人员个体的职业行为选择绝不是任意的、毫无限制的,而必须遵循一些广泛认可的会计职业道德规范,这就需要财务人员通过理性选择摆脱外在的控制,从而达到自主自觉,认清自己在职业活动中应担当的社会职责和应尽的社会义务,并在强烈的职业道德意志的作用下逐渐形成良好的职业道德习惯。通过财务会计人员的个体自律,消除财务舞弊利益对财务人员的诱惑,降低财务人员实施财务舞弊的借口,以实现防范财务舞弊的目的。

2. 企业自律机制

在企业层面,要建立会计职业道德的自律机制,以防范财务舞弊。企业会计职业道德自律机制包括自律组织机制、自律规范机制、自律目标机制和自律环境机制。

(1) 企业自律组织机制一方面倡导在组织内部建立类似道德委员会的组织机构,来促进财务人员遵守会计职业道德规范,保护财务人员不受打击报复,另一方面支持员工加入会计行业自律组织,促进企业财务人员职业道德实现自律管理。

(2) 企业自律规范机制一方面要求在政府、行业协会层面建立一系列的法律法规,来规范会计职业道德规定,另一方面要求在企业内部形成会计职业道德自律的规范制度和要求。

(3) 企业自律目标机制要求将会计职业道德规范融入企业经营管理中,在推动完善企业整体商业道德和员工个体职业道德的同时,实现会计职业道德自律机制运行的预期目的和结果。

(4) 企业自律环境机制要保证企业有一个正常的外部机制,如全社会的道德教育状况、企业员工普遍的职业道德水准等,不仅同企业自身的内部机制有关,而且与社会经济、政治、文化等构成的外部机制有关。

(二) 会计职业道德的他律

他律是相对于自律而言,是指服从自身以外的权威与规则的约束而行事的道德原则。自律是他律的基础,他律最终通过自律起作用,离开自律的他律难以从根本上改变人,无法唤起员工自我修养的热情,治标不治本。

会计职业道德的他律机制主要包括社会舆论监督机制、法律法规机制、审计监督机制、企业内部控制机制等。通过不同形式的他律机制,来约束财务会计人员的道德行为,以达到防范财务舞弊的目的。

1. 社会舆论监督机制

通过社会舆论监督机制,来防范财务舞弊。社会舆论监督机制在职业活动中发挥着他律制约作用。但这种监督机制的社会运作成本较高,且要以全民的文化素质和社会参与能力的相当水准为前提,多半属于事后监督。若被监督者对这种舆论充耳不闻或闻而不动,那这种监督必定是软弱无力的。这就需要充分发挥社会公众与政府之间的合力。为积极发挥社会舆论对财务人员诚信监督的作用,财政部 2018 年发布的《关于加强会计人员诚信建设的指导意见》① 中要求加强会计人员信用档案建设,特别是建立严重失信会计人员"黑名单"制度,这对于发挥社会舆论监督机制有较大促进作用。

2. 法律法规机制

通过法律法规机制,来防范财务舞弊。我国非常重视会计工作的立法,《会计法》对严重违反职业道德、实施财务舞弊行为的法律后果进行了明确规定。《会计法》第四十三条规定:"伪造、变造会计凭证、会计账簿,编制虚假财务会计报告,构成犯罪的,依法追究刑事责任。"第四十四条规定:"隐匿或者故意销毁依法应当保存的会计凭证、会计账簿、财务会计报告,构成犯罪的,依法追究刑事责任。"第四十五条规定:"授意、指使、强令会计机构、会计人员及其他人员伪造、变造会计凭证、会计账簿,编制虚假财务会计报告或者隐匿、故意销毁依法应当保存的会计凭证、会计账簿、财务会计报告,构成犯罪的,依法追究刑事责任。"第四十六条规定:"单位负责人对依法履行职责、抵制违反本法规定行为的会计人员以降级、撤职、调离工作岗位、解聘或者开除等方式实行打击报复,构成犯罪的,依法追究刑事责任。"可以说,会计法律法规的有效执行,可以对财务会计人员形成有效威慑,使财务人员遵守法律法规,坚守职业道德底线。

3. 审计监督机制

通过审计监督机制,来防范财务舞弊。审计监督形式包括政府审计监督、社会审计监督、内部审计监督等。

(1) 在政府审计监督中,政府审计机关(包括审计署和地方各级审计机关)对国有企业、事业单位等组织的会计账目进行独立检查,监督财政、财务收支真实性、合法性和效益性,在为被审计单位提供改进建议的同时,揭露会计造假等违法行为。

(2) 在社会审计监督中,注册会计师依法接受委托,对被审计单位的会计报表及相关资料进行独立审查,并发表意见。

(3) 在内部审计监督中,内部审计机构和人员对本单位的财务收支和经济活动实施独立审查和评价,并将审计结果向本单位主要负责人报告。

通过不同的审计监督形式,可以对财务人员的工作形成监督,让财务人员在工作中遵守相关规定及准则的要求,防止财务人员违反职业道德行为的发生。

4. 企业内部控制机制

通过企业内部控制机制,来防范财务舞弊。企业内部控制机制是企业为实现既定目

---

① 财政部于 2018 年 4 月 19 日发布《关于加强会计人员诚信建设的指导意见》(财会〔2018〕9 号),该意见对于加强会计诚信建设具有重要意义。

标，防范和减少风险的发生，由全体成员共同参与，对内部业务流程进行全过程的介入和监控，采取权力分解、相互制衡手段，制定出完备的制度保证的过程。具体包括组织机构控制机制、职务分离控制机制、授权批准控制机制、预算控制机制、财产安全控制机制、业务程序控制机制等，通过这些控制机制可以及时发现并纠正出现的控制偏差，防范财务造假，以避免把潜在的危机转为现实的损失。因此，内部控制机制是遏制企业财务舞弊的重要方式，是有效防范财务人员违反职业道德行为发生的重要手段。

第六节 财务会计人员职业道德教育

目前，会计犯罪已有高学历、年轻化的趋势。因此，加强财务会计人员职业道德教育，提高财务会计人员职业道德水平，是当务之急。

一、财务会计人员职业道德教育的含义

财务会计人员的职业道德教育是指根据财务会计工作的特点，有目的、有组织、有计划地对财务会计人员施加系统的会计职业道德影响，促使财务会计人员形成职业道德品质，履行职业道德义务的活动。

二、财务会计人员职业道德教育的形式

（一）接受教育

接受教育即外在教育，是指通过采用一定的职业道德教育方式和方法，将会计职业道德的观念、内容等正面灌输到财务会计人员的头脑中，以规范其职业活动行为。接受教育是将外在的职业道德规范转化为财务会计人员内在职业道德品质的有效途径。

（二）自我修养

自我修养即内在教育，是指财务会计人员实现职业道德的自我学习、自我教育、自我改造、自我提高的职业活动行为。自我修养是财务会计人员将外在职业道德规范内化于自身职业素养的必要途径。

三、财务会计人员职业道德教育的内容

财务会计人员职业道德教育的主要任务是帮助和引导财务会计人员培养职业道德情感，树立职业道德信念，遵守职业道德规范。

（一）职业道德观念教育

职业道德观念教育是指对会计职业道德基本常识进行广泛宣传，使财务会计人员明白职业道德的内容及要求，了解职业道德对财务会计人员自身、对企业、对社会的影响，以及违反职业道德的惩罚后果，特别是法律后果。

（二）职业道德规范教育

职业道德规范教育是指对财务会计人员开展以会计职业道德规范为内容的教育，会计

职业道德规范的主要内容包括爱岗敬业、诚实守信、廉洁自律、客观公正、坚持准则、提高技能、参与管理和强化服务等。职业道德规范教育的目的是让财务会计人员明确哪些行为是符合职业道德要求的，哪些行为是违反职业道德要求的，并贯穿会计职业道德教育的始终。

（三）职业道德警示教育

职业道德警示教育是指通过对典型违法会计行为案例的讨论，给财务会计人员以启发和警示，从而提高财务会计人员的法律意识和职业道德观念，提高会计人员辨别是非的能力。

（四）其他教育

有些教育虽然不是专门针对职业道德，但是也可以对财务会计人员职业道德产生影响，如法制教育、形势教育、政策教育。

四、财务会计人员职业道德教育的途径

财务会计人员职业道德教育的途径主要包括接受教育的途径和自我修养的途径。

（一）接受教育的途径

接受教育的途径主要包括岗前职业道德教育和岗位职业道德继续教育。

1. 岗前职业道德教育

岗前职业道德教育是指对将要从事财务会计职业的人们进行的道德教育，主要形式为会计专业学历教育。会计学历教育中的职业道德教育，主要是针对大、中专院校会计专业的在校学生进行的会计职业道德教育，让学生初步建立起职业观念、职业情感及职业规范，增强社会责任感。会计学历教育应将会计职业道德教育渗透到学校教育的各个环节之中，既包括直接开设职业道德规范类课程，也包括在实习、实训等课程中融入职业道德理念。

2. 岗位职业道德继续教育

岗位职业道德继续教育是对已进入会计行业的会计人员进行的继续教育。根据财政部2018年印发的《会计专业技术人员继续教育规定》[①]的相关要求，国家机关、企业、事业单位以及社会团体等组织具有会计专业技术资格的人员，或不具有会计专业技术资格但从事会计工作的人员必须参加继续教育。

继续教育内容包括公需科目和专业科目。公需科目包括专业技术人员应当普遍掌握的法律法规、政策理论、职业道德、技术信息等基本知识；专业科目包括会计专业技术人员从事会计工作应当掌握的财务会计、管理会计、财务管理、内部控制与风险管理、会计信息化、会计职业道德、财税金融、会计法律法规等相关专业知识。通过参与继续教育，会计人员在掌握职业道德、会计法律法规等基本知识的基础上，通过专业课的学习，不断提高专业胜任能力。

---

① 财政部和人力资源部于2018年5月19日共同发布《会计专业技术人员继续教育规定》（财会〔2018〕10号），该规定2018年7月1日起施行。财政部2013年8月27日印发的《会计人员继续教育规定》（财会〔2013〕18号）同时废止。

继续教育的形式包括会计专业技术人员继续教育培训、高端会计人才培训、全国会计专业技术资格考试等会计相关考试、会计类专业会议；参加会计类研究课题，发表会计类论文，公开出版会计类书籍；参加注册会计师、资产评估师、税务师等继续教育培训等。会计人员可通过上述各种继续教育形式，不断提升职业道德水平。

（二）自我修养的途径

财务会计人员的自我修养是指个人经过学习、磨炼、涵养和陶冶，对自身职业道德修养能力进行培养，提高自身的职业道德水平。财务会计人员进行自我修养的主要途径包括慎独慎欲、慎省慎微和自警自励。其中，慎独慎欲是指财务会计人员严格要求自己，在单独处事、无人监管的情况下，按照职业道德要求去行事，警惕并克服自己的贪欲，自觉抵制各种诱惑。慎省慎微是指不断进行自我反思、自我批评，虚心听取并认真对待别人的意见，凡事注重细节，注意防微杜渐，不断提高自身的职业道德修养。自警自励是指随时警醒、告诫自己，防止各种不良思想对自己的侵袭，通过崇高的道德理想、信念来激励自己，不断成长。

第七节 管理会计人员职业道德

一、管理会计的定义与目标

（一）管理会计的定义

1952年世界会计学会年会上正式采用了"管理会计"这一专门词汇，由此现代企业会计首先分离为管理会计和财务会计两大分支。但学术界对管理会计的定义还没有完全统一的表述。其中，较为权威的定义为1981年美国会计师协会[①]给出的："管理会计是向管理当局提供企业内部计划、评价、控制以及确保企业资源的合理使用和经营责任履行所需要财务信息的确认、计量、归集、分析、编报、解释和传递的过程。"这一定义将管理会计的边界扩大到除审计以外的各个管理领域，既包括财务会计，又包括成本会计、计划与预算、绩效评价、内部控制等内容。

此外，2014年我国财政部发布的《关于全面推进管理会计体系建设的指导意见》[②] 中对管理会计也做出了定义："管理会计是会计的重要分支，是通过利用相关信息，有机融合财务与业务活动，在单位规划、决策、控制和评价等方面发挥重要作用的管理活动。"

（二）管理会计的目标

康奈尔大学的会计学教授罗纳德·W. 希尔顿认为管理会计活动通过追求五个目标为

---

① 美国全国会计师协会（National Association of Accountants，简称 NAA）是由美国成本和管理会计师所组成的一个全国性会计组织。其前身为1919年于美国纽约州成立的全国成本会计师协会（National Association of Cost Accountants，简称 NACA）。

② 财政部于2014年10月27日发布《关于全面推进管理会计体系建设的指导意见》（财会〔2014〕27号）。

组织增加价值①。

（1）为决策和计划提供信息，作为管理梯队的成员积极参与决策和计划。

（2）协助管理者指挥和控制运营活动。

（3）激励管理者和其他雇员向组织的目标前进。

（4）计量组织内的活动、子单位、管理者和其他雇员的业绩。

（5）评价组织的竞争地位，同其他管理人员一起努力确保组织在本行业的长期竞争力。

随着管理会计实践在中国的不断展开，结合本土化的特点，2016年财政部印发的《管理会计基本指引》中对管理会计的目标进行了界定："管理会计的目标为通过运用管理会计工具方法，参与单位规划、决策、控制、评价活动并为之提供有用信息，推动单位实现战略规划。"②

其中，管理会计工具方法是实现管理会计目标的具体手段，是单位应用管理会计时所采用的战略地图、滚动预算管理、作业成本管理、本量利分析、平衡计分卡等模型、技术、流程的统称。管理会计工具方法具有开放性，随着实践发展不断丰富完善。管理会计工具方法主要应用于战略管理、预算管理、成本管理、营运管理、投融资管理、绩效管理、风险管理等领域。

其中，规划、决策、控制、评价属于管理会计的相关活动。规划活动是指单位应用管理会计，应做好相关信息支持，参与战略规划拟定，从支持其定位、目标设定、实施方案选择等方面，为单位合理制订战略规划提供支撑。决策活动是指单位应用管理会计，应融合财务和业务等活动，及时充分提供和利用相关信息，支持单位各层级根据战略规划做出决策。控制活动是指单位应用管理会计，应设定定量、定性标准，强化分析、沟通、协调、反馈等控制机制，支持和引导单位持续高质高效地实施单位战略规划。评价活动是指单位应用管理会计，应合理设计评价体系，基于管理会计信息等，评价单位战略规划实施情况，并以此为基础进行考核，完善激励机制；同时，对管理会计活动进行评估和完善，以持续改进管理会计应用。

二、管理会计人员的职责

在组织结构中，管理会计人员通常处于参谋职位，会参与到企业各个层次和所有职能领域的计划和决策中。管理会计人员越来越多地被安排在交叉职能工作组中，同管理会计人员一起工作的人员包括企业的高级管理者、销售人员、采购人员、业务经理、法律专家、质量管理人员等，通过交叉职能工作组解决多种管理决策和业务问题。

管理会计人员在工作中的职责包括但不限于下列：负责企业绩效管理；管理流程的倡导者；分析财务数据，支持更佳决策；通过预算和预测制订长期规划管理流动资金和分析融资替代方案；评估资本投资和企业并购；风险识别和实施内部控制；推动符合职业道德的商业实践；担当战略商业伙伴的角色。

---

① 罗纳德·W. 希尔顿. 管理会计学——在动态商业环境中创造价值［M］. 闫达伍，李勇，译. 北京：机械工业出版社，2003.

② 财政部于2016年6月22日发布《管理会计基本指引》，该指引自发布之日起实施。

三、管理会计人员职业道德规范

(一) 美国注册管理会计师协会的职业道德规范

美国管理会计师协会①发布的《IMA 职业道德行为准则》，对管理会计师的基本职业道德原则和职业道德行为进行了介绍②。

1. IMA 基本道德原则

美国管理会计师协会（IMA）的基本道德原则包括诚实、正直、客观、责任。从业人员应该遵守这些原则并鼓励组织中的其他人共同遵守。

（1）诚实（Honesty）。诚实要求提供专业服务时有责任心，保证分析和传递信息的真实。诚实是人们对会计或财务人员最看中的关键要素之一："如果你连你的会计都不能相信，你还能相信谁呢？"

诚实的表现包括：向外部审计人员披露全部必要和相关信息；拒绝登记任何不准确的信息；提供真实信息，以帮助管理者基于该信息做出决策。

（2）正直（Fairness）。正直要求坦诚，只考虑特定情况下他人的需求并全面披露全部必要相关信息。组织需要披露必要、全面的相关信息，进而在合理期限内采取合适的措施。

正直的表现包括：客观地提供信息和反馈；识别和更正错误；选择供应商时不存在成见、偏见或偏好。

（3）客观（Objectivity）。客观要求在下结论之前，不偏不倚、客观地评价相互冲突的观点。过去，组织依赖内部和外部财务人员的客观性，进行重要的商业决策。当商人在做出一个合理、深刻、客观和合法的决策之前，商人常常会说"让我们问问我们的会计吧"。

客观的表现包括：客观表述财务和法律指南；按照信息标准披露信息；会计人员只在已有数据基础上提出政策建议。

（4）责任（Responsibility）。责任要求采取真实、可靠的行动。对客户和职业负责是财务从业人员应遵守的最重要的道德行为。它不仅包括对客户的短期利益负责，而且应对财务决策的长期影响负责。

责任的表现包括：及时地传递信息；保证报告信息的准确；收集足够的信息以进行决策。

2. IMA 职业道德行为准则

IMA 界定并说明了四项准则，即胜任能力、保密、正直和诚信，以帮助界定从业人员的道德职责。如果从业人员未能遵守下列准则，将会受到惩罚。

（1）胜任能力（Competence）。每一名从业人员都必须遵守以下责任：①不断拓展知识与提升技能，保持适当水平的专业知识。②遵守相关法律、法规和技术标准履行职责。③提供准确、清晰、简要和及时的决策支持信息及建议。④确认并报告那些可能会对一项

---

① 美国管理会计师协会（The Institute of Management Accountants，简称 IMA）成立于 1919 年，由美国成本会计师协会（NACA）衍生而来。其倡导最高职业道德标准，改变传统财务领域的思维模式，服务全球财务管理行业，从而推动企业优化绩效，成就 IMA 成员个人职业发展。

② 具体可参考美国管理会计师协会发布的《IMA 职业道德行为准则》。

活动的合理判断或成功执行造成妨碍的专业局限或其他约束。

由于会计准则是动态的，因此会计准则不断变化。跟随法规的变化，并适应行业新的法律和标准非常重要。未能跟上法律法规的变化，可能会在无意中导致不道德的行为。

(2) 保密（Confidentiality）。每一名从业人员都必须遵守以下责任：①对获取的信息保密，除非经授权要求披露或按法律要求披露。②告知所有相关方，要求正确使用保密信息；监督下属的活动，确保其遵照执行。③不得利用保密信息获取不道德利益；不得利用保密信息获取非法利益。

尽管保密标准相对简单，但是现代科技的进步事实上可能阻碍管理会计师们的明智决策。管理会计师们不仅要妥善保存纸质和电子文档，而且全部的谈话，特别是那些在手机里的谈话，应该在一个隐私的地方进行，而不应该在公众场合，如机场或咖啡厅内进行。

(3) 正直（Integrity）。每一名从业人员都必须遵守以下责任：①缓解现实利益冲突，同商业伙伴定期沟通，以避免明显的利益冲突。告知所有利益相关者可能存在的潜在利益冲突。②不做任何可能会妨碍遵照道德规范履行职责的事情。③不做或支持任何有损职业声誉的事情。

无论消息、分析、判断或职业意见是好还是坏，从业人员都有义务传递该信息。

(4) 信用（Credibility）。每一名从业人员都必须遵守以下责任：公允、客观地报告信息。①披露那些人们有理由认为会影响目标使用者对报告、分析或建议理解的所有相关信息。②遵照组织政策或适用法律，披露在信息、及时性、流程或内部控制上的延误或缺陷。

诚信与胜任能力标准密切相关。要做到诚信，该人员必须具备胜任能力。诚信的深层次含义是指管理会计在提前计划、评估潜在风险、收集足够信息时，应充分了解全部相关事实，并及时传递不利信息。

(二) 中国总会计师协会下管理会计师职业道德规范

中国总会计师协会[①]于2019年3月发布的《中国管理会计职业能力框架表》中对管理会计师的职业道德与行为规范进行了专门介绍[②]。各级管理会计师都应遵循以下职业道德与行为规范。

(1) 践行社会主义核心价值观，树立新发展理念。

(2) 爱岗敬业，坚守诚信原则，提供真实、准确的管理和会计信息，如实反映、报告单位财务状况与经营业绩。

(3) 维护单位的合法权益，保守工作秘密，积极促进所在单位承担必须的社会责任。

(4) 在与道德规范冲突的情况下，不以牺牲道德规范为代价达到个人或单位的目的。

(5) 廉洁自律，不参与舞弊或行贿、受贿等。

此外，由中国总会计师协会开展的"管理会计师（初级）专业能力认证项目"中专门设置有《管理会计职业道德》科目。在该科目中，主要从三个维度对管理会计师职业道

---

① 中国总会计师协会（China Association of Chief Financial Officers，简称CACFO）是经民政部批准，成立于1990年的跨地区、跨部门、跨行业的全国非营利一级社团组织。中国总会计师协会于2017年6月1日开展管理会计师专业能力认证项目。

② 具体可参考中国总会计师协会发布的《中国管理会计职业能力框架表》。

德提出要求①。

（1）职业认知和价值观。作为一名优秀的管理会计从业者，首先要端正职业认知和树立正确的价值观，包括热爱管理会计职业、诚实从业、客观公正、保守职业秘密和廉洁自律五个方面。

（2）能力。管理会计师作为管理的参与者，具备相应能力的同时更要不断提高自己的能力，具体包括专业能力、职业技能，以及对业务、行业和宏观政策的把握能力。具备了优秀的能力，才能在职业认知和价值观的引导下，真正为所服务的机构做出应有的贡献。

（3）达成业绩的努力程度。管理活动具有比较高的难度和挑战性。因此仅仅具备前两个方面还不够，必须恪尽职责、努力奋斗，应用管理会计的工具方法为科学管理做出自己应有的贡献，同时敢于承担责任、敢于坚持正确的观点。这就要求管理会计师在本单位用恰当的方法和方式来推进管理会计，不可过于超前或拖后。

四、管理会计人员职业道德冲突的发生及应对

管理会计人员在实务工作中有时会遇到截然相反的两种道德标准。这是由于管理会计人员面临的角色冲突所引发的。一方面，按照劳动契约，管理会计人员必须按照上级领导的命令执行工作；另一方面，按照职业道德行为准则，管理会计人员必须遵循其从事的职业活动。但是，有时两者会相互冲突，管理会计人员又无法同时满足两者的要求，必须二选一。这就导致管理会计人员面临职业道德冲突。由于职业道德冲突发生的事项不一样，所处环境也各不相同，没有一个统一方法可以解决，因此，应对职业道德冲突对于管理会计人员来讲，是一件极具挑战性的事情。

美国管理注册会计师协会针对 IMA 会员在《IMA 职业道德行为准则》中提出如下解决道德冲突的建议。

（1）应先同直接上司讨论问题，除非直接上司也牵扯到其中。在这种情况下，应该直接将问题递交给更高一级上司。如果在递交问题的时候，没有达成满意的决议，要将问题递交给再高一级的上司。如果直接上司是首席执行官或者职务相当人员，可以认可的评估权威是审计委员会、执行委员会、董事会、托管人委员会或者所有人等组织。假设直接上司没有牵扯到事件中，只有在上司知道的范围之内，同其更高一级的上司联系。除非法律另有规定，我们认为将这些问题递交给非雇用的权威机构或者个人是不合适的。

（2）秘密同 IMA 职业道德顾问或者其他公平的顾问等讨论有关的职业道德问题，更好地理解可能的行为过程。

（3）同本人的律师讨论职业道德有关的法律职责和权利。

此外，由于公司滥用会计准则、追求短期利润目标、不重视非道德性的微小行为，以及经济周期的诱发（特别是在市场衰退阶段），可能会加剧这种职业道德冲突问题。因此，也需要个人和企业从各自的角度去努力应对。

从个人角度来讲，管理会计人员应坚持诚实、客观、正直与责任的职业道德原则，遵循胜任能力、保密、正直和诚信的职业道德行为准则，在提升专业技术能力的同时，加强职业道德的修炼。此外，要以自身职业道德素养与行为，影响周围的从业人员和管理层，

---

① 管理会计师（初级）系列教材编写委员会. 管理会计师（初级）管理会计职业道德［M］. 上海：上海财经大学出版社．2017.

努力营造良好的职业发展环境。

从企业层面来讲,企业有责任尽最大努力确保所有员工的行为均符合职业道德的要求。首先,企业要努力营造一种职业道德文化,让这种职业道德文化积极地支持组织想要的行为类型。其次,职业道德责任始于管理层。为了在组织内有效地维护理想的职业道德氛围,管理层主要应关注五个方面:明确界定价值观;管理层以身作则;制定职业道德规范与内部控制;职业道德的实际应用;评估并改进对职业道德的遵循。再次,在公司中推行并实践职业道德规范。实践的过程应始于员工招聘,贯穿员工培训中,将抽象职业道德规范转化为日常职责的操作范例,形成所有员工均能理解、共享并遵循的价值观体系。最后,评估并改善对职业道德规范的遵循情况。企业应根据一些调查工具及从披露揭发渠道获取的信息来评估企业对职业道德规范的遵循情况,根据评估中存在的问题,实现对职业道德规范遵循的持续改善。

复习思考题

1. 会计职业道德的概念和特征分别是什么?
2. 会计职业道德有何功能和作用?
3. 财务会计人员的职责是什么?
4. 财务会计人员职业道德规范的内容有哪些?
5. 财务会计人员会面临哪些职业道德困境?
6. 如何应对财务会计人员面临的职业道德困境?
7. 财务舞弊的内涵是什么?舞弊与错误有何区别?
8. 财务舞弊的动因和手段分别有哪些?
9. 如何从职业道德视角防范财务舞弊?
10. 管理会计人员职业道德规范的内容有哪些?
11. 管理会计人员职业道德冲突是如何发生的?
12. 如何应对管理会计人员职业道德冲突?

讨论案例 4-1

两上《今日说法》的财务会计人员

一、第一次上《今日说法》

2011年4月詹某贵化名"肖某锐",伪造某财经大学学历,应聘至甲路桥公司乙高速公路 D5 合同段项目经理部出纳岗位。面试官曾在"肖某锐"求职简历上留下批注"单纯老实,业务尚可,比较有责任心,工资可议"的评价。在上班期间,"肖某锐"住集体宿舍,月工资为 2 500 元,同事评价"他很优秀,为人处世可以说面面俱到""一点恶习没有,不抽烟,不喝酒,不打牌""出手阔绰"等。

工作四个多月后,2011年9月5日,甲路桥公司乙高速公路 D5 合同段项目经理部出纳"肖某锐"利用职务之便伪造《巴南路建设资金使用审批表》复印件及"四川乙高速公路有限责任公司财务处"印章,采取复制相关领导签名的方式,并利用项目部领导交其保管的项目部经理财务专用章和密码器将甲路桥公司乙高速公路 D5 合同段项目部工程款

7 030 478元分10次转到自己冒用的"王某磊""巫某柯"等十人在银行开设的私人账户上。然后在同一天以现金方式将钱提走。而该笔项目资金，甲路桥公司乙高速公路D5合同段项目部将用于农民工的工资支付，资金被出纳转走后，导致项目不得不停工。

后巴中警方在调查"肖某锐"及十个转账账户自然人无果的情况下，通过进一步追踪其女友等人的方式得知，"肖某锐"曾于2011年8月10日通过乘飞机的方式前往过长沙。公安机关通过对重庆飞往长沙的旅客的仔细比对，发现一名叫詹某贵的旅客比较可疑。通过甲路桥公司乙高速公路D5合同段项目部的确认，詹某贵确为作案人"肖某锐"。A市警方此后到詹某贵的老家湖北省B县进行调查，在当地警方的配合下，得知詹某贵初中毕业后外出打工，后2006年在上海因犯盗窃罪被判刑五年。但之后A市警方通过各种线索的调查并未发现詹某贵的去向。一年多后，2013年年初湖南省C市通报，在当地补办二代身份证的"罗某武"疑似逃犯詹某贵，并要求将补办好的身份证邮寄至D市。A市警方前往D市，并伪装为快递员为"罗某武"配送身份证，确认"罗某武"为詹某贵本人后，并将其抓获，并在其住处搜查到四五十张身份证及大量银行卡，并从银行卡中追回400余万款项。被捕前，詹某贵化名为"李某中"，并伪造身份证、学历证、会计证、英语六级证应聘到D市的一家路桥公司同样担任出纳。如果詹某贵未被抓获，D市的这家路桥公司，可能遭受与甲路桥公司同样的命运。中央电视台曾于2013年10月18日《今日说法》栏目中播放的《追捕"隐形人"》对该案件的始末进行过报道。

四川省A市某区人民法院于2013年10月17日做出刑事判决，以被告人詹某贵犯职务侵占罪，判处有期徒刑七年，并处没收财产人民币50 000元。责令被告人詹某贵退赔甲公路桥梁工程有限公司乙高速D5合同段项目经理部工程款2 720 445.52元。

在刑罚执行中，因"罪犯詹某贵服刑期间能认罪服法，接受教育改造，遵守监规，积极参加政治法律学习，完成生产任务，多次参加工余劳动，确有悔改表现，符合法定减刑条件"，G省A市中级人民法院分别于2015年12月31日、2017年6月30日、2018年9月30日裁定对罪犯詹某贵减去有期徒刑五个月、六个月、四个月的刑罚执行，刑期执行至2018年10月21日。

二、第二次上《今日说法》

詹某贵虽然学历仅为初中毕业，但在监狱服刑期间，爱好看书，尤其是企业管理和会计专业的书籍。出狱后，2019年5月，詹某贵伪造学历证明、国家注册会计师证、北京某公司工作经历等材料，盗用"索某"的身份，应聘担任江苏某民营公司担任财务总监。正式入职后，同事们对他评价很高，"精通法律、公文写作、电脑研究等"。在工作期间，詹某贵花费工资用于学习注册会计师和高级会计师课程，不断积累专业知识。詹某贵工作后，为公司处理了两起法律纠纷，主持两个过亿元的投资项目，工作能力让公司领导层刮目相看，三个月后就升职为财务总监，年薪36万元。

2019年8月30日，在詹某贵的建议下，公司决定将账户网银支付方式由原出纳、会计二级审核，增加其作为财务总监进行第三级审核，这为詹某贵完全掌握公司的资金兑付详细流程和窃取支付U盾及密码形成基础。同年8月詹某贵担任财务总监后，在E市找到两个大学生，利用他们的身份证注册了几个皮包公司，为日后转账做准备。2020年1月24日15时许，被告人詹某某乘春节放假之机，用事先准备的钥匙潜入财务室，分别从公司出纳和会计的办公桌抽屉内盗取江苏某民营公司建设银行账户的第一、二级网银U盾逃离现场。随后，詹某贵至广东省F市、G市等地，使用其盗取的前二级U盾分别进行制单、复核，再用其本人保管使用的U盾操作通过，通过网银将该账户内人民币1 900余万元转至其雇用的两名大学生身份证信息注册的皮包公司账户上。后詹某贵分批取出钱款，部分还兑换成大面额的美元和港币。资金被盗后，该公司用于企业复工的300余名工人的工资，部分供应商的货款，以及即将上马项目的资金的钱都没了，该民营企业的经营陷入困境。

E市警方在2月10日接到报案后，经过初步侦查发现，由于报案时间晚，受害公司的视频监控被人为关闭和破坏，监控图像严重缺失；公司财务电脑信息资料全部清空，调查取证难度极大，一时无法确定作案嫌疑人身份。此后，警方围绕内部员工、资金流向等环节进行追踪。很快，民警发现该公司财务总监"索某"在案发后失联，其个人物品已搬空，办公室已打扫干净，具有重大作案嫌疑。通过对犯罪嫌疑人外貌特征比对，发现竟然跟2011年9月曾因职务侵占罪在四川省被判处7年有期徒刑的詹某贵相似，且与当时的作案手法极其相似。为找到疫情期间仍在营业的银行网点，将盗窃转入其他账户的钱款取出，并兑换成外币，詹某贵曾频繁往返于F市和G市，并可能离境。专案组民警以犯罪嫌疑人随身携带大量现金的超大旅行箱为踪迹，先后赶赴广东、湖南、贵州等地，进行追踪。2020年2月21日詹某贵在贵州省H市被抓获归案，民警当场查获其随身携带的人民币63.162 41万元、美元219.986 3万元、港币322.242万元，以及多张他人身份证件、银行卡等。通过当时的汇率测算，追回的赃款比被盗时的赃款还略有升值，约升值60余万元。

2020年12月21日，江苏省E市中级人民法院一审判决詹某贵犯盗窃罪，判处有期徒刑十五年，并处罚金80万元。中央电视台曾于2021年3月19日和2021年3月20日在《今日说法》栏目中播放的《再次追捕"隐形人"》对该案件的始末进行过报道。由此，詹某贵成为《今日说法》栏目播放至今，唯一一个两上《今日说法》的犯罪人员。

此外，2019年6月詹某贵多次通过微信向被告人杨某某了解兑换外币情况。2020年1月26日，詹某贵谎称其公司年终结算需要外币，让杨某某为其兑换美元。次日至2月1日，詹某贵将赃款共计人民币1 453万元汇至杨某某账户。杨某某将其收购的美元分次按照1∶7.05至1∶7.07不等的比例，为詹某贵兑换美元现金共计219万余元，从中非法获利人民币4万余元。2020年2月23日，杨某某在甘肃省I市被抓获归案。

请结合案例材料，思考并回答以下问题。

1. 詹某贵通过伪造签字或盗用财务印章、U盾等方式，占用或盗窃公司资金的行为，违反了财务会计人员的哪些职业道德规范？

2. 詹某贵在甲路桥公司担任出纳过程中的犯罪行为暴露出甲路桥公司在会计工作管理中存在哪些缺陷？

3. 詹某贵在江苏某民营企业担任财务总监过程中的犯罪行为暴露出该企业在会计工作管理中存在哪些缺陷？

4. 结合案例资料分析，财务会计人员如果有犯罪前科，会如何影响其职业声誉和职业发展？

5. 在财务会计人员招聘中，企业应如何防范学历造假、职业资格证书造假、工作经历造假等行为？

6. 结合案例资料分析，大学生利用自己的身份证信息注册皮包公司，为犯罪行为提供便利，可能面临哪些法律后果？

7. 结合案例资料分析，杨某某为詹某贵兑换美元现金提供便利并非法获利 4 万余元，可能面临哪些法律后果？

8. 詹某贵在甲路桥公司担任出纳过程中的犯罪行为被判职务侵占罪，但在江苏某民营企业担任财务总监过程中的犯罪行为被判盗窃罪，试分析两种刑罚的区别，以及詹某贵分别在两次判刑中被判处不同刑罚的原因。

9. 詹某贵在江苏某民营企业担任财务总监过程中，专业能力出众，受到领导层的一致褒扬，但后又盗窃公司资金。试辨析财务会计人员的专业能力与职业道德之间的关系。

讨论案例 4-2

宁波甲电器股份有限公司财务舞弊案例

根据《中国证监会行政处罚决定书（宁波甲电器股份有限公司）》上的规定，宁波甲电器股份有限公司（以下简称甲公司）存在以下违法事实：

一、甲公司通过虚构影视版权转让业务虚增 2015 年度收入和利润 1 000 万元，虚增净利润 750 万元

（一）甲公司虚构影视版权转让事项，虚增收入和利润

甲公司 2014 年度经审计的净利润为负值，时任董事长胡某东预计甲公司 2015 年度净利润亦将为负值，为防止公司股票被深圳证券交易所特别处理，胡某东在甲公司主业亏损的情况下，寻求增加营业外收入，使公司扭亏为盈。胡某东了解到乙影视传媒（北京）有限公司（以下简称乙公司）拥有某影片的版权，就找到乙公司法定代表人陈某，请乙公司配合甲公司签订一份影视版权转让协议。

2015 年 11 月 10 日，甲公司与乙公司签订影片版权转让协议书，约定乙公司将某影片全部版权作价 3 000 万元转让给甲公司，乙公司应于 2015 年 12 月 10 日前取得该影片的《电影片公映许可证》，否则须向甲公司支付违约金 1 000 万元。当月，甲公司向乙公司支付了转让费 3 000 万元。

2015 年 12 月 21 日，甲公司向北京市朝阳区人民法院提起民事诉讼，认为乙公司未依约定取得电影公映许可证，请求法院判决乙公司返还本金并支付违约金。

2015 年 12 月 29 日，甲公司与乙公司签订调解协议书，约定乙公司于 2016 年 2 月 29 日前向甲公司支付 4 000 万元，其中包含 1 000 万元违约金。次日，法院裁定该调解协议书合法有效。

2016 年 1 月 29 日至 2 月 29 日，甲公司分三笔收到乙公司转入的 4 000 万元。甲公司将乙公司支付的 1 000 万元违约金确认为 2015 年的营业外收入。

（二）影视版权转让费及违约后退回的本金及违约金均系通过关联公司循环支付完成

1. 甲公司向乙公司支付的 3 000 万元版权转让费最终流向关联公司并被使用。

经查，2015 年 8 月，自然人覃某通过其实际控制的深圳丙文化传媒集团有限公司（以下简称丙公司）获得甲公司第一大股东丁科技有限公司（以下简称丁公司）100% 股权，成为甲公司实际控制人。覃某同时控制多家相关公司，本案涉及的北京 A 有限公司（以下简称 A 公司）、B 贸易有限公司（以下简称 B 公司）、北京 C 管理有限公司（以下简称 C 公司）、北京 D 建设工程有限公司（以下简称 D 公司）等均为相关公司成员，相关公司之间具有关联关系。

前述协议签订后，甲公司向乙公司支付的 3 000 万元版权转让费最终流向上述相关公司并被使用。具体如下：2015 年 11 月 26 日，甲公司向乙公司支付 500 万元，同日，乙公司将 500 万元转给 A 公司。2015 年 11 月 30 日，甲公司向乙公司支付 2 500 万元，同日，乙公司将 2 500 万元转给 A 公司。该 3 000 万元最终被用于支付上述相关关联公司的装修款。

2. 乙公司向甲公司退回的 3 000 万元版权转让费和赔偿的 1 000 万元违约金最终流向关联公司。

第一笔 1 500 万元：2016 年 1 月 27 日和 29 日，C 公司分两笔向 D 公司转账 1 500 万元。1 月 29 日，D 公司将 1 500 万元转给乙公司，乙公司将 1 500 万元转给甲公司，甲公司向北京甲电器销售服务有限公司（以下简称北京甲公司）转账 1 600 万元。2 月 1 日，北京甲公司向 B 公司转账 1 500 万元，B 公司将上述 1 500 万元转给 D 公司，D 公司将其中 500 万元转给星美汇餐饮。

第二笔 1 000 万元：2016 年 2 月 1 日，D 公司将上述第一笔 1 500 万元转款中的 1 000 万元转给乙公司，乙公司将上述 1 000 万元转给甲公司，甲公司将上述 1 000 万元转给北京甲公司。2016 年 2 月 3 日，北京甲公司将上述 1 000 万元转给 B 公司，B 公司将上述 1 000 万元转给 D 公司。

第三笔 1 500 万元：2016 年 2 月 29 日，C 公司向 B 公司转账 1 500 万元，B 公司将上述 1 500 万元转给乙公司，乙公司将上述 1 500 万元转给甲公司。3 月 1 日，甲公司将上述 1 500 万元转给北京甲公司，北京甲公司将上述 1 500 万元转给 B 公司，B 公司将上述 1 500 万元转回 C 公司。

（三）影片版权转让协议系倒签，协议转出方实际并未拥有约定的全部权利，电影拍摄进展尚未达到申请许可的条件

经查，影片版权转让协议书的实际签订日期为 2015 年 12 月 18 日，晚于违约条款约定的获得公映许可的最后日期 2015 年 12 月 10 日，而名义签订日先后出现 2015 年 10 月 10 日和 2015 年 11 月 10 日两个版本。

同时，该片相关各方对影视版权权属存在争议。协议签署前，该片编剧、导演黄某、制作方某影业（北京）有限公司对电影都拥有部分权利，乙公司不完全拥有影视版权全部权利，胡某东作为甲公司的代表，知悉权利瑕疵并人为安排整个转让过程。

此外，从电影拍摄、许可申请等实际进度角度看，截至 2015 年 11 月 10 日，即协议的名义签约日，该片尚不具备向广电总局申请公映许可证的条件：至签约日，该片尚未完成境外演员备案，无法通过影片初审；同时该片涉及公安题材，尚未通过公安部有关部门协审，无法申请领取片头。此外，该片开机之后，出品方与导演、编剧就该片摄制工作存在重大争议，导演拟提起司法诉讼，对影片申请公映构成重大影响。

二、甲公司通过虚构财政补助虚增 2015 年度收入和利润 1 000 万元，虚增净利润 750 万元

2015 年 12 月 31 日，甲公司发布《关于收到政府补助的公告》，称收到宁波市某区戊镇经济发展局和财政局联合发文，公司获得极速咖啡机研发项目财政综合补助 1 000 万元，确认为 2015 年度本期收入。

经查，为防止公司股票被特别处理，胡某东请求该镇人民政府帮助，形成以获得政府补助的形式虚增利润的方案：该镇政府不用实际出资，由宁波金阳光先以税收保证金的名

义向该镇政府转账1 000万元，然后再由该镇政府以财政补助的名义将钱打给圣莱达。

2015年12月29日，宁波金阳光转款1 000万元至该镇政府会计核算中心。2015年12月30日，该镇人民政府会计核算中心转给甲公司1 000万元。

上述两项违法事实导致甲公司2015年度年报合计虚增收入和利润2 000万元，虚增净利润1 500万元。甲公司2015年度年报显示公司利润总额367.15万元，归属于母公司股东的净利润为431.43万元。扣除虚增金额，甲公司2015年实际利润总额为-1 632.85万元、净利润为-1 068.57万元。虚增行为导致甲公司2015年度扭亏为盈。

根据当事人违法行为的事实、性质、情节与社会危害程度，依据《证券法》的相关规定，中国证监会决定：对甲公司责令改正，给予警告，并处以60万元罚款。对于相关责任人员，另行依法处理。

（资料来源：中国证监会网站）

请结合案例材料，思考并回答以下问题。

1. 案例公司进行财务舞弊的动机是什么？
2. 案例公司进行财务舞弊的手段有哪些？
3. 假如你是案例企业的一名财务会计人员，当你得知公司正在实施财务舞弊，你会如何处理？
4. 假如你是案例企业的一名财务会计人员，公司管理层告知你，如果你能积极参与并配合公司进行财务造假，将获得一笔额外的报酬，你会如何处理？
5. 《宁波甲电器股份有限公司关于收到退税的公告》中公告："由于2018年5月10日公司收到中国证监会《行政处罚决定书》认定公司2015年度虚构影视版权转让业务，虚增2015年度收入和利润1 000万元，公司已根据《企业会计准则》的要求对上述会计差错进行了更正。经公司申请，戊镇税务所于近日退还甲公司已缴纳的所得税税款250万元。"这一退税金额，远远高于宁波甲公司电器股份有限公司被中国证监会的罚款60万元。根据这一现象，谈谈你对上市公司进行财务舞弊的违法成本的看法。
6. 结合案例企业情况，案例企业的财务会计人员违反了哪些职业道德规范？
7. 结合案例企业情况，为防范财务舞弊，你认为财务会计人员应如何提升职业道德水平？

讨论案例4-3

范某某税案

2018年6月初，群众举报范某某"阴阳合同"涉税问题后，国家税务总局高度重视，即责成江苏等地税务机关依法开展调查核实。

从调查核实情况看，范某某在某电影拍摄过程中实际取得片酬3 000万元，其中1 000万元已经申报纳税，其余2 000万元以拆分合同方式偷逃个人所得税618万元，少缴营业税及附加112万元，合计730万元。此外，还查出范某某及其担任法定代表人的企业少缴税款2.48亿元，其中偷逃税款1.34亿元。

对于上述违法行为，根据国家税务总局指定管辖，江苏省税务局依据《中华人民共和国税收征管法》的相关规定，对范某某及其担任法定代表人的企业追缴税款2.55亿元，加收滞纳金0.33亿元；依据《中华人民共和国税收征管法》第六十三条的规定，对范某某采取拆分合同手段隐瞒真实收入偷逃税款处 4 倍罚款计 2.4 亿元，对其利用工作室账户隐匿个人报酬的真实性质偷逃税款处 3 倍罚款计 2.39 亿元；对其担任法定代表人的企业少计收入偷逃税款处 1 倍罚款计 94.6 万元；依据《中华人民共和国税收征管法》和《中华人民共和国税收征管法实施细则》的相关规定，对其担任法定代表人的两户企业未代扣代缴个人所得税和非法提供便利协助少缴税款各处 0.5 倍罚款，分别计 0.51 亿元、0.65 亿元。

依据《中华人民共和国行政处罚法》以及《江苏省行政处罚听证程序规则》相关规定，2018 年 9 月 26 日，江苏省税务局依法先向范某某下达《税务行政处罚事项告知书》，对此范某某未提出听证申请。9 月 30 日，江苏省税务局依法已向范某某正式下达《税务处理决定书》和《税务行政处罚决定书》，要求其将追缴的税款、滞纳金、罚款在收到上述处理处罚决定后在规定期限内缴清。

依据《中华人民共和国刑法》的相关规定，由于范某某属于首次被税务机关按偷税予以行政处罚，且此前未因逃避缴纳税款受过刑事处罚，上述定性为偷税的税款、滞纳金、罚款在税务机关下达追缴通知后在规定期限内缴纳的，依法不予追究刑事责任。超过规定期限不缴纳税款和滞纳金、不接受行政处罚的，税务机关将依法移送公安机关处理。

经查，2018 年 6 月，在税务机关对范某某及其经纪人牟某广所控制的相关公司展开调查期间，牟某广指使公司员工隐匿、故意销毁涉案公司会计凭证、会计账簿，阻挠税务机关依法调查，涉嫌犯罪。牟某广等人已被公安机关依法采取强制措施，并展开进一步侦查。

国家税务总局已责成江苏省税务局对原 A 市地方税务局、原 A 市地方税务局第六分局等主管税务机关的有关负责人和相关责任人员依法依规进行问责。同时，国家税务总局已部署开展规范影视行业税收秩序工作。对在 2018 年 12 月 31 日前自查自纠并到主管税务机关补缴税款的影视企业及相关从业人员，免予行政处罚，不予罚款；对个别拒不纠正的依法严肃处理；对出现严重偷逃税行为且未依法履职的地区税务机关负责人及相关人员，将根据不同情形依法依规严肃问责或追究法律责任。

在 2018 年 10 月 3 日公布"阴阳合同"案件调查结果的同天，范某某发布一篇致歉信，在信中，范某某对自己所做的一切感到深深的愧疚，还称自己会完全接受税务机关依法所做出的一切处罚决定，并且会尽快筹集资金，补缴罚款，还向社会保证日后一定守法经营。

（资料来源：新华网）

请结合案例材料，思考并回答以下问题。

1. 什么是"阴阳合同"？"阴阳合同"为什么在影视、体育等行业存在较为普遍？

2. 范某某所受到的是税务机关的行政处罚，但并没有构成犯罪，也没有受到刑事处罚，请结合《刑法》相关规定说明原因。

3. 范某某担任法定代表人的企业偷逃税款金额巨大，请问其负责纳税申报的会计人员是否要承担法律责任？其违反了哪些财务会计职业道德规范的内容？

4. 范某某经纪人牟某广指使公司员工隐匿、故意销毁涉案公司会计凭证、会计账簿，阻挠税务机关依法调查，请结合《会计法》《刑法》的相关内容，阐述牟某广可能面临的法律后果。

5. 当财务会计人员面临上级管理层的压力，被指使去隐匿、故意销毁公司会计凭证、会计账簿时，应如何应对？又应如何保护自己？

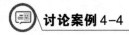

讨论案例 4-4

T公司职业道德问题分析

　　T公司是一家高新技术企业。新任总经理黄某接替前任总经理李某的工作。黄某非常关心公司的经营情况，花费了几周时间了解公司目前的经营状况，发现公司在过去3年的销售增长率远远高于行业水平。

　　总经理黄某与公司的经营副总许某进行了面谈。许某告诉黄某，公司目前面临激烈的行业竞争，为了取得更多的订单，公司在价格策略上采取低价竞争以排挤竞争对手。同时，为了取得盈利，公司产品的零部件尽可能用低廉的国产元器件代替昂贵的进口元器件。

　　总经理黄某又与公司研发总监张某进行了面谈。张某告诉黄某，公司产品的更新换代速度很快，几乎每半年就要推出一款价格更低的新产品。有时产品甚至没有经过小批量试用的验证，就直接出售给客户。但小批量试用是产品正式出售前必经的一个环节。研发总监张某虽然给前任总经理反馈过，前任总经理总是解释说，为了迅速占领市场，即使省去一些研发环节，也是可以容忍的，市场永远放在第一位。

　　总经理黄某又与质量总监高某进行了面谈。黄某了解到，企业由于大量使用国产元器件，以及产品没有经过小批量验证，目前出售产品在使用1年至2年后会频繁发生质量问题。公司目前产品售后维护的压力越来越大，产品的质量成本也呈现出上升趋势。公司质量管理工作越来越难干，无法按照正常的质量管理程序在设计阶段杜绝质量隐患。同时，质量管理人员又经常受到客户和企业内部其他部门人员的责难。很多质量管理人员正在拿着T公司的薪水，同时又在寻找更好的工作。

　　请结合案例材料，思考并回答以下问题。

　　1. T公司信奉何种价值观？如何使用这些价值观解释黄华所了解到的事实？

　　2. 领导层的示范作用对T公司价值观的形成有何影响？

　　3. 黄某应该采取哪些行动，以在T公司中创造一种建立在道德和价值观基础上的文化氛围？

　　4. 做出上述转变后，T公司可能获得哪些潜在好处？

第五章 审计职业道德

> 🎯 **学习目标**
>
> 1. 掌握审计职业道德的概念、特征、功能和作用。
> 2. 掌握中国注册会计师职业道德原则的内容。
> 3. 运用注册会计师职业道德概念框架,分析并解决职业道德问题。
> 4. 掌握注册会计师审计业务对独立性的要求。
> 5. 掌握注册会计师审计失败的含义、原因、后果和道德治理对策。
> 6. 掌握注册会计师职业道德教育的形式、内容和途径。
> 7. 掌握内部审计人员职业道德规范的内容。
> 8. 分析内部审计人员独立性或客观性受损情形,并进行应对。

案例导入

注册会计师行业1.6万人进行诚信宣誓

诚信是注册会计师行业立身之本、执业之基,为强化注册会计师诚实守信的执业理念,增强注册会计师职业荣誉感,中国注册会计师协会(以下简称中注协)专门制定了《注册会计师诚信宣誓办法》①。

2019年9月18日,中注协按照《注册会计师诚信宣誓办法》,组织参加行业诚信教育远程示范培训班的全体学员集体进行诚信宣誓,宣誓人员列队面向国旗,右手握拳上举过肩,随领誓人郑重宣誓:自觉遵守国家法律法规,恪守职业道德规范,严格执行执业准则;树立诚信意识,保持良好执业行为,维护行业形象;牢记社会责任,保证服务质量,维护公众利益。愿与行业同仁一道,为维护社会经济秩序,促进行业健康发展,贡献自己的力量。

宣誓活动采取远程视频方式,全国人大代表、中注协监事会监事长、天衡会计师事务所首席合伙人余瑞玉在南京会场领誓,全国9 000余家会计师事务所负责人、注

---

① 中国注册会计师协会(The Chinese Institute of Certified Public Accountants,简称CICPA)是在财政部党组领导下开展注册会计师行业管理和服务的法定组织,依据《注册会计师法》和《社会团体登记管理条例》的有关规定设立,承担着《注册会计师法》赋予的职能和协会章程规定的职能。成立于1988年11月。

册会计师及助理人员共约1.65万人，在32个省区市分会场同步跟读宣誓。

这次宣誓活动，是落实财政部《关于提升会计师事务所审计质量的专项方案》要求，在全行业集中开展的一次诚信教育的具体行动，也是对"职业化建设年"主题活动和"不忘初心、牢记使命"主题教育的有益探索，旨在通过富有仪式感的宣誓活动，进一步激发从业人员牢记习近平总书记对注册会计师行业"紧紧抓住服务国家建设这个主题和诚信建设这条主线"的教诲，不忘初心、担当使命，诚信服务国家建设。根据统一安排，各地注协还组织会计师事务所开展诚信倡议、签订诚信自律公约等活动。

（资料来源：中国注册会计师协会网站）

第一节 审计职业道德概述

习近平总书记在2018年5月的中央审计委员会第一次会议上提出，审计工作"要以审计精神立身，以创业精神立业，以自身建设立信"[①]。对于审计人员来讲，诚信既是审计人员立身的根本，也是审计人员职业道德的重要内容。

一、审计职业道德的概念

审计职业道德是指在审计职业活动中应当遵循的、体现审计职业特征的、调整审计职业关系的职业行为准则和规范。审计职业道德规范的对象，既包括注册会计师，也包括内部审计人员和政府审计人员。本章主要对注册会计师职业道德和内部审计人员职业道德进行介绍。

二、审计职业道德的特征

审计职业道德是一般职业道德在审计行业中的特殊表征。审计职业道德具有特殊性，主要体现在两个方面：一是与社会公众利益密切相关；二是具有较强的强制性。

（一）与社会公众利益密切相关

审计职业活动与社会公众利益密切相关。无论是注册会计师审计、政府审计，还是内部审计，都与社会公众利益密切相关，这需要审计人员诚信服务，发挥审计监督作用，维护社会公众利益。注册会计师审计通过对被审计单位财务报表进行独立审查，并发表意见，以确保利益相关者能够根据真实、完整、可靠的会计信息进行决策，以此来维护社会

[①] 中国共产党中央审计委员会是2018年3月中国共产党中央委员会根据《深化党和国家机构改革方案》组建的中共中央决策议事协调机构。主要职责包括研究提出并组织实施在审计领域坚持党的领导、加强党的建设方针政策，审议审计监督重大政策和改革方案，审议年度中央预算执行和其他财政支出情况审计报告，审议决策审计监督其他重大事项等。

公众利益。政府审计通过监督财政、财务收支真实性、合法性和效益性，以此来维护社会公众利益。内部审计通过对企业生产、销售、采购、财务等各领域进行审计，以此来维护供应商、客户等利益相关者的利益。

（二）具有较强的强制性

审计职业道德具有广泛的社会影响，与社会公众利益密切相关。为确保社会公众利益能够得到保障，需要将审计职业道德的内容直接纳入审计法律制度中。例如，我国的《审计法》《注册会计师法》《审计署关于内部审计工作的规定》都对审计职业道德规范的内容进行了规定。《审计法》[①] 第六条规定，"审计机关和审计人员办理审计事项，应当客观公正，实事求是，廉洁奉公，保守秘密。"《注册会计师法》[②]第六条规定，"注册会计师和会计师事务所依法独立、公正执行业务，受法律保护。"《审计署关于内部审计工作的规定》[③] 中第五条规定，"内部审计机构和内部审计人员从事内部审计工作，应当严格遵守有关法律法规、本规定和内部审计职业规范，忠于职守，做到独立、客观、公正、保密。内部审计机构和内部审计人员不得参与可能影响独立、客观履行审计职责的工作。"这就要求审计从业人员必须依照法律规范的相关职业道德要求，从事审计职业活动。

三、审计职业道德的功能

审计职业道德的主要功能包括认识功能、教育功能和调节功能。

（一）认识功能

审计职业道德的认识功能，是指审计职业道德具有向审计从业人员指明其在审计实务活动中的价值取向，指导审计从业人员认识自己向他人、社会及国家所应承担的道德责任和义务的功能。通过审计职业道德的认识功能，引导审计从业人员正确认识和理解审计职业道德规范的内容，并遵循职业道德行为准则，从而树立起良好的职业观念。

（二）教育功能

审计职业道德的教育功能，是指通过树立道德榜样、造成社会舆论等形式，来深刻影响审计从业人员的道德观念和道德行为，以培养其道德习惯和道德品质的功能。审计职业道德的教育功能有助于启迪审计从业人员的道德觉悟，培养审计从业人员践行审计职业道德行为的自觉性和主动性。

（三）调节功能

审计职业道德的调节功能，是指审计职业道德通过审计职业道德判断、审计职业道德标准等形式，反映审计从业人员和他人、审计从业人员和社会的关系，并纠正和指导审计从业人员职业行为的功能。审计职业道德的调节功能有助于审计从业人员与他人和社会建

---

① 1994年8月31日第八届全国人民代表大会常务委员会第九次会议通过，根据2006年2月28日第十届全国人民代表大会常务委员会第二十次会议《关于修改〈中华人民共和国审计法〉的决定》修正。

② 1993年10月31日第八届全国人民代表大会常务委员会第四次会议通过，根据2014年8月31日第十二届全国人民代表大会常务委员会第十次会议《关于修改〈中华人民共和国保险法〉等五部法律的决定》修正。

③ 审计署于2018年1月12日发布《审计署关于内部审计工作的规定》（审计署令第11号），自2018年3月1日起施行。

立起和谐的关系。

四、审计职业道德的作用

审计职业道德的作用主要体现在以下几个方面：

1. 有助于审计人员正确履行工作职责

审计职业道德是规范审计人员职业行为的基础，有助于审计人员正确履行工作职责。在审计职业活动中，只有将诚信、独立性、客观和公正、专业胜任能力和应有的关注、保密、良好的职业行为等职业道德基本原则内化于审计人员的心中，让审计人员接受并认可，才能有效地规范审计人员的行为，才能帮助审计人员在日常工作中按照职业道德的要求正确履行工作职责，避免不道德的工作行为，提高工作的效率和效果。

2. 有助于提升被审计单位的经营管理水平

审计职业道德是审计工作完成的重要保障，有助于提升被审计单位的经营管理水平。审计工作中充满了职业判断。良好的职业判断来源于对职业道德的正确理解和认识。严格遵循审计职业道德规范的要求执行审计工作，才能确保审计工作高质量完成，审计工作的结果得到被审计单位的认可和接受。被审计单位通过对审计建议的采纳与执行，也有助于其不断提高经营管理水平。

3. 有助于增强社会公众对审计职业的信赖

审计职业道德是净化审计职业环境的重要手段，有助于增强社会公众对审计职业的信赖。近年来，审计失败案例层出不穷，极大地损害了审计人员的职业声誉。通过制定并向社会公众发布职业道德规范，有助于向社会公众表明审计人员的专业品质，以此来增强社会公众对审计职业的理解。通过严格遵循职业道德规范，提供高质量的审计服务，有助于净化审计职业环境，以此来增强社会公众对审计职业的信赖。

4. 对审计法律制度的重要补充

审计职业道德是对审计法律制度的重要补充。审计人员在执业过程中，为保证执业质量，必须对其职业行为进行规范。有些可以通过法律规范的形式体现，例如《审计法》《注册会计师法》《审计署关于内部审计工作的规定》等；有些则不能通过法律形式进行规范，但又有必要做出规定，就只能通过职业道德规范加以要求。

第二节　注册会计师的职责

一、注册会计师审计的定义

注册会计师审计也称社会审计或独立审计，是指注册会计师依法接受委托、独立执业、有偿为社会提供专业服务的活动。注册会计师执行的业务分为鉴证业务和相关服务。鉴证业务是指注册会计师对鉴证对象信息提出结论，以增强除责任方之外的预期使用者对鉴证对象信息信任程度的业务，包括审计、审阅和其他鉴证业务；相关服务包括税务代理、代编财务信息、对财务信息执行商定程序等。

财务报表审计是注册会计师的传统核心业务。财务报表审计是指注册会计师对财务报表是否不存在重大错报提供合理保证，以积极方式提出意见，增强除管理层之外的预期使用者对财务报表信赖的程度。

二、注册会计师审计的目标

在不同保证程度下，注册会计师执行业务的目标也不一样。对于提供合理保证的业务（例如财务报表审计），其目标是在可接受的低审计风险下，以积极方式对财务报表整体发表审计意见，提供高水平的保证；对于提供有限保证的业务（例如审阅业务），其目标是在可接受的审阅风险下，以消极方式对财务报表整体发表审阅意见，提供有意义水平的保证，该保证水平低于审计业务的保证水平；对于提供相关服务的业务，其目标是为被服务者提供及时的需要、满足和帮助，不需要提供合理保证或有限保证；对于财务报表审计来讲，其目标是改善财务报表的质量或内涵，增强预期使用者对财务报表的信赖程度，即以合理保证的方式提高财务报表的可信度，而不涉及为如何利用信息提供建议。

三、注册会计师的职责

（一）基于工作内容的职责划分

从工作内容来看，注册会计师主要从事两大类业务。一类是审计业务。《注册会计师法》第十四条规定，注册会计师承办下列审计业务：①审查企业会计报表，出具审计报告；②验证企业资本，出具验资报告；③办理企业合并、分立、清算事宜中的审计业务，出具有关的报告；④法律、行政法规规定的其他审计业务。注册会计师依法执行审计业务出具的报告，具有证明效力。一类是会计咨询和服务业务。《注册会计师法》第十五条规定："注册会计师可以承办会计咨询、会计服务业务。"因此，对于审计业务来讲，注册会计师的职责就是出具鉴证报告；对于会计咨询和服务业务来讲，注册会计师的职责就是按照协议约定按时完成所承办会计咨询或服务业务。

（二）基于管理层级的职责划分

从管理层级的角度来看，注册会计师的职责通常包括会计师事务所合伙人的职责、签字注册会计师的职责和普通审计从业人员的职责。

1. 会计师事务所合伙人

在我国，成为会计师事务所合伙人需要具备一定的条件。《会计师事务所执业许可和监督管理办法》[①] 中规定，成为会计师事务所的合伙人（股东），应当具备下列条件：①具有注册会计师执业资格；②成为合伙人（股东）前3年内没有因为执业行为受到行政处罚；③最近连续3年在会计师事务所从事审计业务且在会计师事务所从事审计业务时间累计不少于10年或者取得注册会计师执业资格后最近连续5年在会计师事务所从事审计业务；④成为合伙人（股东）前3年内没有因欺骗、贿赂等不正当手段申请会计师事务所执业许可而被省级财政部门做出不予受理、不予批准或者撤销会计师事务所执业许可的决

---

① 具体可参考财政部于2017年8月发布的修订后的《会计师事务所执业许可和监督管理办法》（财政部令第89号）中的相关规定，该办法自2017年10月1日起施行。

定；⑤在境内有稳定住所，每年在境内居留不少于 6 个月，且最近连续居留已满 5 年。此外，具有相关职业资格（例如中国资产评估师、中国税务师、中国造价工程师）的人员，经合伙协议约定，可以担任特殊普通合伙会计师事务所履行内部特定管理职责或者从事咨询业务的合伙人，但不得担任首席合伙人和执行合伙事务的合伙人，不得以任何形式对该会计师事务所实施控制①。不同类型合伙人所承担的职责不同。首席合伙人（主任会计师）对会计师事务所的执业质量负主体责任。审计业务主管合伙人（股东）、质量控制主管合伙人（股东）对会计师事务所的审计业务质量负直接主管责任。审计业务项目合伙人（股东）对组织承办的具体业务项目的审计质量负直接责任。

2. 签字注册会计师

在我国，成为签字注册会计师需要满足一定的前提条件。根据《注册会计师法》的规定，参加注册会计师全国统一考试成绩合格，并从事审计业务工作 2 年以上的，可以向省、自治区、直辖市注册会计师协会申请注册。因此，满足上述条件，才能成为签字注册会计师。此外，有下列情形之一的，受理申请的注册会计师协会不予注册：①不具有完全民事行为能力的；②因受刑事处罚，自刑罚执行完毕之日起至申请注册之日止不满 5 年的；③因在财务、会计、审计、企业管理或者其他经济管理工作中犯有严重错误受行政处罚、撤职以上处分，自处罚、处分决定之日起至申请注册之日止不满 2 年的；④受吊销注册会计师证书的处罚，自处罚决定之日起至申请注册之日止不满 5 年的；⑤国务院财政部门规定的其他不予注册的情形的。签字注册会计师的职责主要为按照执业准则、规则确定的工作程序出具报告。若签字注册会计师在承办业务的过程中，未能履行合同条款或者未能保持应有的职业谨慎或故意未按专业标准出具合格报告，致使审计报告使用者遭受损失的，可按法律法规追究其行政责任、民事责任和刑事责任，三种可同时追究，也可单独追究。

3. 普通审计从业人员

普通审计从业人员在合伙人或签字注册会计师的领导下，负责完成指定的审计任务。其具体职责包括但不限于：负责对承担项目审计计划的撰写，负责或协助确定审计项目的重要性水平和审计风险；根据项目审计的重要性，负责或配合上级制定审计工作方案，做好工作记录；负责项目组任务实施中与委托方的沟通、联系、协调；重大审计问题需向委托方沟通时向上级汇报，按上级确定的内容、方式与相关单位和人员进行有效沟通；按部门审计底稿档案管理要求配合资料员完善项目档案资料并验收归档。

第三节 注册会计师职业道德基本原则

中注协先后发布了一系列有关职业道德要求的规范性文件，其中包括 1992 年 9 月发布的《中国注册会计师职业道德守则（试行）》、1996 年 12 月发布的《中国注册会计师职业道德基本准则》、2002 年 6 月发布的《中国注册会计师职业道德规范指导意见》、

---

① 具体可参考财务部于 2018 年 2 月下发的《其他专业资格人员担任特殊普通合伙会计师事务所合伙人暂行办法》（财会〔2018〕4 号）中的相关规定，该办法自 2018 年 3 月 1 日起施行。

2009 年 10 月发布的《中国注册会计师职业道德守则》和《中国注册会计师协会非执业会员职业道德守则》。为了顺应经济社会发展对注册会计师诚信和职业道德水平提出的更高要求，进一步提升审计质量，吸收借鉴国际职业会计师道德守则的最新成果，保持与国际守则的持续动态趋同，中国注册会计师协会对守则进行了全面修订，并于 2020 年 12 月印发《中国注册会计师职业道德守则（2020）》和《中国注册会计师协会非执业会员职业道德守则（2020）》①。修订后的《中国注册会计师职业道德守则（2020）》具体包括《中国注册会计师职业道德守则第 1 号——职业道德基本原则》《中国注册会计师职业道德守则第 2 号——职业道德概念框架》《中国注册会计师职业道德守则第 3 号——提供专业服务的具体要求》《中国注册会计师职业道德守则第 4 号——审计和审阅业务对独立性的要求》和《中国注册会计师职业道德守则第 5 号——其他鉴证业务对独立性的要求》。

一、中国注册会计师执业会员职业道德基本原则

根据《注册会计师法》的规定，参加注册会计师全国统一考试成绩合格，并从事审计业务工作 2 年以上的，可以向省、自治区、直辖市注册会计师协会申请注册为执业会员。申请成功后，中国注册会计师执业会员具有签字权。

中国注册会计师执业会员职业道德基本原则包括诚信、客观公正、独立性、专业胜任能力和勤勉尽责、保密、良好职业行为。

（一）诚信

1. 诚信的含义

诚信，即诚实守信。指一个人的言行与思想一致，不虚假。能履行别人的约定而取得别人的信任。"诚"更多地指"内诚于心"，"信"则侧重于"外信于人"。

2. 诚信原则的要求

注册会计师应当遵循诚信原则，在所有的职业活动中保持正直、诚实守信。诚信是我国社会主义核心价值观的重要组成部分，是社会主义道德建设的重要内容，是构建社会主义和谐社会的重要纽带，同时也是社会主义市场经济运行的基础。对注册会计师行业来说，诚信是注册会计师行业存在和发展的基石，在职业道德基本原则中居于首要地位。

注册会计师如果认为业务报告、申报资料、沟通函件或其他方面的信息存在下列问题，不得与这些有问题的信息发生关联：含有虚假记载、误导性陈述；含有缺乏充分根据的陈述或信息；存在遗漏或含糊其辞的信息，而这种遗漏或含糊其辞可能会产生误导。注册会计师如果注意到已与有问题的信息发生关联，应当采取措施消除关联。针对上述情形，如果注册会计师按照职业准则的规定出具了恰当的业务报告（例如，在审计业务中，出具恰当的非无保留意见审计报告），则不被视为违反该条的规定。

（二）客观公正

1. 客观公正的含义

客观，是指按照事物的本来面目去考察，不添加个人的偏见；公正，是指公平、正

---

① 中国注册会计师协会于 2020 年 12 月发布《中国注册会计师职业道德守则（2020）》和《中国注册会计师协会非执业会员职业道德守则（2020）》，自 2021 年 7 月 1 日起施行。

直、不偏袒。

2. 客观公正原则的要求

注册会计师应当遵循客观公正原则，公正处事，实事求是，不得由于偏见、利益冲突或他人的不当影响而损害自己的职业判断。如果存在对职业判断产生过度不当影响的情形，注册会计师不得从事与之相关的职业活动。

（三）独立性

1. 独立性的含义

独立性，是指不受外来力量控制、支配，按照一定之规行事，包括实质上的独立性和形式上的独立性。实质上的独立性是一种内心状态，使得注册会计师在提出结论时不受损害职业判断的因素影响，诚信行事，遵循客观公正原则，保持职业怀疑；形式上的独立性是一种外在表现，使得一个理性且掌握充分信息的第三方，在权衡所有相关事实和情况后，认为会计师事务所、审计或鉴证业务项目团队成员没有损害诚信原则、客观公正原则。

2. 独立性原则的要求

在执行审计和审阅业务、其他鉴证业务时，注册会计师应当遵循独立性原则，从实质上和形式上保持独立性，不得因任何利害关系影响其客观公正。

独立性是鉴证业务的灵魂，是专门针对注册会计师从事审计和审阅业务、其他鉴证业务而提出的职业道德基本原则。《中国注册会计师职业道德守则第 4 号——审计和审阅业务对独立性的要求》《中国注册会计师职业道德守则第 5 号——其他鉴证业务对独立性的要求》分别针对注册会计师执行审计和审阅业务、其他鉴证业务的独立性做出具体规定。会计师事务所在承接审计和审阅业务、其他鉴证业务时，应当从会计师事务所整体层面和具体业务层面采取措施，以保持会计师事务所和项目团队的独立性。

（四）专业胜任能力和勤勉尽责

1. 专业胜任能力和勤勉尽责的含义

专业胜任能力是指注册会计师具有专业知识、技能和经验，能够经济、有效地完成客户委托的业务，包括专业胜任能力的获取和专业胜任能力的保持。

勤勉尽责是指注册会计师在执业过程中遵守职业准则的要求并保持应有的职业怀疑，履行应尽的职业责任，认真、全面、及时地完成工作任务。

2. 专业胜任能力和勤勉尽责原则的要求

注册会计师应当遵循专业胜任能力和勤勉尽责原则。根据该原则的要求，注册会计师应当获取并保持应有的专业知识和技能，确保为客户提供具有专业水准的服务；做到勤勉尽责。

注册会计师应当通过教育、培训和执业实践获取和保持专业胜任能力。注册会计师应当持续了解并掌握当前法律、技术和实务的发展变化，将专业知识和技能始终保持在应有的水平。在运用专业知识和技能时，注册会计师应当合理运用职业判断。

注册会计师应当勤勉尽责，即遵守职业准则的要求并保持应有的职业怀疑，认真、全面、及时地完成工作任务。注册会计师应当采取适当措施，确保在其授权下从事专业服务的人员得到应有的培训和督导。在适当时，注册会计师应当使客户或专业服务的其他使用者了解专业服务的固有局限。

（五）保密

1. 保密的含义

保密是指保守事物的秘密，不让秘密泄露的行为。注册会计师从事职业活动必须建立在为客户、为工作单位等利益相关方保密的基础上。遵循保密原则可以促进信息在注册会计师与客户、注册会计师与工作单位之间的自由传输。

2. 保密原则的要求

注册会计师应当遵循保密原则，对职业活动中获知的信息保密。如果注册会计师遵循保密原则，信息提供者通常可以放心地向注册会计师提供其从事职业活动所需的信息，而不必担心该信息被其他方获知，这有利于注册会计师更好地维护公众利益。根据该原则，注册会计师应当遵守下列要求。

（1）警觉无意中泄密的可能性，包括在社会交往中无意泄密的可能性，特别要警觉无意向关系密切的商业伙伴或近亲属泄密的可能性。

（2）对所在会计师事务所内部的涉密信息保密。

（3）对职业活动中获知的涉及国家安全的信息保密。

（4）对拟承接的客户向其披露的涉密信息保密。

（5）在未经客户授权的情况下，不得向会计师事务所以外的第三方披露其所获知的涉密信息，除非法律法规或职业准则规定注册会计师在这种情况下有权利或义务进行披露。

（6）不得利用因职业关系而获知的涉密信息为自己或第三方谋取利益。

（7）不得在职业关系结束后利用或披露因该职业关系获知的涉密信息。

（8）采取适当措施，确保下级员工以及为注册会计师提供建议和帮助的人员履行保密义务。

在某些情况下，保密原则是可以豁免的。在下列情况下，注册会计师可能会被要求披露涉密信息，或者披露涉密信息是适当的，不被视为违反保密原则：

（1）法律法规要求披露，例如为法律诉讼准备文件或提供其他证据，或者向适当机构报告发现的违反法律法规行为。

（2）法律法规允许披露，并取得了客户的授权。

（3）注册会计师有职业义务或权利进行披露，且法律法规未予禁止，主要包括下列情形：①接受注册会计师协会或监管机构的执业质量检查；②答复注册会计师协会或监管机构的询问或调查；③在法律诉讼、仲裁中维护自身的合法权益；④遵守职业准则的要求，包括职业道德要求；⑤法律法规和职业准则规定的其他情形。

在决定是否披露涉密信息时，注册会计师需要考虑下列因素。

（1）客户同意披露的涉密信息，法律法规是否禁止披露。

（2）如果客户同意注册会计师披露涉密信息，这种披露是否可能损害相关人的利益。

（3）是否已在可行的范围内了解和证实所有相关信息，信息是否完整。

（4）信息披露的方式和对象，包括披露对象是否恰当。

（5）可能承担的法律责任和后果。

在终止与客户的关系后,注册会计师应当对以前职业活动中获知的涉密信息保密。如果变更工作单位或获得新客户,注册会计师可以利用以前的经验,但不得利用或披露以前职业活动中获知的涉密信息。

(六) 良好职业行为

1. 良好职业行为的含义

良好的职业行为是指注册会计师在职业活动中,遵守相关法律法规,避免发生任何损害职业声誉的行为。

2. 良好职业行为原则的要求

注册会计师应当遵循良好职业行为原则,爱岗敬业,遵守相关法律法规,避免发生任何可能损害职业声誉的行为。注册会计师不得在明知的情况下,从事任何可能损害诚信原则、客观公正原则或良好职业声誉,从而可能违反职业道德基本原则的业务、职务或活动。如果一个理性且掌握充分信息的第三方很可能认为某种行为将对良好的职业声誉产生负面影响,则这种行为属于可能损害职业声誉的行为。

注册会计师在向公众传递信息以及推介自己和工作时,应当客观、真实、得体,不得损害职业形象。注册会计师应当诚实、实事求是,不得有下列行为。

(1) 夸大宣传提供的服务、拥有的资质或获得的经验。

(2) 贬低或无根据地比较他人的工作。

二、中国注册会计师非执业会员职业道德基本原则

中国注册会计师非执业会员可能是其所在工作单位的正式或非正式员工,如企业的董事、高级管理人员、正式员工、临时员工、志愿者等。非执业会员与工作单位之间关系的法律形式不影响其应承担的职业道德责任。非执业会员可能负责编报财务信息或其他方面的信息,供工作单位或第三方使用,也可能负责从事有效的财务管理工作或就企业各种与经营相关的事项提供合理建议。投资者、债权人、工作单位、政府部门以及社会公众等都可能依赖非执业会员的工作。非执业会员在从事专业服务时,应当遵守职业道德守则,履行相应的社会责任,维护公众利益。

中国注册会计师非执业会员职业道德基本原则包括诚信、客观公正、专业胜任能力和勤勉尽责、保密、良好职业行为。

(一) 诚信

非执业会员应当遵循诚信原则,在所有的职业活动中保持正直、诚实守信。非执业会员如果认为业务报告、申报资料、沟通函件或其他方面的信息存在下列问题,不得与这些有问题的信息发生关联。

(1) 含有虚假记载、误导性陈述。

(2) 含有缺乏充分根据的陈述或信息。

(3) 存在遗漏或含糊其辞的信息,而这种遗漏或含糊其辞可能会产生误导。

非执业会员如果注意到已与有问题的信息发生关联,应当采取措施消除关联。

(二) 客观公正

非执业会员应当遵循客观公正原则,公正处事,实事求是,不得由于偏见、利益冲突

或他人的不当影响而损害自己的职业判断。如果存在对职业判断产生过度不当影响的情形，非执业会员不得从事与之相关的职业活动。

（三）专业胜任能力和勤勉尽责

非执业会员应当遵循专业胜任能力和勤勉尽责原则，根据该原则的要求，非执业会员应当获取并保持应有的专业知识和技能，确保为工作单位提供具有专业水准的服务；做到勤勉尽责。

非执业会员应当通过教育、培训和工作实践获取和保持专业胜任能力。非执业会员应当持续了解并掌握当前法律、技术和实务的发展变化，将专业知识和技能始终保持在应有的水平。在运用专业知识和技能时，非执业会员应当合理运用职业判断。

非执业会员应当勤勉尽责，即遵守法律法规、相关职业准则以及非执业会员职业道德守则的规定，认真、全面、及时地完成工作任务。非执业会员应当采取适当措施，确保在其授权下工作的人员得到应有的培训和督导。在适当时，非执业会员应当使其工作单位或专业服务的其他使用者了解这些专业服务的固有局限。

（四）保密

非执业会员应当遵循保密原则，对职业活动中获知的涉密信息保密。非执业会员应当遵守下列要求。

（1）警觉无意泄密的可能性，包括在社会交往中无意泄密的可能性，特别是要警觉无意向关系密切的商业伙伴或近亲属泄密的可能性。

（2）对所在工作单位内部的涉密信息保密。

（3）对职业活动中获知的涉及国家安全的信息保密。

（4）对拟受雇的工作单位向其披露的涉密信息保密。

（5）在未经工作单位授权的情况下，不得向工作单位以外的第三方披露其所获知的涉密信息，除非法律法规或职业准则规定非执业会员在这种情况下有权利或义务进行披露。

（6）不得利用因职业关系而获知的涉密信息为自己或第三方谋取利益。

（7）不得在职业关系结束后利用或披露因该职业关系获知的涉密信息。

（8）采取适当措施，确保下级员工以及为非执业会员提供建议和帮助的人员履行保密义务。

保密原则是符合公众利益的，因为遵循这一原则可以促进信息在工作单位和非执业会员之间的自由传输，而信息提供者不必担心信息为第三方所获知。然而，在某些情况下，保密原则是存在豁免情形的。在下列情况下，非执业会员可能会被要求披露涉密信息，或者披露涉密信息是适当的，不被视为违反保密原则。

（1）法律法规要求披露，例如为法律诉讼准备文件或提供其他证据，或者向适当的监管机构报告发现的违反法律法规的行为。

（2）法律法规允许披露，并取得工作单位的授权。

（3）非执业会员有职业义务或权利进行披露，且法律法规未予禁止，包括下列情形：接受职业组织或监管机构的执业质量检查；答复职业组织或监管机构的询问或调查；在法律诉讼、仲裁中维护自己的合法权益；遵守相关职业准则的要求，包括职业道德要求；法律法规和职业准则规定的其他情形。

在决定是否披露涉密信息时，非执业会员需要考虑下列因素。

(1) 工作单位同意披露的涉密信息，法律法规是否禁止披露。
(2) 如果工作单位同意非执业会员披露这些涉密信息，这种披露是否可能损害利害关系人的利益。
(3) 是否已在可行的范围内了解和证实了所有相关信息，信息是否完整。
(4) 信息披露的方式和对象，包括披露对象是否恰当。
(5) 可能承担的法律责任和后果。

在终止与工作单位的关系后，非执业会员应当对以前职业活动中获知的涉密信息保密。如果变更工作单位，非执业会员可以利用以前的经验，但不得利用或披露以前职业活动中获知的涉密信息。

（五）良好职业行为

非执业会员应当遵循良好职业行为原则，遵守相关法律法规，避免发生任何可能损害职业声誉的行为。非执业会员不得在明知的情况下，从事任何可能损害诚信原则、客观公正原则或良好职业声誉，从而可能违反职业道德基本原则的业务、职务或活动。如果一个理性且掌握充分信息的第三方很可能认为某种行为将对良好的职业声誉产生负面影响，则这种行为属于可能损害职业声誉的行为。

非执业会员在向公众传递信息以及推介自己和工作时，应当客观、真实、得体，不得损害职业形象。非执业会员应当诚实、实事求是，不得有下列行为。
(1) 夸大宣传提供的服务、拥有的资质或获得的经验。
(2) 贬低或无根据地比较他人的工作。

如果非执业会员对其行为是否适当存有疑问，可以向中国注册会计师协会咨询。

第四节　注册会计师职业道德概念框架及其运用

一、中国注册会计师职业道德概念框架

（一）职业道德概念框架的内涵

职业道德概念框架，是指解决职业道德问题的思路和方法，用以指导注册会计师。
(1) 识别对职业道德基本原则的不利影响。
(2) 评价不利影响的严重程度。
(3) 必要时采取防范措施消除不利影响或将其降低至可接受的水平。

注册会计师遇到的许多情形（如职业活动、利益和关系）都可能对职业道德基本原则产生不利影响，职业道德概念框架旨在帮助注册会计师应对这些不利影响。职业道德概念框架适用于各种可能对职业道德基本原则产生不利影响的情形。由于实务中的情形多种多样且层出不穷，职业道德守则不可能对所有情形都做出明确规定，注册会计师如果遇到职业道德守则未做出明确规定的情形，应当运用职业道德概念框架识别、评价和应对各种可能产生的不利影响，而不能想当然地认为职业道德守则未明确禁止的情形就是允许的。

职业道德概念框架分析思路如图 5-1 所示。

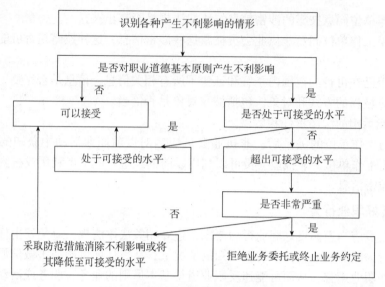

图 5-1 职业道德概念框架分析思路

（二）识别对职业道德基本原则的不利影响

注册会计师应当识别对职业道德基本原则的不利影响。通常来说，一种情形可能产生多种不利影响，一种不利影响也可能影响多项职业道德基本原则。注册会计师识别不利影响的前提是了解相关事实和情况，包括了解可能损害职业道德基本原则的职业活动、利益和关系。对职业道德基本原则的不利影响可能产生于多种事实和情况，并且，因业务的性质和工作任务不同，产生的不利影响的类型也可能不同，职业道德守则无法针对每种事实和情况都做出具体规定。

可能对职业道德基本原则产生不利影响的因素包括自身利益、自我评价、过度推介、密切关系和外在压力。

1. 自身利益

因自身利益产生的不利影响，是指由于某项经济利益或其他利益可能不当影响注册会计师的判断或行为，而对职业道德基本原则产生的不利影响。这种不利影响表现在以下几个方面。

（1）注册会计师在客户中拥有直接经济利益。

（2）会计师事务所的收入过分依赖某一客户。

（3）会计师事务所以较低的报价获得新业务，而该报价过低，可能导致注册会计师难以按照适用的职业准则要求执行业务。

（4）注册会计师与客户之间存在密切的商业关系。

（5）注册会计师能够接触到涉密信息，而该涉密信息可能被用于谋取个人私利。

（6）注册会计师在评价所在会计师事务所以往提供的专业服务时，发现了重大错误。

2. 自我评价

因自我评价产生的不利影响，是指注册会计师在执行当前业务的过程中，其判断需要依赖其本人或所在会计师事务所以往执行业务时做出的判断或得出的结论，而该注册会计师可能不恰当地评价这些以往的判断或结论，从而对职业道德基本原则产生的不利影响。

（1）注册会计师在对客户提供财务系统的设计或实施服务后，又对该系统的运行有效性出具鉴证报告。

（2）注册会计师为客户编制用于生成有关记录的原始数据，而这些记录是鉴证业务的对象。

3. 过度推介

因过度推介产生的不利影响，是指注册会计师倾向客户的立场，导致该注册会计师的客观公正原则受到损害而产生的不利影响。

（1）注册会计师推介客户的产品、股份或其他利益。

（2）当客户与第三方发生诉讼或纠纷时，注册会计师为该客户辩护。

（3）注册会计师站在客户的立场上影响某项法律法规的制定。

4. 密切关系

因密切关系产生的不利影响，是指注册会计师由于与客户存在长期或密切的关系，导致过于偏向客户的利益或过于认可客户的工作，从而对职业道德基本原则产生的不利影响。

（1）审计项目团队成员的主要近亲属或其他近亲属担任审计客户的董事或高级管理人员。

（2）鉴证客户的董事、高级管理人员，或所处职位能够对鉴证对象施加重大影响的员工，最近曾担任注册会计师所在会计师事务所的项目合伙人。

（3）审计项目团队成员与审计客户之间长期存在业务关系。

5. 外在压力

因外在压力产生的不利影响，是指注册会计师迫于实际存在的或可感知到的压力，导致无法客观行事而对职业道德基本原则产生的不利影响。

（1）注册会计师因对专业事项持有不同意见而受到客户解除业务关系或被会计师事务所解雇的威胁。

（2）由于客户对所沟通的事项更具有专长，注册会计师面临服从该客户判断的压力。

（3）注册会计师被告知，除非其同意审计客户某项不恰当的会计处理，否则计划中的晋升将受到影响。

（4）注册会计师接受了客户赠予的重要礼品，并被威胁将公开其收受礼品的事情。

（三）评价不利影响的严重程度

如果识别出对职业道德基本原则的不利影响，注册会计师应当评价该不利影响的严重程度是否处于可接受的水平。可接受的水平，是指注册会计师针对识别出的不利影响实施理性且掌握充分信息的第三方测试之后，很可能得出其行为并未违反职业道德基本原则的结论时，该不利影响的严重程度所处的水平。在评价不利影响的严重程度时，注册会计师应当从性质和数量两个方面予以考虑，如果存在多项不利影响，应当将多项不利影响组合起来一并考虑。注册会计师对不利影响严重程度的评价还受到专业服务性质和范围的影响。

某些由法律法规、注册会计师协会或会计师事务所制定的，用于加强注册会计师职业道德的条件、政策和程序也可能有助于识别对职业道德基本原则的不利影响。这些条件、政策和程序也是在评价不利影响的严重程度时需要考虑的因素。这些条件、政策和程序可以分为下列两种类型：与客户及其经营环境相关的条件、政策和程序；与会计师事务所及其经营环境相关的条件、政策和程序。

1. 与客户及其经营环境相关的条件、政策和程序方面

针对与客户及其经营环境相关的条件、政策和程序，注册会计师对不利影响严重程度的评价可能受下列因素的影响。

(1) 客户是否属于审计客户，以及该客户是否属于公众利益实体。

(2) 客户是否属于非审计的鉴证客户。

(3) 客户是否属于非鉴证客户。例如，向属于公众利益实体的审计客户提供非鉴证服务，相对于向非公众利益实体审计客户提供相同的非鉴证服务，可能会对客观公正原则产生更高程度的不利影响。

良好的公司治理结构，可能有助于对职业道德基本原则的遵循。因此，注册会计师对不利影响严重程度的评价还可能受到客户经营环境的影响。

(1) 客户要求由管理层以外的适当人员批准聘请会计师事务所执行某项业务。

(2) 客户拥有具备足够经验和资历以及胜任能力的人员负责做出管理决策。

(3) 客户执行相关政策和程序，以确保在招标非鉴证服务时做出客观选择。

(4) 客户拥有完善的公司治理结构，能够对会计师事务所的服务进行适当的监督和沟通。

2. 与会计师事务所及其经营环境相关的条件、政策和程序方面

针对与会计师事务所及其经营环境相关的条件、政策和程序，注册会计师对不利影响严重程度的评价可能受到下列因素的影响。

(1) 会计师事务所领导层重视职业道德基本原则，并积极引导鉴证业务项目团队成员维护公众利益。

(2) 会计师事务所建立政策和程序，以对所有人员遵循职业道德基本原则的情况实施监督。

(3) 会计师事务所建立与薪酬、业绩评价、纪律处分相关的政策和程序，以促进对职业道德基本原则的遵循。

(4) 会计师事务所对其过分依赖从某单一客户处取得收入的情况进行管理。

(5) 在会计师事务所内，项目合伙人有权做出涉及遵循职业道德基本原则的决策，包括与向客户提供服务有关的决策。

(6) 会计师事务所对教育、培训和经验的要求。

(7) 会计师事务所用于解决内外部关注事项或投诉事项的流程。

(四) 应对不利影响

1. 基本思路

如果注册会计师确定识别出的不利影响超出可接受的水平，应当通过消除该不利影响或将其降低至可接受的水平来予以应对。注册会计师应当通过采取下列措施应对不利影响。

(1) 消除产生不利影响的情形，包括利益或关系。

（2）采取可行并有能力采取的防范措施将不利影响降低至可接受的水平。

（3）拒绝或终止特定的职业活动。

2. 具体防范措施

防范措施是指注册会计师为了将对职业道德基本原则的不利影响有效降低至可接受的水平而采取的行动，该行动可能是单项行动，也可能是一系列行动。防范措施随事实和情况的不同而有所不同。举例来说，以下特定情况下可能能够应对不利影响的防范措施。

（1）向已承接的项目分配更多时间和有胜任能力的人员，可能能够应对因自身利益产生的不利影响。

（2）由项目组以外的适当复核人员复核已执行的工作或在必要时提供建议，可能能够应对因自我评价产生的不利影响。

（3）向鉴证客户提供非鉴证服务时，指派鉴证业务项目团队以外的其他合伙人和项目组，并确保鉴证业务项目组和非鉴证服务项目组分别向各自的业务主管报告工作，可能能够应对因自我评价、过度推介或密切关系产生的不利影响。

（4）由其他会计师事务所执行或重新执行业务的某些部分，可能能够应对因自身利益、自我评价、过度推介、密切关系或外在压力产生的不利影响。

（5）由不同项目组分别应对具有保密性质的事项，可能能够应对因自身利益产生的不利影响。

注册会计师应当就其已采取或拟采取的行动是否能够消除不利影响或将其降低至可接受的水平形成总体结论。

（1）复核所做出的重大判断或得出的结论。

（2）实施理性且掌握充分信息的第三方测试。

二、职业道德概念框架在注册会计师专业服务中的具体运用

在提供专业服务的过程中，可能存在许多对职业道德基本原则产生不利影响的情形，注册会计师应当对此保持警觉，并按照职业道德守则的规定办理。当遇到守则未列举的情形时，注册会计师应当运用职业道德概念框架予以应对。本部分内容主要包括利益冲突、专业服务委托、第二次意见、收费、利益诱惑（包括礼品和款待）、保管客户资产、应对违反法律法规行为七种情形。

（一）利益冲突

1. 产生利益冲突的情形

利益冲突通常对客观公正原则产生不利影响，也可能对其他职业道德基本原则产生不利影响。不利影响可能产生于下列情况：注册会计师为两个或多个在某一特定事项中存在利益冲突的客户提供与该特定事项相关的专业服务；注册会计师在某一特定事项中的利益，与注册会计师针对该事项提供专业服务的客户的利益，二者之间存在冲突。

举例来说，可能产生利益冲突的情形有以下几种情况。

（1）向某一客户提供交易咨询服务，该客户拟收购注册会计师的某一审计客户，而注册会计师已在审计过程中获知了可能与该交易相关的涉密信息。

（2）同时为两家客户提供建议，而这两家客户是收购同一家公司的竞争对手，并且注

册会计师的建议可能涉及双方相互竞争的立场。

（3）在同一项交易中同时向买卖双方提供服务。

（4）同时为两方提供某项资产的估值服务，而这两方针对该资产处于对立状态。

（5）针对同一事项同时代表两个客户，而这两个客户正处于法律纠纷中。

（6）针对某项许可证协议，就应收的特许权使用费为许可证授予方出具鉴证报告，并同时向被许可方就应付金额提供建议。

（7）建议客户投资一家企业，而注册会计师的主要近亲属在该企业拥有经济利益。

（8）建议客户买入一项产品或服务，但同时与该产品或服务的潜在卖方订立佣金协议。

2. 利益冲突的识别

在承接新的客户、业务或发生商业关系前，注册会计师应当采取合理措施识别可能产生利益冲突，进而对职业道德基本原则产生不利影响的情形。这些措施应当包括识别下列事项：所涉及的各方之间利益和关系的性质；所涉及的服务及其对相关各方的影响。

在决定是否承接一项业务之前，以及在业务开展的过程中，实施有效的冲突识别流程可以帮助注册会计师采取合理措施识别可能产生利益冲突的利益和关系。建立有效的冲突识别流程，需要考虑下列因素：所提供专业服务的性质；会计师事务所的规模；客户群的规模和性质；会计师事务所的组织架构，例如，分支机构的数量和位置。

3. 评价和应对利益冲突产生的不利影响

一般来说，注册会计师提供的专业服务与产生利益冲突的事项之间关系越直接，不利影响的严重程度越有可能超出可接受的水平。

在评价因利益冲突产生的不利影响的严重程度时，注册会计师需要考虑是否存在相关保密措施。当为针对某一特定事项存在利益冲突的双方或多方提供专业服务时，这些保密措施能够防止未经授权而披露涉密信息。

（1）在会计师事务所内部为特殊的职能部门或岗位设置单独的工作空间，作为防止泄露客户涉密信息的屏障。

（2）限制访问客户文档的政策和程序。

（3）会计师事务所合伙人和员工签署的保密协议。

（4）使用物理方式和电子方式对涉密信息采取隔离措施。

（5）专门且明确的培训和沟通。

下列防范措施可能应对因利益冲突产生的不利影响。

（1）由不同的项目组分别提供服务，并且这些项目组已被明确要求遵守涉及保密性的政策和程序。

（2）由未参与提供服务或不受利益冲突影响的适当人员复核已执行的工作，以评估关键判断和结论是否适当。

在应对因利益冲突产生的不利影响时，注册会计师应当根据利益冲突的性质和严重程度，运用职业判断确定是否有必要向客户具体披露利益冲突的情况，并获取客户明确同意其可以承接或继续提供专业服务。在确定是否有必要进行具体披露并获取明确同意时，注册会计师需要考虑下列因素。

（1）产生利益冲突的情形。

(2) 可能受到影响的各方。
(3) 可能产生的问题的性质。
(4) 特定事项以不可预期的方式发展的可能性。

(二) 专业服务委托

1. 客户关系和业务的承接

如果注册会计师知悉客户存在某些问题（如涉嫌违反法律法规、缺乏诚信、存在可疑的财务报告问题、存在其他违反职业道德的行为，或者客户的所有者、管理层或其从事的活动存在一些可疑事项），可能对诚信、良好职业行为原则产生不利影响。与评价上述不利影响严重程度有关的因素包括以下两项。

(1) 对客户及其所有者、管理层、治理层和负责经营活动的人员的了解。
(2) 客户对处理可疑事项的保证，诸如完善公司治理结构或内部控制。

如果项目组不具备或不能获得恰当执行业务所必需的胜任能力，将因自身利益对专业胜任能力和勤勉尽责原则产生不利影响。下列因素与评价此类不利影响的严重程度相关。

(1) 注册会计师对客户的业务性质、经营复杂程度、业务具体要求，以及拟执行工作的目的、性质和范围的了解。
(2) 注册会计师对相关行业或业务对象的了解。
(3) 注册会计师拥有的与相关监管或报告要求有关的经验。
(4) 会计师事务所制定了质量管理政策和程序，以合理保证仅承接能够胜任的业务。

举例来说，下列防范措施可能应对因自身利益产生的不利影响。

(1) 分派足够的、具有必要胜任能力的项目成员。
(2) 就执行业务的合理时间安排与客户达成一致意见。
(3) 在必要时利用专家。

2. 专业服务委托的变更

当注册会计师遇到下列情况时，应当确定是否有理由拒绝承接该项业务。

(1) 潜在客户要求其取代另一注册会计师。
(2) 考虑以投标方式接替另一注册会计师执行的业务。
(3) 考虑执行某些工作作为对另一注册会计师工作的补充。

如果注册会计师并未知悉所有相关事实就承接业务，可能因自身利益对专业胜任能力和勤勉尽责原则产生不利影响。如果客户要求注册会计师执行某些工作以作为对现任或前任注册会计师工作的补充，可能因自身利益对专业胜任能力和勤勉尽责原则产生不利影响。

举例来说，下列防范措施可能应对上述因自身利益产生的不利影响。

(1) 要求现任或前任注册会计师提供其已知的信息，这些信息是指现任或前任注册会计师认为，拟接任注册会计师在做出是否承接业务的决定前需要了解的信息。例如，拟接任注册会计师通过询问现任或前任注册会计师，可能发现某些以前未发现的相关事实，也可能了解到客户与现任或前任注册会计师的意见不一致，从而可能影响是否承接业务委托的决策。

(2) 从其他渠道获取信息，例如通过向第三方进行询问，或者对客户的高级管理层或治理层实施背景调查。

3. 客户关系和业务的保持

在连续业务中，注册会计师应当定期评价是否继续保持该业务。在承接某项业务之后，注册会计师可能发现对职业道德基本原则的潜在不利影响，这种不利影响如果在承接之前知悉，将会导致注册会计师拒绝承接该项业务。例如，注册会计师可能发现客户实施不当的盈余管理，或者资产负债表中的估值不当，这些事项可能因自身利益对诚信原则产生不利影响。

（三）第二次意见

注册会计师可能被要求就某实体或以其名义运用相关准则处理特定交易或事项的情况提供第二意见，而这一实体并非注册会计师的现有客户。向非现有客户提供第二意见可能因自身利益或其他原因对职业道德基本原则产生不利影响。例如，如果第二意见不是以前任或现任注册会计师所获得的相同事实为基础，或依据的证据不充分，可能因自身利益对专业胜任能力和勤勉尽责原则产生不利影响。评价因自身利益产生不利影响的严重程度时，应当考虑被要求提供第二意见的具体情形，以及在运用职业判断时能够获得的所有事实和假设等相关因素。

举例来说，下列防范措施可能应对此类因自身利益产生的不利影响。

（1）征得客户同意与现任或前任注册会计师沟通。

（2）在与客户沟通中说明注册会计师发表专业意见的局限性。

（3）向现任或前任注册会计师提供第二意见的副本。

如果要求提供第二意见的实体不允许与现任或前任注册会计师沟通，注册会计师应当决定是否提供第二意见。

（四）收费

1. 收费水平

在专业服务得到良好的计划、监督及管理的前提下，收费通常以每一专业人员适当的小时收费标准或日收费标准为基础计算。

收费报价水平可能影响注册会计师按照职业准则提供专业服务的能力。如果报价水平过低，以致注册会计师难以按照适用的职业准则执行业务，则可能因自身利益对专业胜任能力和勤勉尽责原则产生不利影响。下列因素可能与评价不利影响的严重程度相关。

（1）客户是否了解业务约定条款，特别是确定收费的基础，以及注册会计师在此报价范围内所能提供的服务。

（2）收费水平是否已由独立第三方（如相关监管部门）做出规定。

如果收费报价明显低于前任注册会计师或其他会计师事务所的相应报价，会计师事务所应当确保以下事项。

（1）在提供专业服务时，遵守执业准则和职业道德规范的要求，使工作质量不受损害。

（2）客户了解专业服务的范围和收费基础。

举例来说，下列防范措施可能应对这种因自身利益产生的不利影响。

（1）调整收费水平或业务范围。

(2) 由适当复核人员复核已执行的工作。

2. 或有收费

除非法律法规允许，注册会计师不得以或有收费方式提供鉴证服务，收费与否或收费多少不得以鉴证工作结果或实现特定目的为条件。

尽管某些非鉴证服务可以采用或有收费的形式，或有收费仍然可能对职业道德基本原则产生不利影响，特别是在某些情况下可能因自身利益对客观公正原则产生不利影响。下列因素可能与评价此类不利影响的严重程度相关。

(1) 业务的性质。
(2) 可能的收费金额区间。
(3) 确定收费的基础。
(4) 向报告的预期使用者披露注册会计师所执行的工作，以及收费的基础。
(5) 会计师事务所的质量管理政策和程序。
(6) 是否由独立第三方复核交易和提供服务的结果。
(7) 收费水平是否已由独立第三方（如监管部门）做出规定。

举例来说，下列防范措施可能应对上述因自身利益产生的不利影响。
(1) 由未参与提供非鉴证服务的适当复核人员复核注册会计师已执行的工作。
(2) 预先就收费的基础与客户达成书面协议。

3. 介绍费或佣金

注册会计师收取与客户相关的介绍费或佣金，将因自身利益对客观公正、专业胜任能力和勤勉尽责原则产生非常严重的不利影响，导致没有防范措施能够消除不利影响或将其降低至可接受的水平。注册会计师不得收取与客户相关的介绍费或佣金。

注册会计师为获得客户而支付业务介绍费，将因自身利益对客观公正、专业胜任能力和勤勉尽责原则产生非常严重的不利影响，导致没有防范措施能够消除不利影响或将其降低至可接受的水平。注册会计师不得向客户或其他方支付业务介绍费。

（五）利益诱惑（包括礼品和款待）

1. 利益诱惑的含义

利益诱惑是指影响其他人员行为的物质、事件或行为，但利益诱惑并不一定具有不当影响该人员行为的意图。利益诱惑范围广泛，小到注册会计师和客户之间正常礼节性的交往，大到可能违反法律法规的行为。

2. 利益诱惑的形式

利益诱惑可能采取多种形式，例如：礼品，款待，娱乐活动，捐助，意图建立友好关系，工作岗位或其他商业机会，特殊待遇、权利或优先权。

3. 意图不当影响行为的利益诱惑

注册会计师提供或接受，或者授意他人提供或接受意图不当影响接受方或其他人员行为的利益诱惑，将违反诚信原则。

在确定是否存在或被认为存在不当影响行为的意图时，注册会计师需要运用职业判断，并考虑下列因素。

（1）利益诱惑的性质、频繁程度、价值和累积影响。

（2）提供利益诱惑的时间，这一因素需要结合该利益诱惑可能影响的行动或决策来考虑。

（3）利益诱惑是否符合具体情形下的惯例或习俗。

（4）利益诱惑是否从属于专业服务，例如，提供或接受与商务会议有关的午餐。

（5）所提供的利益诱惑是仅限于个别接受方还是可以提供给更为广泛的群体，更为广泛的群体可能来自会计师事务所内部或外部，如其他客户或供应商。

（6）提供或接受利益诱惑的人员在会计师事务所或客户中担任的角色和职位。

（7）注册会计师是否知悉或有理由相信接受该利益诱惑将违反客户的政策和程序。

（8）提供利益诱惑的透明程度。

（9）该利益诱惑是否由接受方要求或索取。

（10）利益诱惑提供方以往的行为或声誉。

如果注册会计师知悉被提供的利益诱惑存在或被认为存在不当影响行为的意图，即使按照职业道德守则的要求拒绝接受利益诱惑，仍可能对职业道德基本原则产生不利影响。举例来说，下列防范措施可能应对上述不利影响。

（1）就该利益诱惑的情况告知会计师事务所的高级管理层。

（2）调整或终止与客户之间的业务关系。

4. 无不当影响行为意图的利益诱惑

即使注册会计师认为某项利益诱惑无不当影响行为的意图，提供或接受此类利益诱惑仍可能对职业道德基本原则产生不利影响。以下是一些不利影响的示例。

（1）注册会计师在向客户提供公司财务服务的同时，受到客户潜在收购方的款待，可能因自身利益产生不利影响。

（2）注册会计师经常邀请现有客户或潜在客户参加娱乐活动或观看体育赛事等，可能因密切关系产生不利影响。

（3）注册会计师受到客户的款待，而该款待一旦被公开，其性质可能被认为是不适当的，这种情况可能因外在压力产生不利影响。

举例来说，下列防范措施可能消除因提供或接受此类利益诱惑产生的不利影响。

（1）拒绝接受或不提供利益诱惑。

（2）将向客户提供专业服务的责任移交给其他人员，前提是注册会计师没有理由相信该人员在提供专业服务时可能会受到不利影响。

举例来说，下列防范措施可能将提供或接受此类利益诱惑产生的不利影响降低至可接受的水平。

（1）就提供或接受利益诱惑的事情，与会计师事务所或客户的高级管理层保持信息对称。

（2）在由会计师事务所高级管理层或其他负责会计师事务所职业道德合规性的人员监控的，或者由客户维护的记录中登记该利益诱惑。

（3）针对提供利益诱惑的客户，由未参与提供专业服务的适当复核人员复核注册会计师已执行的工作或做出的决策。

(4) 在接受利益诱惑之后将其捐赠给慈善机构，并向会计师事务所高级管理层或提供利益诱惑的人员适当披露该项捐赠。

(5) 支付与所接受利益诱惑（如款待）同等价值的价款。

(6) 在收到利益诱惑（如礼品）后尽快将其返还给提供者。

如果某项利益诱惑无不当影响行为的意图，并且从性质和金额上都明显不重要，则注册会计师可以认为因该利益诱惑产生的不利影响处于可接受的水平。

5. 主要近亲属或其他近亲属提供或接受利益诱惑

如果注册会计师知悉其主要近亲属或其他近亲属提供或接受某项利益诱惑，并认为该利益诱惑存在不当影响注册会计师或客户行为的意图，或者理性且掌握充分信息的第三方很可能会认为存在此类意图，则注册会计师应当建议该近亲属拒绝接受或不提供此类利益诱惑。

（六）保管客户资产

保管客户资产可能因自身利益或其他原因而对客观公正、良好职业行为原则产生不利影响。因此，除非法律法规允许或要求，并且满足相关条件，注册会计师不得提供保管客户资金或其他资产的服务。

在承接某项业务时，对于可能涉及保管客户资产的服务，注册会计师应当实施下列程序：询问资产的来源；考虑应履行的相关法定义务。询问客户资产的来源可能有助于发现诸如客户资产来源于非法活动（如洗钱）等情形。

注册会计师如果接受委托保管客户资金或其他资产，应当符合下列要求。

(1) 遵守所有与保管资产和履行报告义务相关的法律法规。

(2) 将客户资金或其他资产与其个人或会计师事务所的资产分开。

(3) 仅按照预定用途使用客户资金或其他资产。

(4) 随时准备向相关人员报告资产状况及产生的收入、红利或利得。

（七）应对违反法律法规行为

注册会计师在向客户提供专业服务的过程中，可能遇到、知悉或怀疑客户存在违反法律法规或涉嫌违反法律法规的行为。当注册会计师知悉或怀疑存在这种违反或涉嫌违反法律法规的行为时，可能因自身利益或外在压力对诚信和良好职业行为原则产生不利影响。注册会计师应当运用职业道德概念框架识别、评价和应对此类不利影响。

客户、客户的治理层、客户的管理层、为客户工作或在客户指令下工作的人员违反法律法规行为，可能涉及下列方面的法律法规：舞弊、腐败和贿赂；国家安全、洗钱和犯罪所得；证券市场和交易；银行业务、其他金融产品和服务；信息安全；税务、社会保障；环境保护；公共健康与安全。

在应对违反法律法规或涉嫌违反法律法规行为时，注册会计师的目标有如下三项。

(1) 遵循诚信和良好职业行为原则。

(2) 通过提醒客户的管理层或治理层（如适用），使其能够纠正违反法律法规或涉嫌违反法律法规行为或减轻其可能造成的后果，或者阻止尚未发生的违反法律法规行为。

(3) 采取有助于维护公众利益的进一步措施。

三、非执业会员对职业道德概念框架的运用

（一）一般规定

职业道德概念框架，是指解决职业道德问题的思路和方法，用以指导非执业会员识别对职业道德基本原则的不利影响；评价不利影响的严重程度；必要时采取防范措施消除不利影响或将其降低至可接受的水平。

在运用职业道德概念框架时，非执业会员应当运用职业判断。如果发现存在可能违反职业道德基本原则的情形，非执业会员应当评价其对职业道德基本原则的不利影响。在评价不利影响的严重程度时，非执业会员应当从性质和数量两个方面予以考虑。如果认为对职业道德基本原则的不利影响超出可接受的水平，非执业会员应当确定是否能够采取防范措施消除不利影响或将其降低至可接受的水平。

（二）识别对职业道德基本原则的不利影响

可能对职业道德基本原则产生不利影响的因素包括自身利益、自我评价、过度推介、密切关系和外在压力。

下列事项因自身利益可能对职业道德基本原则产生不利影响。

（1）非执业会员在工作单位中拥有经济利益，或者接受工作单位的贷款或担保。

（2）非执业会员参与工作单位的激励性薪酬计划。

（3）非执业会员有能力将工作单位资产挪为私用。

（4）非执业会员接受工作单位供应商提供的礼品或款待。

下列事项因自我评价可能对职业道德基本原则产生不利影响。

（1）非执业会员负责设计和运行工作单位的内部控制，又对其设计和运行情况进行评价。

（2）非执业会员负责工作单位的会计处理，同时又执行内部审计工作。

（3）非执业会员对收购决策进行可行性研究后，又确定该项企业合并的会计处理方法。

下列事项因过度推介可能对职业道德基本原则产生不利影响。

（1）非执业会员以虚假或误导性的方式宣传工作单位的形象或立场。

（2）非执业会员以虚假或误导性的方式推介工作单位的股份、产品或服务。

（3）非执业会员有机会操纵招股说明书上的信息以帮助工作单位融资。

在促进工作单位实现合法目标的过程中，非执业会员可以宣传工作单位的立场。只要其做出的陈述没有错误，也不具有误导性，通常不会因过度推介对职业道德基本原则产生不利影响。

下列事项因密切关系可能对职业道德基本原则产生不利影响。

（1）非执业会员负责工作单位的财务报告，而在同一单位工作的近亲属可以做出影响财务报告的决策。

（2）非执业会员与工作单位中能够影响经营决策的人员长期存在业务交往。

（3）非执业会员接受可能影响其客观公正的礼品或款待。

下列事项因外在压力可能对职业道德基本原则产生不利影响。

（1）当工作单位与非执业会员或其近亲属在会计政策的选择和运用等方面存在分歧

时，非执业会员或近亲属受到解聘或更换职位的威胁。

(2) 上级主管试图影响非执业会员的决策过程。

(三) 评价不利影响的严重程度

非执业会员对不利影响严重程度的评价可能受多种因素的影响，例如：非执业会员所从事职业活动的性质和范围；非执业会员所在工作单位的工作环境和经营环境。

其中，与非执业会员所在工作单位的工作环境和经营环境有关的例子如下。

(1) 领导层强调道德行为的重要性，并期望员工以符合道德标准的方式行事。

(2) 制定政策和程序，授权并鼓励员工就其关心的道德问题与高级管理人员沟通，而不必担心受到惩罚。

(3) 制定政策和程序用于监控员工绩效的质量。

(4) 建立工作单位的组织监督体系或其他监督结构，以及强有力的内部控制。

(5) 招聘程序强调雇用高素质、具有胜任能力人员的重要性。

(6) 向所有员工及时传达工作单位的政策、程序及其变化情况，并就这些政策和程序提供适当的培训和教育。

(7) 制定与职业道德和行为守则相关的政策。

当非执业会员认为工作单位的其他人员已经发生或将要发生违反职业道德的行为时，可以考虑征询法律意见。

(四) 应对不利影响

在极其特殊的情况下，如果非执业会员无法采取防范措施消除不利影响或将其降低至可接受的水平，可以考虑向工作单位提出辞职。

(五) 利益冲突

1. 一般规定

利益冲突可能对客观公正原则产生不利影响，也可能对其他职业道德基本原则产生不利影响。不利影响可能产生于下列情况：非执业会员为两个或多个在某一特定事项中存在利益冲突的相关方从事与该事项相关的职业活动；非执业会员在某一特定事项中的利益，与非执业会员针对该事项从事职业活动的相关方的利益，二者之间存在冲突。其中，相关方可能包括工作单位、供应商、客户、贷款人、股东或其他方。

非执业会员不得因利益冲突损害其职业判断。举例来说，利益冲突可能产生于下列情形。

(1) 同时在两家单位担任管理层或治理层职位，从其中一家单位获取的涉密信息可能被非执业会员用来对另一家单位产生有利或不利影响。

(2) 同时为合伙企业的两个合伙人提供专业服务，而双方均聘请非执业会员协助其解除合伙关系。

(3) 为工作单位中正在寻求执行管理层收购的某些管理层成员编制财务信息。

(4) 负责为工作单位选择供应商，而非执业会员的主要近亲属有可能从该交易中获得经济利益。

(5) 在工作单位中担任治理层职务，负责审批公司的特定投资事项，而其中的某项投资将为非执业会员本人或其主要近亲属的投资组合带来增值。

2. 利益冲突的识别

非执业会员应当采取合理措施识别可能产生利益冲突，进而对职业道德基本原则产生不利影响的情形。这些措施应当包括识别下列事项。

（1）所涉及的各方之间利益和关系的性质。

（2）所涉及的活动及其对相关各方的影响。

在实施职业活动时，活动、利益和关系的性质可能随时间而发生变化，非执业会员应当对可能导致利益冲突的变化保持警觉。

3. 利益冲突产生的不利影响

一般来说，非执业会员的职业活动与产生利益冲突的事项之间关系越直接，不利影响超出可接受水平的可能性越大。举例来说，防范措施可能包括下列情形。

（1）不参与导致利益冲突的事项相关的决策过程，可能能够消除由利益冲突产生的不利影响。

（2）对某些责任和义务进行重新规划或分离，可能能够将利益冲突产生的不利影响降低至可接受的水平。

（3）进行适当的监督，例如，在执行董事或非执行董事的监督下行事，可能能够将利益冲突产生的不利影响降低至可接受的水平。

4. 利益冲突的披露与同意

当非执业会员遇到利益冲突时，通常有必要执行下列工作：向相关方（包括工作单位中受冲突影响的适当层级的人员）披露利益冲突的性质，以及如何应对利益冲突产生的不利影响；如果已采取防范措施应对不利影响，非执业会员需要在征得相关方同意的情况下继续从事职业活动。

如果非执业会员有充分证据表明相关方从一开始就知悉利益冲突的相关情况，并且未对已存在的利益冲突提出异议，则在这种情况下，相关方的行为可能暗示非执业会员已经获取了相关方的同意。

如果披露或同意未采用书面形式，鼓励非执业会员记录下列事项。

（1）导致利益冲突的情形的性质。

（2）用于应对不利影响的防范措施（如适用）。

（3）已取得相关方的同意。

在应对利益冲突时，鼓励非执业会员向工作单位内部或其他人员（如专业机构、法律顾问或其他会计人员）寻求指导。当在工作单位内部进行披露、信息共享或寻求第三方指导时，非执业会员需要遵循保密原则。

（六）信息的编制和列报

1. 一般规定

信息的编制和列报包括信息的记录、维护和批准。一般来说，工作单位内所有级别的非执业会员都参与本单位对内或对外信息的编制和列报。信息编制和列报的利益相关方通常包括下列机构或人员：工作单位的管理层和治理层；投资者、贷款人或其他债权人；监管机构。

非执业会员编制和列报的信息通常用于协助利益相关方了解和评价工作单位的各方面

现状并做出相关的决策。这些信息可能包括公开发布的信息，也可能包括仅供内部使用的财务和非财务信息。这些信息的例子包括：经营和业绩报告；决策支持性分析；预算和预测；提供给内部和外部审计人员的信息；风险分析；通用目的财务报表或特殊目的财务报表；纳税申报表；基于法律和合规目的而向监管机构提交的报告。

2. 编制和列报信息的要求

非执业会员在编制和列报信息时，应当遵守下列要求。

（1）按照适用的财务报告编制基础的规定编制和列报信息（如适用）。

（2）编制和列报信息的方式不得误导或者不当影响合同或监管结果。

（3）运用职业判断，以在所有重大方面准确、完整地反映事实，清楚地描述交易、活动的真实性质，及时并恰当地分类和记录信息。

（4）不得遗漏任何内容以使信息存在误导性，不得不当影响合同或监管结果。

非执业会员在从事职业活动时，应当运用职业判断来识别和考虑下列事项：信息使用者使用信息的目的；提供信息的背景；信息的致送对象。例如，在编制和列报备考报告、预算或预测时，所包含的相关估计、近似值和假设（如适用）能够使可能依赖此类信息的人员形成自己的判断。非执业会员可能还需要考虑明确拟列报信息的目标受众、内容和目的。

3. 不利影响情形

非执业会员编制和列报信息，可能因自身利益、外在压力或其他原因对职业道德基本原则产生不利影响。

不当影响合同或监管结果的一个例子是使用脱离实际的估计以避免违反合同要求（如债务契约）或监管要求（如针对金融机构的资本要求）。非执业会员在运用职业判断编制和列报信息时，可能需要运用自由裁量权。非执业会员在运用自由裁量权时不得有意误导他人或者不当影响合同或监管结果。举例来说，在下列情况下，自由裁量权可能被滥用以误导他人或者不当影响合同或监管结果。

（1）做出估计，例如，利用公允价值会计估计粉饰损益。

（2）在适用的财务报告编制基础所允许采用的多项会计政策或方法中进行选择或更改，例如，针对长期合同，随意选择或更改会计政策以粉饰损益。

（3）确定交易的时间安排，例如，在接近期末时进行资产销售，以实施误导。

（4）确定交易的结构，例如，安排融资交易的结构，以歪曲资产、负债或现金流量的分类。

（5）选择性披露，例如，遗漏或模糊披露与财务或经营风险相关的信息，以实施误导。

4. 可采取的行动

当非执业会员知悉或有理由相信与其相关的信息存在误导时，应当采取适当行动解决这一问题，可以采取下列行动。

（1）非执业会员与其所在工作单位的上级，或者适当级别的管理层或治理层，沟通关于信息存在误导的疑虑，并要求此类人员采取适当行动解决这一问题，如对信息做出更正，在信息已向预期使用者披露的情况下，告知使用者对信息的更正情况。

（2）就工作单位内部处理此类问题的政策和程序（如职业道德政策或举报政策）进

行咨询。

如果非执业会员认为工作单位未采取适当的行动,并且有理由相信信息仍然存在误导,则在遵循保密原则的前提下,非执业会员可以采取下列行动。

（1）向相关专业机构、工作单位内部或外部审计人员、法律顾问咨询。

（2）确定是否存在与第三方（包括信息使用者）或监管机构进行沟通的要求。

如果在考虑了上述所有可行选择后,非执业会员确定工作单位未采取适当的行动,并且有理由相信信息仍然存在误导,应当避免与该信息发生或保持关联。在这种情况下,非执业会员向工作单位提出辞职可能是适当的。

针对信息的编制和列报,职业道德守则鼓励非执业会员记录下列事项。

（1）相关事实。

（2）所涉及的会计准则或其他相关职业准则。

（3）已进行的沟通以及参与沟通的各方。

（4）考虑过采取的行动。

（5）非执业会员是如何尝试处理相关事项的。

（七）专业知识和技能

非执业会员应当遵循专业胜任能力和勤勉尽责原则,只有在经过专门培训并获得足够的技能和经验后,才能承担相应的重要工作。在不具备相关专业知识和技能的情况下从事相关工作,可能因自身利益对专业胜任能力和勤勉尽责原则产生不利影响。非执业会员不得夸大其专业知识水平或工作经验,以故意误导工作单位。

如果非执业会员存在下列情况,可能因自身利益对专业胜任能力和勤勉尽责原则产生不利影响。

（1）缺乏足够的时间完成相关职责。

（2）在履行职责的过程中获取的信息不完整、不充分或范围受到限制。

（3）缺乏应有的经验、培训或教育。

（4）在履行职责的过程中缺乏足够的资源。

不利影响存在与否及其严重程度主要取决于下列因素。

（1）非执业会员与其他人员合作的程度。

（2）非执业会员在工作单位中的资历。

（3）非执业会员的工作接受督导和复核的程度。

非执业会员应当评价不利影响的严重程度,并在必要时采取防范措施消除不利影响或将其降低至可接受的水平。举例来说,防范措施可能包括如下两项。

（1）获得具有所需专长的人员的帮助或培训。

（2）保证有足够的时间履行相关职责。

如果非执业会员认为没有防范措施可以应对不利影响,应当确定是否拒绝履行相关义务。如果非执业会员认为拒绝履行相关义务是适当的,应当沟通相关原因。

（八）与财务报告和决策相关的经济利益、薪酬和激励

非执业会员不得操纵信息或利用涉密信息谋取个人利益或为他人谋取经济利益。

举例来说,当非执业会员及其近亲属存在下列情况时,可能因自身利益对客观公正、保密原则产生如下不利影响。

（1）有动机和机会通过操纵信息影响价格从而获益。

（2）在工作单位中拥有直接或间接经济利益，该经济利益的价值可能直接受非执业会员决策的影响。

（3）有资格获得与利润挂钩的奖金，该奖金的价值可能直接受非执业会员决策的影响。

（4）直接或间接持有工作单位的现在可行权或未来可行权的股票期权，该股票期权的价值可能受非执业会员所做决策的影响。

（5）参与工作单位的激励性薪酬方案，该方案以达到特定目标或实现股份价值最大化为目的。

不利影响存在与否及其严重程度主要取决于下列因素。

（1）经济利益对非执业会员及其近亲属个人而言的重要程度。

（2）工作单位是否制定了政策和程序，规定由独立于管理层的委员会决定高级管理人员的薪酬形式及其水平。

（3）是否存在内部政策，要求向治理层披露所有相关利益，以及所有相关股票的行权或交易计划。

（4）是否存在专门用于处理产生经济利益的问题的内外部审计程序。

（九）利益诱惑（包括礼品和款待）

1. 一般规定

利益诱惑是指影响其他人员行为的物质、事件或行为，但利益诱惑并不一定具有不当影响该人员行为的意图。利益诱惑范围广泛，小到正常礼节性的交往，大到可能违反法律法规的行为。利益诱惑可能采取多种形式，例如：礼品，款待，娱乐活动，捐助，意图建立友好关系，工作岗位或其他商业机会，特殊待遇、权利或优先权。

2. 法律法规禁止的利益诱惑

法律法规可能禁止在特定情况下提供或接受利益诱惑，如有关反腐败和反贿赂的法律法规。非执业会员应当了解并遵守法律法规的规定。然而，即使法律法规未予禁止，在某些情况下，非执业会员提供或接受利益诱惑，仍可能对职业道德基本原则产生不利影响。

3. 意图不当影响行为的利益诱惑

非执业会员提供或接受，或者授意他人提供或接受意图不当影响接受方或其他人员行为的利益诱惑，可能违反诚信原则。在确定是否可能存在不当影响行为的意图时，非执业会员需要运用职业判断，并考虑下列因素。

（1）利益诱惑的性质、频繁程度、价值和累积影响。

（2）提供利益诱惑的时间，这一因素需要结合该利益诱惑可能影响的行动或决策来考虑。

（3）利益诱惑是否符合具体情形下的惯例或习俗。

（4）利益诱惑是否从属于专业服务，例如，提供或接受与商务会议有关的午餐。

（5）所提供的利益诱惑仅限于个别接受方还是可以提供给更为广泛的群体，更为广泛的群体可能来自工作单位内部或外部，如其他客户或供应商。

（6）提供或接受利益诱惑的人员的角色和职位。

（7）非执业会员是否知悉或有理由相信接受该利益诱惑可能违反交易对方所在工作单位的政策和程序。

（8）提供利益诱惑的透明程度。

（9）该利益诱惑是否由接受方要求或索取。

（10）利益诱惑提供方以往的行为或声誉。

如果非执业会员知悉被提供的利益诱惑可能存在或被认为存在不当影响行为的意图，即使按照要求拒绝接受利益诱惑，仍可能对职业道德基本原则产生不利影响。举例来说，下列防范措施可能能够应对该不利影响。

（1）就该利益诱惑的相关情况告知非执业会员所在单位或提供方所在工作单位的高级管理层或治理层。

（2）调整或终止与提供方之间的业务关系。

4. 无不当影响行为意图的利益诱惑

即使非执业会员认为某项利益诱惑无不当影响行为的意图，提供或接受此类利益诱惑仍可能对职业道德基本原则产生不利影响。一般来说，如果此类利益诱惑从性质和金额上均是明显不重要的，所产生的不利影响通常不会超出可接受的水平。举例来说，不利影响可能产生于下列情形。

（1）供应商向非执业会员提供兼职工作，可能因自身利益产生不利影响。

（2）非执业会员经常邀请客户或供应商参加娱乐活动或观看体育赛事，可能因密切关系产生不利影响。

（3）非执业会员受到款待，而该款待一旦被公开，其性质可能被认为是不适当的，这种情况可能因外在压力产生不利影响。

举例来说，下列防范措施可能能够消除因提供或接受此类利益诱惑产生的不利影响。

（1）拒绝接受或不提供利益诱惑。

（2）将涉及交易对方的业务决策责任移交给其他人员，并且非执业会员没有理由相信该人员在提供专业服务时可能会受到不利影响。

举例来说，下列防范措施可能能够将因提供或接受此类利益诱惑产生的不利影响降低至可接受的水平。

（1）就提供或接受利益诱惑的事情，与非执业会员或交易对方工作单位的高级管理层或治理层保持信息对称。

（2）在由非执业会员所在工作单位或交易对方工作单位维护的记录中登记该利益诱惑。

（3）针对向非执业会员提供利益诱惑的个人或组织，由未参与提供专业服务的适当复核人员复核非执业会员已执行的工作或做出的决策。

（4）在接受利益诱惑之后将其捐赠给慈善机构并披露该事项，如向工作单位的治理层或提供利益诱惑的人员披露该项捐赠。

（5）支付与所接受利益诱惑（如款待）同等价值的价款。

（6）在收到利益诱惑（如礼品）后尽快将其返还给提供者。

5. 主要近亲属或其他近亲属提供或接受利益诱惑

如果非执业会员知悉其主要近亲属或其他近亲属提供或接受某项利益诱惑，并认为该利益诱惑可能存在不当影响非执业会员或交易对方行为的意图,或者理性且掌握充分信息的第三方很可能会认为存在此类意图,则非执业会员应当建议该主要近亲属或其他近亲属拒绝接受或不提供此类利益诱惑。

(十) 应对违反法律法规行为

非执业会员在实施职业活动的过程中,可能遇到、知悉或怀疑存在违反法律法规或涉嫌违反法律法规的行为。当非执业会员知悉或怀疑存在这种违反或涉嫌违反法律法规的行为时,可能因自身利益或外在压力对诚信和良好职业行为原则产生不利影响。

在应对违反法律法规或涉嫌违反法律法规行为时,非执业会员有如下三个目标。

(1) 遵循诚信和良好职业行为原则。

(2) 通过提醒工作单位的管理层或治理层(如适用),使其能够纠正或减轻违反法律法规或涉嫌违反法律法规行为可能造成的后果,或者阻止尚未发生的违反法律法规行为。

(3) 采取有助于维护公众利益的进一步措施。

某些实体建立了对违反法律法规或涉嫌违反法律法规行为的内部举报政策和程序,如职业道德政策或内部举报机制等,此类政策和程序可能允许通过指定的渠道进行匿名举报。如果非执业会员所在工作单位建立了用于处理违反法律法规或涉嫌违反法律法规行为的政策和程序,非执业会员在确定如何应对此类行为时,应当考虑这些政策和程序的要求。

处于高级职位的非执业会员(以下简称高级非执业会员),是指能够对工作单位的人力、财务、技术、有形和无形资源的获取、配置和控制实施重大影响并做出决策的董事、高级管理人员或高级员工。与工作单位的其他非执业会员相比,在对违反法律法规或涉嫌违反法律法规行为采取符合公众利益的措施方面,此类人员通常被赋予更高的期望,这是由高级非执业会员在工作单位内的职责、地位和影响力决定的。

如果其他非执业会员在从事职业活动的过程中,知悉了有关违反法律法规或涉嫌违反法律法规行为的信息,其他非执业会员应当了解相关事项。根据事项的性质和重要程度,其他非执业会员可以在遵循保密原则的前提下,向工作单位、法律顾问或其他专业机构的人员进行咨询。如果其他非执业会员识别出或怀疑存在已经发生或可能发生的违反法律法规行为,应当告知其直接上级,以使其能够采取适当行动。如果该直接上级可能涉及该事项中,则应当告知工作单位内更高一级的机构。

(十一) 违反职业道德基本原则的压力

非执业会员不得有下列行为:因面临其他人员施加的压力而违反职业道德基本原则;向其他人员施加压力,使该人员违反职业道德基本原则。

非执业会员可能面临使其违反职业道德基本原则的压力,例如,面临某种外在压力,使其在实施职业活动时违反职业道德基本原则。这种压力可能是明显的,也可能是隐含的。压力可能来自下列方面:工作单位内部,如同事或上级;外部人员或组织,如供应商、客户或贷款人;内外部的目标和预期。

举例来说,可能对职业道德基本原则产生不利影响的压力有如下情形。

(1) 与利益冲突相关的压力:非执业会员的家庭成员拟竞标成为非执业会员所在工作单位的供应商,使得非执业会员面临倾向于选择其家庭成员而非另一供应商的压力。

(2) 来自影响信息的编制和列报的压力:为了符合投资者、分析师或贷款人的预期而面临列报误导性财务信息的压力;来自同事的压力,要求对收入、支出或回报率做出错报,以就投资方案和收购项目做出存在偏差的决策;来自上级的压力,要求批准或处理非正当业务的费用支出;不允许内部审计报告包含负面结果的压力。

(3) 在缺乏专业知识和技能或未能勤勉尽责的情况下执业的压力:来自上级的压力,要求不当减少所执行工作的范围;来自上级的压力,要求在缺乏足够的技能或培训的情况下或在不切实际的期限内执行任务。

(4) 与经济利益有关的压力:来自上级、同事或其他人员(例如,可能从激励性薪酬计划中受益的人员)的压力,要求非执业会员操纵相关业绩指标。

(5) 与利益诱惑有关的压力:来自工作单位内外部其他人员的压力,要求提供利益诱惑以不当影响个人或组织的判断或决策;来自同事的压力,要求非执业会员接受贿赂或其他利益诱惑(例如,在竞标的过程中接受潜在供应商的不当礼品或款待)。

(6) 与违反法律法规行为相关的压力:虚构交易以实现避税目的的压力。

因上述压力而对职业道德基本原则产生不利影响的严重程度主要取决于下列因素。

(1) 施加压力人员的意图,以及压力的性质和程度。

(2) 法律法规和职业准则在具体情形下的运用。

(3) 工作单位的文化和领导层,包括领导层在多大程度上强调职业道德行为的重要性,以及对员工遵循职业道德规范行事的期望。例如,容忍不符合职业道德行为的企业文化可能会增加因压力而对职业道德基本原则产生不利影响的可能性。

(4) 工作单位已有的政策和程序(如有),如与应对压力有关的职业道德规范或人力资源政策。

沟通产生压力的各种情况,并就这些情况向其他人员咨询,可能有助非执业会员评价不利影响的严重程度。在遵循保密原则的前提下,这些沟通和咨询可能包括如下情形。

(1) 与施加压力的人员沟通该事项,以寻求解决方案。

(2) 如果压力并非来自非执业会员的上级,则与该上级沟通该事项。

(3) 在工作单位内部向诸如下列各方逐级上报该事项,包括说明对工作单位带来的任何风险(如适用),例如:更高级别的管理层;内部或外部审计人员;治理层。

(4) 根据工作单位的政策(包括职业道德要求和举报政策),使用已有的机制(如保密的职业道德热线)报告该事项。

(5) 向下列组织或人员咨询:同事、上级、人力资源员工或其他非执业会员;相关专业、监管机构或行业协会;法律顾问。

举例来说,如果对非执业会员的某些职责和责任进行调整或分离,使其可以不再与施加压力的个人或实体有关联,可能能够消除因压力产生的不利影响。

第五节 注册会计师审计业务对独立性的要求

一、基本概念和要求

(一) 独立性的概念

注册会计师在执行审计业务时应当保持独立性。独立性包括实质上的独立性和形式上的独立性。实质上的独立性是一种内心状态，使得注册会计师在提出结论时不受损害职业判断的因素影响，诚信行事，遵循客观公正原则，保持职业怀疑。形式上的独立性是一种外在表现，使得一个理性且掌握充分信息的第三方，在权衡所有相关事实和情况后，认为会计师事务所或审计项目团队成员没有损害诚信原则、客观公正原则或职业怀疑。

（二）公众利益实体

公众利益实体包括上市实体和下列实体。

（1）法律法规界定的公众利益实体；

（2）法律法规规定按照上市实体审计独立性的要求接受审计的实体。

如果公众利益实体以外的其他实体拥有数量众多且分布广泛的利益相关者，注册会计师应当考虑是否将其作为公众利益实体对待。需要考虑的因素主要包括如下三项。

（1）实体业务的性质（例如，银行、保险公司等金融机构通常以受托人的身份持有大量利益相关者的资产，通常视为公众利益实体）。

（2）实体的规模。

（3）员工的数量。

（三）关联实体

关联实体是指与客户存在下列任一关系的实体。

（1）能够对客户施加直接或间接控制的实体，并且客户对该实体重要。

（2）在客户内拥有直接经济利益的实体，并且该实体对客户具有重大影响，在客户内的利益对该实体重要。

（3）受到客户直接或间接控制的实体。

（4）客户（或受到客户直接或间接控制的实体）拥有其直接经济利益的实体，并且客户能够对该实体施加重大影响，在实体内的经济利益对客户（或受到客户直接或间接控制的实体）重要。

（5）与客户处于同一控制下的实体（即"姐妹实体"），并且该姐妹实体和客户对其控制方均重要。

在审计客户是上市实体的情况下，则审计客户包括该客户的所有关联实体。在审计客户不是上市实体的情况下，则审计客户仅包括该客户直接或间接控制的关联实体。如果认为存在涉及其他关联实体的关系或情形，且与评价会计师事务所独立性相关，审计项目团队在识别、评价对独立性的不利影响，以及采取防范措施时，应当将该其他关联实体包括在内。

（四）保持独立性的期间

注册会计师应当在业务期间和财务报表涵盖的期间独立于审计客户。业务期间自审计项目组开始执行审计业务之日起，至出具审计报告之日止。如果审计业务具有连续性，业务期间结束日应以其中一方通知解除业务关系或出具最终审计报告二者时间孰晚为准。

（五）与治理层的沟通

治理层，是指对实体的战略方向以及管理层履行的经营管理责任负有监督责任的个人或机构（例如公司受托人）。治理层的责任包括对财务报告过程的监督。

注册会计师应当根据职业判断，定期就可能影响独立性的关系和其他事项与治理层沟通。上述沟通使治理层能够进行如下判断。

（1）考虑会计师事务所在识别和评价对独立性的不利影响时做出的判断是否正确。

（2）考虑会计师事务所为消除不利影响或将其降低至可接受的水平所采取的防范措施是否适当。

（3）确定是否有必要采取适当的行动。

对于因外在压力和密切关系产生的不利影响，这种沟通尤其有效。

（六）网络与网络事务所

网络，是指由多个实体组成，旨在通过合作实现下列一个或多个目的的联合体。

（1）共享收益、分担成本。

（2）共享所有权、控制权或管理权。

（3）执行统一的质量管理政策和程序。

（4）执行同一经营战略。

（5）使用同一品牌。

（6）共享重要的专业资源。

网络事务所是指属于某一网络的会计师事务所或实体。如果会计师事务所属于某一网络，应当与网络事务所的审计客户保持独立。

（七）工作记录

会计师事务所应当记录遵守独立性要求的情况，包括记录形成的结论，以及为形成结论而沟通的主要内容。

如果需要采取防范措施将某种不利影响降低至可接受的水平，注册会计师应当记录该不利影响的性质，以及将其降低至可接受的水平所采取的防范措施。如果通过对某种不利影响进行重要性分析，注册会计师确定不利影响未超出可接受的水平，注册会计师应当记录不利影响的性质，以及得出上述结论的理由。

工作记录可以提供证据证明会计师事务所在遵守独立性要求时做出的职业判断。然而，缺少工作记录并非判定会计师事务所是否已考虑特定事项或是否保持了独立性的决定性因素。

（八）合并与收购

如果由于合并或收购，某一实体成为审计客户的关联实体，会计师事务所与该关联实体以往和目前存在的利益或关系可能对独立性产生不利影响，并影响该会计师事务所继续执行审计业务的能力。

会计师事务所应当识别和评价其与该关联实体以往和目前存在的利益或关系，并在考虑可能需要采取的防范措施后确定是否影响独立性，以及在合并或收购生效日后能否继续执行审计业务。

（九）违反职业道德守则独立性的规定

如果会计师事务所认为已发生违反职业道德守则独立性规定的情况，应当采取下列措施。

（1）终止、暂停或消除引发违规的利益或关系，并处理违规后果。

（2）考虑是否存在适用于该违规行为的法律法规，如果存在，遵守该法律法规的规定,并考虑向相关监管机构报告该违规行为。

(3) 按照会计师事务所的政策和程序,立即就该违规行为与下列人员沟通:项目合伙人,负责独立性相关政策和程序的人员,会计师事务所和网络中的其他相关人员,根据本守则的要求需要采取适当行动的人员。

(4) 评价违规行为的严重程度及其对会计师事务所的客观公正和出具审计报告能力的影响。

(5) 根据违规行为的严重程度,确定是否终止审计业务,或者是否能够采取适当行动以妥善处理违规后果。

在做出上述决策时,会计师事务所应当运用职业判断并考虑理性且掌握充分信息的第三方是否很可能得出会计师事务所的客观公正受到损害从而导致无法出具审计报告的结论。

即使会计师事务所已经制定了旨在合理保证独立性原则得以遵循的政策和程序,仍然可能发生违反独立性的情况,必要时,会计师事务所可能需要终止审计业务。

上述违规行为的严重程度及其对会计师事务所客观公正和出具审计报告能力的影响主要取决于下列因素。

(1) 违规的性质和持续时间。

(2) 以前年度发生的、与当前审计业务有关的违规次数和性质。

(3) 审计项目团队成员是否知悉造成违规的利益或关系。

(4) 造成违规的人员是否为审计项目团队成员或需要遵守独立性要求的其他人员。

(5) 如果违规涉及某一审计项目团队成员,该成员的职责。

(6) 如果违规由提供专业服务所致,该服务对会计记录或会计师事务所将发表意见的财务报表金额的影响(如适用)。

(7) 由于违规导致的因自身利益、过度推介、密切关系或其他原因对独立性产生的不利影响。

会计师事务所应当根据违规的严重程度采取必要的措施。举例来说,会计师事务所可以采取如下措施。

(1) 将相关人员调离审计项目团队。

(2) 由其他人员对受影响的审计工作实施额外复核或必要时重新执行该工作。

(3) 建议审计客户委托其他会计师事务所复核或必要时重新执行受影响的审计工作。

(4) 如果违规涉及影响会计记录或财务报表金额的非鉴证服务,由其他会计师事务所评价非鉴证服务的结果,或重新执行非鉴证服务,使得其他会计师事务所能够对该非鉴证服务承担责任。

如果会计师事务所确定无法采取行动妥善处理违规后果,应当尽快通知治理层,并按照法律法规的规定终止审计业务。如果法律法规禁止终止该审计业务,会计师事务所应当遵守相关报告或披露要求。

二、收费

(一) 收费结构

1. 占会计师事务所总额的比重很大

如果会计师事务所从某一审计客户收取的全部费用占其收费总额的比重很大,则对该客户的依赖及对可能失去该客户的担心将因自身利益或外在压力对独立性产生不利影响。不利影响的严重程度主要取决于下列因素。

（1）会计师事务所的业务类型及收入结构。

（2）会计师事务所成立时间的长短。

（3）该客户从性质或金额上对会计师事务所是否重要。

会计师事务所应当评价不利影响的严重程度，并在必要时采取防范措施消除不利影响或将其降低至可接受的水平。举例来说，防范措施可能包括如下方式。

（1）扩大会计师事务所的客户群，从而降低对该客户的依赖程度。

（2）实施外部质量复核。

（3）就关键的审计判断向第三方咨询。例如，向行业监管机构或其他会计师事务所咨询。

2. 占某一合伙人或某一分部的收费比重很大

如果从某一审计客户收取的全部费用占某一合伙人从所有客户收取的费用总额比重很大，或占会计师事务所某一分部收取的费用总额比重很大，也将因自身利益或外在压力产生不利影响。不利影响的严重程度主要取决于下列因素。

（1）该客户在性质上或金额上对该合伙人或分部是否重要。

（2）该合伙人或该分部合伙人的报酬对来源于该客户的收费的依赖程度。

会计师事务所应当评价不利影响的严重程度，并在必要时采取防范措施消除不利影响或将其降低至可接受的水平。举例来说，防范措施可能包括如下方式。

（1）扩大该合伙人或分部的客户群，从而降低对来源于该客户的收费的依赖程度。

（2）由审计项目团队以外的适当复核人员复核已执行的工作。

3. 连续两年从属于公众利益实体的某一审计客户收取的全部费用比重较大

如果对审计客户财务报表发表意见的会计师事务所连续两年从某一属于公众利益实体的审计客户及其关联实体收取的全部费用，占其从所有客户收取的全部费用的比重超过15%，会计师事务所应当向审计客户治理层披露这一事实，并沟通选择采取下列何种防范措施，以将不利影响降低至可接受的水平。

（1）在对第二年度财务报表发表审计意见之前，由其他会计师事务所对该业务再次实施项目质量复核，或由其他专业机构实施相当于项目质量复核的复核（简称"发表审计意见前复核"）。

（2）在对第二年度财务报表发表审计意见之后、对第三年度财务报表发表审计意见之前，由其他会计师事务所对第二年度的审计工作再次实施项目质量复核，或由其他专业机构实施相当于项目质量复核的复核（简称"发表审计意见后复核"）。

在上述收费比例明显超过15%的情况下，如果采用发表审计意见后复核无法将不利影响降低至可接受的水平，会计师事务所应当采用发表审计意见前复核。

如果两年后每年收费比例继续超过15%，则会计师事务所应当每年向治理层披露这一事实，并沟通选择采取上述何种防范措施。在收费比例明显超过15%的情况下，如果采用发表审计意见后复核无法将不利影响降低至可接受的水平，会计师事务所应当采用发表审计意见前复核。

（二）逾期收费

如果审计客户长期未支付应付的费用，尤其是相当部分的费用在出具下一年度审计报告前仍未支付，可能因自身利益产生不利影响。

会计师事务所通常要求审计客户在审计报告出具前付清上一年度的费用。如果在审计报告出具后审计客户仍未支付该费用，会计师事务所应当评价不利影响存在与否及其严重程度，并在必要时采取防范措施消除不利影响或将其降低至可接受的水平。举例来说，防范措施可能包括如下方式。

（1）收取逾期的部分款项。

（2）由未参与执行审计业务的适当复核人员复核已执行的工作。

如果相当部分的费用长期逾期，会计师事务所应当确定如下事项。

（1）逾期收费是否可能被视同向客户提供贷款。

（2）会计师事务所是否继续接受委托或继续执行审计业务。

（三）或有收费

或有收费是指收费与否或收费多少取决于交易的结果或所执行工作的结果。通过中介机构间接收取的或有收费同样属于或有收费的范畴。如果一项收费是由法院或政府有关部门规定的，则该项收费不视为或有收费。

会计师事务所在执行审计业务时，以直接或间接形式取得或有收费，将因自身利益产生非常严重的不利影响，导致没有防范措施能够将其降低至可接受的水平，会计师事务所不得采用这种收费安排。

会计师事务所在向审计客户提供非鉴证服务时，如果以直接或间接形式取得或有收费，也可能因自身利益产生不利影响。如果出现下列情况之一，将因自身利益产生非常严重的不利影响，导致没有防范措施能够将其降低至可接受的水平，会计师事务所不得采用这种收费安排。

（1）非鉴证服务的或有收费由对财务报表发表审计意见的会计师事务所取得，并且对其影响重大或预期影响重大。

（2）网络事务所参与大部分审计工作，非鉴证服务的或有收费由该网络事务所取得，并且对其影响重大或预期影响重大。

（3）非鉴证服务的结果以及由此收取的费用金额，取决于与财务报表重大金额审计相关的未来或当期的判断。

在向审计客户提供非鉴证服务时，如果会计师事务所采用其他形式的或有收费安排，不利影响存在与否及其严重程度主要取决于下列因素。

（1）可能的收费金额区间。

（2）是否由适当的权威方确定有关事项的结果，而该结果作为确定或有收费金额的基础。

（3）针对会计师事务所执行的工作及收费的基础，向报告预期使用者做出的披露。

（4）非鉴证服务的性质。

（5）事项或交易对财务报表的影响。

会计师事务所应当评价不利影响的严重程度，并在必要时采取防范措施消除不利影响或将其降低至可接受的水平。举例来说，防范措施可能包括如下方式。

(1) 由审计项目团队以外的适当复核人员复核该会计师事务所已执行的工作。
(2) 预先就收费的基础与客户达成书面协议。

三、经济利益

（一）经济利益的种类

经济利益，是指因持有某一实体发行的股权、债券、基金、与其股价或债券价格挂钩的衍生金融产品和其他证券，以及其他债务性质的工具而拥有的利益，包括为取得这种利益享有的权利和承担的义务。

直接经济利益，是指下列经济利益：个人或实体直接拥有并控制的经济利益（包括授权他人管理的经济利益）；个人或实体通过集合投资工具、信托、实体或合伙组织，或第三方而实质拥有的经济利益，并且有能力控制这些投资工具，或影响其投资决策。

间接经济利益，是指个人或实体通过集合投资工具、信托、实体或合伙组织，或第三方而实质拥有的经济利益，但没有能力控制这些投资工具，也没有能力影响其投资决策。

（二）对独立性产生不利影响的情形

1. 在审计客户中拥有经济利益

除例外情况外，下列各方不得在审计客户中拥有直接经济利益或重大间接经济利益。
(1) 会计师事务所。
(2) 审计项目团队成员及其主要近亲属。
(3) 与执行审计业务的项目合伙人同处一个分部的其他合伙人及其主要近亲属。
(4) 为审计客户提供非审计服务的其他合伙人和管理人员，以及该其他合伙人和管理人员的主要近亲属。

如果与执行审计业务的项目合伙人同处一个分部的其他合伙人的主要近亲属，或者为审计客户提供非审计服务的其他合伙人或管理人员的主要近亲属同时满足下列条件，则该主要近亲属可以在审计客户中拥有直接经济利益或重大间接经济利益。
(1) 该主要近亲属作为审计客户的员工有权（例如通过退休金或股票期权计划）取得该经济利益，并且会计师事务所在必要时能够应对因该经济利益产生的不利影响。
(2) 当该主要近亲属拥有或取得处置该经济利益的权利，或者在股票期权中，有权行使期权时，能够尽快处置或放弃该经济利益。

2. 在控制审计客户的实体中拥有经济利益

当一个实体在审计客户中拥有控制性的权益，并且审计客户对该实体重要时，如果会计师事务所、审计项目团队成员或其主要近亲属在该实体中拥有直接经济利益或重大间接经济利益，将因自身利益产生非常严重的不利影响，导致没有防范措施能够将其降低至可接受的水平。会计师事务所、审计项目团队成员及其主要近亲属不得在该实体中拥有直接经济利益或重大间接经济利益。

3. 作为受托管理人拥有经济利益

会计师事务所、审计项目团队成员及其主要近亲属，或与执行审计业务的项目合伙人同处一个分部的其他合伙人及其主要近亲属，或为审计客户提供非审计服务的其他合伙人、管理人员及其主要近亲属，作为受托管理人在审计客户中拥有直接经济利益或重大间接经济利益,除非同时满足下列条件,否则作为受托管理人不得在审计客户中拥有直接经济利益或重大间接经济利益。

(1) 受托管理人、审计项目团队成员、二者的主要近亲属、会计师事务所均不是受托财产的受益人。

(2) 通过信托而在审计客户中拥有的经济利益对于该项信托而言并不重大。

(3) 该项信托不能对审计客户施加重大影响。

(4) 受托管理人、审计项目团队成员、二者的主要近亲属、会计师事务所对涉及审计客户经济利益的投资决策没有重大影响。

4. 与审计客户拥有共同经济利益

如果会计师事务所、审计项目团队成员或其主要近亲属在某一实体拥有经济利益,并且审计客户也在该实体拥有经济利益,除非满足下列条件之一,否则会计师事务所、审计项目团队成员及其主要近亲属不得在该实体中拥有经济利益。

(1) 经济利益对会计师事务所、审计项目团队成员及其主要近亲属,以及审计客户均不重要。

(2) 审计客户无法对该实体施加重大影响。

拥有此类经济利益的人员,在成为审计项目团队成员之前,该人员或其主要近亲属应当处置全部经济利益,或处置足够数量的经济利益,使剩余经济利益不再重大。

5. 无意中获取的经济利益

如果会计师事务所、审计项目团队成员或其主要近亲属、员工或其主要近亲属通过继承、馈赠或因企业合并等类似情况,从审计客户获得直接经济利益或重大间接经济利益,而根据职业道德守则的规定不允许拥有此类经济利益,应当采取下列措施。

(1) 如果会计师事务所、审计项目团队成员或其主要近亲属获得经济利益,应当立即处置全部经济利益,或处置全部直接经济利益,并处置足够数量的间接经济利益,以使剩余经济利益不再重大。

(2) 如果审计项目团队以外的人员或其主要近亲属获得经济利益,应当在合理期限内尽快处置全部经济利益,或处置全部直接经济利益,并处置足够数量的间接经济利益,以使剩余经济利益不再重大。在完成处置该经济利益前,会计师事务所应当在必要时采取防范措施消除不利影响。

四、贷款和担保,以及商业关系、家庭和私人关系

(一) 贷款和担保

1. 从审计客户取得贷款或担保

会计师事务所、审计项目团队成员或其主要近亲属从不属于银行或类似金融机构的审计客户取得贷款,或由此类审计客户提供贷款担保,将因自身利益产生非常严重的不利影响,导致没有防范措施能够将其降低至可接受的水平。

会计师事务所、审计项目团队成员或其主要近亲属不得从银行或类似金融机构等审计客户取得贷款,或获得贷款担保,除非该贷款或担保是按照正常的程序、条款和条件进行的。此类贷款的例子包括按揭贷款、银行透支、汽车贷款和信用卡等。

即使会计师事务所从银行或类似金融机构等审计客户按照正常的程序、条款和条件取得贷款，如果该贷款对审计客户或取得贷款的会计师事务所是重要的，也可能因自身利益对独立性产生不利影响。会计师事务所应当评价不利影响的严重程度，并在必要时采取防范措施消除不利影响或将其降低至可接受的水平。举例来说，防范措施可能包括由网络中未参与执行审计业务并且未从该贷款中获益的会计师事务所复核已执行的工作。

2. 向审计客户提供贷款或担保

会计师事务所、审计项目团队成员或其主要近亲属向审计客户提供贷款或为其提供担保，将因自身利益产生非常严重的不利影响，导致没有防范措施能够将其降低至可接受的水平。会计师事务所、审计项目团队成员或其主要近亲属不得向审计客户提供贷款或担保。

3. 在审计客户开立存款或经纪账户

会计师事务所、审计项目团队成员或其主要近亲属不得在银行或类似金融机构等审计客户开立存款或经纪账户，除非该存款或经纪账户是按照正常的商业条件开立的。

（二）商业关系

1. 产生密切商业关系的情形

举例来说，因商务关系或共同的经济利益而产生的密切的商业关系可能包括如下情形。

（1）与客户或其控股股东、董事、高级管理人员或其他为该客户执行高级管理活动的人员共同开办企业。

（2）按照协议，将会计师事务所的产品或服务与客户的产品或服务结合在一起，并以双方名义捆绑销售。

（3）按照协议，会计师事务所销售或推广客户的产品或服务，或者客户销售或推广会计师事务所的产品或服务。

2. 密切商业关系的防范措施

会计师事务所、审计项目团队成员或其主要近亲属与审计客户或其高级管理人员之间存在密切的商业关系，可能因自身利益或外在压力对独立性产生不利影响。

会计师事务所、审计项目团队成员不得与审计客户或其高级管理人员建立密切的商业关系。如果会计师事务所存在此类商业关系，应当予以终止。如果此类商业关系涉及审计项目团队成员，会计师事务所应当将该成员调离审计项目团队。

如果审计项目团队成员的主要近亲属与审计客户或其高级管理人员存在密切的商业关系，注册会计师应当评价不利影响的严重程度，并在必要时采取防范措施消除不利影响或将其降低至可接受的水平。

3. 购买商品或服务

会计师事务所、审计项目团队成员或其主要近亲属从审计客户购买商品或服务，如果按照正常的商业程序公平交易，通常不会对独立性产生不利影响。

如果交易性质特殊或金额较大，可能因自身利益产生不利影响。会计师事务所应当评价不利影响的严重程度，并在必要时采取防范措施消除不利影响或将其降低至可接受的水平。举例来说，可能消除此类不利影响的防范措施有如下两项。

（1）取消交易或降低交易规模。

（2）将相关审计项目团队成员调离审计项目团队。

（三）家庭和私人关系

1. 审计项目团队成员的主要近亲属

如果审计项目团队成员的主要近亲属担任的职位能够对客户财务状况、经营成果或现金流量施加重大影响，将可能因自身利益、密切关系或外在压力对独立性产生不利影响。不利影响存在与否及其严重程度主要取决于下列因素。

（1）主要近亲属在审计客户中的职位。

（2）该成员在审计项目团队中的角色。

会计师事务所应当评价不利影响的严重程度，并在必要时采取防范措施消除不利影响或将其降低至可接受的水平。举例来说，防范措施可能包括如下方式。

（1）将该成员调离审计项目团队，可能能够消除不利影响。

（2）合理安排审计项目团队成员的职责，使该成员的工作不涉及其主要近亲属的职责范围，可能能够将不利影响降低至可接受的水平。

如果审计项目团队成员的主要近亲属是审计客户的董事、高级管理人员，或担任能够对会计师事务所将发表意见的财务报表或会计记录的编制施加重大影响的职位的员工（简称"特定员工"），或者在业务期间或财务报表涵盖的期间曾担任上述职务，将对独立性产生非常严重的不利影响，导致没有防范措施能够消除该不利影响或将其降低至可接受的水平。有此类关系的人员不得成为审计项目团队成员。

2. 审计项目团队成员的其他近亲属

如果审计项目团队成员的其他近亲属是审计客户的董事、高级管理人员或特定员工，将因自身利益、密切关系或外在压力对独立性产生不利影响。不利影响的严重程度主要取决于下列因素。

（1）审计项目团队成员与其他近亲属的关系。

（2）其他近亲属在客户中的职位。

（3）该成员在审计项目团队中的角色。

会计师事务所应当评价不利影响的严重程度，并在必要时采取防范措施消除不利影响或将其降低至可接受的水平。举例来说，防范措施可能包括如下方式。

（1）将该成员调离审计项目团队，可能能够消除不利影响。

（2）合理安排审计项目团队成员的职责，使该成员的工作不涉及其他近亲属的职责范围，可能能够将不利影响降低至可接受的水平。

3. 审计项目团队成员的其他密切关系

如果审计项目团队成员与审计客户的董事、高级管理人员或特定员工存在密切关系，即使该人员不是审计项目团队成员的近亲属，也将因自身利益、密切关系或外在压力对独立性产生不利影响。拥有此类关系的审计项目团队成员应当按照会计师事务所的政策和程序进行咨询。不利影响的严重程度主要取决于下列因素。

（1）该人员与审计项目团队成员的关系。

（2）该人员在客户中的职位。

（3）该成员在审计项目团队中的角色。

会计师事务所应当评价不利影响的严重程度，并在必要时采取防范措施消除不利影响或将其降低至可接受的水平。举例来说，防范措施可能包括如下方式。

（1）将该成员调离审计项目团队，可能能够消除不利影响。

（2）合理安排该成员的职责，使其工作不涉及与之存在密切关系的员工的职责范围，可能能够将不利影响降低至可接受的水平。

4. 审计项目团队以外人员的家庭和私人关系

会计师事务所中审计项目团队以外的合伙人或员工，与审计客户的董事、高级管理人员或特定员工之间存在家庭或私人关系，可能因自身利益、密切关系或外在压力对独立性产生不利影响。会计师事务所合伙人或员工在知悉此类关系后，应当按照会计师事务所的政策和程序进行咨询。不利影响存在与否及其严重程度主要取决于下列因素。

（1）该合伙人或员工与审计客户的董事、高级管理人员或特定员工之间的关系。

（2）该合伙人或员工与审计项目团队之间的相互影响。

（3）该合伙人或员工在会计师事务所中的角色。

（4）董事、高级管理人员或特定员工在审计客户中的职位。

会计师事务所应当评价不利影响的严重程度，并在必要时采取防范措施消除不利影响或将其降低至可接受的水平。举例来说，防范措施可能包括如下方式。

（1）合理安排该合伙人或员工的职责，以减少对审计项目团队可能产生的影响。

（2）由审计项目团队以外的适当复核人员复核已执行的相关审计工作。

五、与审计客户发生人员交流

（一）审计项目团队成员最近曾担任审计客户的董事、高级管理人员或特定员工

如果审计项目团队成员最近曾担任审计客户的董事、高级管理人员或特定员工，可能因自身利益、自我评价或密切关系对独立性产生不利影响。例如，如果审计项目团队成员在审计客户工作期间曾经编制会计记录，现又对据此形成的财务报表实施审计，则可能产生不利影响。

1. 在审计报告涵盖期间

如果在审计报告涵盖的期间，审计项目团队成员曾担任审计客户的董事、高级管理人员或特定员工，将产生非常严重的不利影响，导致没有防范措施能够将其降低至可接受的水平。会计师事务所不得将此类人员分派到审计项目团队。

2. 在审计报告涵盖期间之前

如果在审计报告涵盖的期间之前，审计项目团队成员曾担任审计客户的董事、高级管理人员或特定员工，可能因自身利益、自我评价或密切关系对独立性产生不利影响。例如，如果在当期审计业务中，需要评价此类人员以前就职于审计客户时做出的决策或工作。不利影响存在与否及其严重程度主要取决于下列因素。

（1）该成员在客户中曾担任的职务。

（2）该成员离开客户的时间长短。

（3）该成员在审计项目团队中的角色。

会计师事务所应当评价不利影响的严重程度，并在必要时采取防范措施将其降低至可接受的水平。举例来说，防范措施可能包括由适当复核人员复核该审计项目团队成员已执行的工作等。

（二）兼任审计客户的董事或高级管理人员

如果会计师事务所的合伙人或员工兼任审计客户的董事或高级管理人员，将因自我评价和自身利益产生非常严重的不利影响，导致没有防范措施能够将其降低至可接受的水平，会计师事务所的合伙人或员工不得兼任审计客户的董事或高级管理人员。

（三）与审计客户发生雇佣关系

如果审计客户的董事、高级管理人员或特定员工，曾经是审计项目团队的成员或会计师事务所的合伙人，可能因密切关系或外在压力产生不利影响。

1. 审计项目团队前任成员或前任合伙人

如果会计师事务所前任合伙人或审计项目团队前任成员加入审计客户，担任董事、高级管理人员或特定员工，会计师事务所应当确保上述人员与会计师事务所之间不再保持重要交往。如果会计师事务所与该类人员仍保持重要交往，除非同时满足下列条件，否则将产生非常严重的不利影响，导致没有防范措施能够消除不利影响或将其降低至可接受的水平。

（1）该人员无权从会计师事务所获取报酬或福利，除非该报酬或福利是按照预先确定的固定金额支付的。

（2）应付该人员的金额（如有）对会计师事务所不重要。

（3）该人员未继续参与，并且在外界看来未参与会计师事务所的经营活动或职业活动。

即使同时满足上述条件，仍可能因密切关系或外在压力对独立性产生不利影响。

2. 前任合伙人

如果会计师事务所的前任合伙人加入某一实体并担任董事、高级管理人员或特定员工，而该实体随后成为会计师事务所的审计客户，则可能因密切关系或外在压力对独立性产生不利影响。不利影响存在与否及其严重程度主要取决于下列因素。

（1）该人员在审计客户中担任的职位。

（2）该人员将与审计项目团队交往的程度。

（3）该人员离开审计项目团队或会计师事务所合伙人职位的时间长短。

（4）该人员以前在审计项目团队、会计师事务所中的角色。

例如，该人员是否负责与客户管理层和治理层保持定期联系。会计师事务所应当评价不利影响的严重程度，并在必要时采取防范措施消除不利影响或将其降低至可接受的水平。举例来说，防范措施可能包括如下方式。

（1）修改审计计划。

（2）向审计项目团队分派与该人员相比经验更加丰富的人员。

（3）由适当复核人员复核前任审计项目团队成员已执行的工作。

3. 审计项目团队某成员

如果审计项目团队某一成员参与审计业务,应当知道自己在未来某一时间将要或有可能加入审计客户时,将因自身利益对独立性产生不利影响。会计师事务所应当制定政策和程序,要求审计项目团队成员在与审计客户协商受雇于该客户时,向会计师事务所报告。

在接到报告后,会计师事务所应当评价不利影响的严重程度,并在必要时采取防范措施消除不利影响或将其降低至可接受的水平。举例来说,防范措施可能包括如下方式。

(1) 将该成员调离审计项目团队,可能能够消除不利影响。

(2) 由适当复核人员复核该成员在审计项目团队中做出的重大判断,可能能够将不利影响降低至可接受的水平。

4. 关键审计合伙人

如果某公众利益实体的关键审计合伙人加入该审计客户,担任董事、高级管理人员或特定员工,除非该合伙人不再担任该公众利益实体的关键审计合伙人后,该公众利益实体发布的已审计财务报表涵盖期间不少于十二个月,并且该合伙人未参与该财务报表的审计,否则独立性将视为受到损害。

(四)临时借出员工

1. 可以向审计客户借出员工的情形

除非同时满足下列条件,否则会计师事务所不得向审计客户借出员工。

(1) 仅在短期内向客户借出员工。

(2) 借出的员工不参与职业道德守则禁止提供的非鉴证服务。

(3) 该员工不承担审计客户的管理层职责,且审计客户负责指导和监督该员工的活动。

2. 影响独立性的防范措施

如果会计师事务所向审计客户借出员工,可能因自我评价、过度推介或密切关系产生不利影响。会计师事务所应当评价借出员工产生不利影响的严重程度,并在必要时采取防范措施消除不利影响或将其降低至可接受的水平。举例来说,防范措施可能包括如下方式。

(1) 对借出员工的工作进行额外复核,可能能够应对因自我评价产生的不利影响。

(2) 不安排借出员工作为审计项目团队成员,可能能够应对因密切关系或过度推介产生的不利影响。

(3) 合理安排审计项目团队成员的职责,使借出员工不对其在借出期间执行的工作进行审计,可能能够应对因自我评价产生的不利影响。

如果因向审计客户借出员工而导致会计师事务所高度认同审计客户管理层的观点和利益,通常没有防范措施能够消除不利影响或将其降低至可接受的水平。

六、与审计客户长期存在业务关系

(一)关键审计合伙人定期轮换的一般要求

1. 累积任职的时间要求

如果审计客户属于公众利益实体,会计师事务所任何人员担任下列一项或多项职务的累计时间不得超过五年。

(1) 项目合伙人。

(2) 项目质量复核人员。

(3) 其他属于关键审计合伙人的职务。

2. 冷却期的时间要求

任期结束后,该人员应当遵守下列冷却期的有关规定。

(1) 如果某人员担任项目合伙人或其他签字注册会计师累计达到五年,冷却期应当为连续五年。

(2) 如果某人员担任项目质量复核人员累计达到五年,冷却期应当为连续三年。

(3) 如果某人员担任其他关键审计合伙人累计达到五年,冷却期应当为连续两年。

如果某人员相继担任多项关键审计合伙人职责,冷却期应当按照以下规定。

(1) 担任项目合伙人累计达到三年或以上,冷却期应当为连续五年。

(2) 担任项目质量复核人员累计达到三年或以上,冷却期应当为连续三年。

(3) 担任项目合伙人和项目质量复核人员累计达到三年或以上,但累计担任项目合伙人未达到三年,冷却期应当为连续三年。

(4) 担任多项关键审计合伙人职责,并且不符合上述各项情况,冷却期应当为连续两年。

3. 冷却期的行为要求

在冷却期内,关键审计合伙人不得有下列行为。

(1) 成为审计项目组成员或为审计项目提供项目质量管理。

(2) 就有关技术或行业特定问题、交易或事项向审计项目组或审计客户提供咨询(如果与审计项目组沟通仅限于该人员任职期间的最后一个年度所执行的工作或得出的结论,并且该工作和结论与审计业务仍然相关,则不违反本项规定)。

(3) 负责领导或协调会计师事务所向审计客户提供的专业服务,或者监控会计师事务所与审计客户的关系。

(4) 执行上述各项未提及的、涉及审计客户且导致该人员出现下列情况的职责或活动(包括提供非鉴证服务):与审计客户高级管理层或治理层进行重大或频繁的互动;对审计业务的结果施加直接影响。

(二) 关键审计合伙人定期轮换的特殊情况

在极其特殊的情况下,会计师事务所可能因无法预见和控制的情形而不能按时轮换关键审计合伙人。如果关键审计合伙人的连任对审计质量特别重要,在获得审计客户治理层同意的前提下,并且通过采取防范措施能够消除对独立性的不利影响或将其降低至可接受的水平,则在法律法规允许的情况下,该人员担任关键审计合伙人的期限可以延长一年。例如,如果由于事先无法预见的原因导致无法实施轮换(如拟接任的项目合伙人突患重病),关键审计合伙人最多可以额外在审计项目组中继续担任相关职务一年。在这种情况下,会计师事务所应当与治理层沟通无法实施轮换的原因,以及应采取的防范措施。

(三) 审计客户成为公众利益实体情形下的关键审计合伙人轮换要求

如果审计客户成为公众利益实体,在确定关键审计合伙人的任职时间时,会计师事务所应当考虑，在该客户成为公众利益实体之前，该合伙人作为关键审计合伙人已为该客户提供服务的时间。

如果在审计客户成为公众利益实体之前，该合伙人作为关键审计合伙人已为该客户服务的时间不超过三年，则该人员还可以为该客户继续提供服务的年限为五年减去已经服务的年限。

如果在审计客户成为公众利益实体之前，该合伙人作为关键审计合伙人已为该客户服务了四年或更长的时间，在取得客户治理层同意的前提下，该合伙人最多还可以继续服务两年。

如果审计客户是首次公开发行证券的公司，关键审计合伙人在该公司上市后连续执行审计业务的期限，不得超过两个完整会计年度。

关键审计合伙人在不同情况下的轮换时间表如表5-1和表5-2所示。

表5-1 适用于一般情况下已为公众利益实体的审计客户　　　　　　　　单位：年

关键审计合伙人	任职期	冷却期	任职期特殊情况
项目合伙人	5	5	6
项目质量复核人员	5	3	6
其他关键审计合伙人	5	2	6

表5-2 适用于客户成为公众利益实体后的轮换时间　　　　　　　　单位：年

在审计客户成为公众利益实体前的服务年限（X）	成为公众利益实体后继续提供服务的年限	冷却期		
		项目合伙人	项目质量复核人员	其他关键审计合伙人
$X \leq 3$	$5 \sim X$	5	3	2
$X \geq 4$	2	5	3	2
如果客户是首次公开发行证券	2	5	3	2

七、为客户提供非鉴证服务

（一）一般规定

会计师事务所可能向其审计客户提供与其技能和专长相符的非鉴证服务。向审计客户提供非鉴证服务，可能对多项职业道德基本原则产生不利影响。

在接受委托向审计客户提供非鉴证服务之前，会计师事务所应当确定提供该服务是否将对独立性产生不利影响。在评价不利影响存在与否及其严重程度时，注册会计师通常需要考虑下列因素。

(1) 非鉴证服务的性质、范围和目的。

(2) 审计业务对该非鉴证服务结果的依赖程度。

(3) 与提供该非鉴证服务相关的法律和监管环境。

(4) 非鉴证服务的结果是否影响会计师事务所将发表意见的财务报表中的相关事项，如果影响，影响的程度以及在确定这些事项的金额或会计处理方法时涉及的主观程度。

（5）客户管理层和员工在该非鉴证服务方面的专长水平。

（6）客户针对重大判断事项的参与程度。

（7）非鉴证服务对与客户会计记录、财务报表、财务报告内部控制相关的系统所产生影响的性质和程度（如有）。

（8）客户是否属于公众利益实体，如果客户属于公众利益实体，通常认为会产生更为严重的不利影响。

（二）承担管理层职责

会计师事务所承担审计客户的管理层职责，将因自身利益、自我评价、密切关系、过度推介对独立性产生非常严重的不利影响，导致没有防范措施能够将其降低至可接受的水平。会计师事务所不得承担审计客户的管理层职责。

1. 管理层职责的内容

审计客户的管理层职责涉及控制和领导该客户的各项工作，包括针对人力资源、财务资源、技术资源、有形或无形资源的取得、配置和控制做出重大决策。会计师事务所应当根据具体情况并运用职业判断确定某项活动是否属于管理层职责。下列活动通常视为管理层职责。

（1）制定政策和战略方针。

（2）招聘或解雇员工。

（3）指导员工与工作有关的行动并对其行动负责。

（4）对交易进行授权。

（5）控制或管理银行账户或投资。

（6）确定采纳会计师事务所或其他第三方提出的建议。

（7）代表管理层向治理层报告。

（8）负责按照适用的财务报告编制基础编制财务报表。

（9）负责设计、执行、监督和维护内部控制。

如果会计师事务所仅向审计客户提供意见和建议以协助其管理层履行职责，通常不视为承担管理层职责。

2. 避免承担管理层职责的措施

为避免在向审计客户提供非鉴证服务时承担管理层职责，会计师事务所应当确保属于管理层职责的所有判断和决策都由客户管理层作出。

（1）委派一名具备适当技能、知识和经验的人员，始终负责做出客户方面的决策，并对非鉴证服务进行监督。该人员最好是管理层成员，并且应当了解非鉴证服务的目标、性质和结果，以及客户与会计师事务所各自的责任。然而，该人员不一定必须具备执行或重新执行非鉴证服务的专长。

（2）对非鉴证服务进行监督，并评价已提供服务的结果是否充分满足客户的目的。

（3）对依据非鉴证服务的结果采取的行动承担责任（如有）。

（三）会计和记账服务

会计师事务所向审计客户提供会计和记账服务，可能因自我评价对独立性产生不利影响。会计和记账服务主要包括下列多种类型：编制会计记录和财务报表，如财务报表附注、记录交易、工资服务。

1. 编制财务报表是管理层的职责

按照适用的财务报告编制基础编制财务报表是管理层的职责,这种职责包括但不限于以下内容。

(1) 设计、执行和维护必要的内部控制,以使财务报表不存在由于舞弊或错误导致的重大错报。

(2) 评估被审计单位的持续经营能力和运用持续经营假设是否适当,并披露与持续经营相关的事项(如适用)。

(3) 确定会计政策并运用该政策确定会计处理方法,做出恰当的会计估计。

(4) 编制或更改会计分录,确定或批准交易的账户分类。

(5) 编制或更改以电子形式或其他形式存在的、用以证明交易发生的相关凭证或数据。

2. 沟通审计相关事项不对独立性产生影响的情形

在审计过程中,会计师事务所可能就下列事项与审计客户管理层进行沟通。

(1) 对会计准则或会计政策,以及财务报表披露要求的运用。

(2) 财务报告内部控制的有效性,以及资产、负债计量方法的适当性。

(3) 审计调整建议。

这些活动通常被视为审计过程的正常组成部分,只要审计客户负责就会计记录及财务报表的编制做出决策,通常不对独立性产生不利影响。

3. 提供会计咨询服务不对独立性产生影响的情形

审计客户可能要求会计师事务所在下列方面提供技术支持或建议等会计咨询服务。

(1) 解决账户调节问题。

(2) 分析和收集监管机构要求提供的信息。

(3) 为会计准则转换(如为了遵守集团会计政策从企业会计准则转换为国际财务报告准则)提供咨询服务。

(4) 协助了解相关会计准则、原则和解释,分享领先的行业最佳实践。

如果会计师事务所不承担审计客户的管理层职责,通常不会对独立性产生不利影响。

4. 日常性或机械性的会计和记账服务不对独立性产生影响的情形

日常性或机械性的会计和记账服务通常不需要很多职业判断。这类服务的例子包括如下一些情形。

(1) 根据来源于客户的数据编制工资计算表或工资报告,供客户批准并支付。

(2) 在客户已确定或批准账户分类的前提下,以原始凭证(如水电费单据)或原始数据为基础,记录易于确定其金额并且重复发生的交易。

(3) 根据客户确定的折旧政策、预计使用寿命和净残值计算固定资产折旧。

(4) 将客户已记录的交易过入总分类账。

(5) 将客户批准的分录过入试算平衡表。

(6) 根据客户批准的试算平衡表中的信息编制财务报表,根据客户批准的记录编制相关财务报表附注。

5. 向公众利益实体的审计客户提供会计和记账服务

会计师事务所不得向属于公众利益实体的审计客户提供会计和记账服务,包括编制会计师事务所将发表意见的财务报表(包括财务报表附注)或构成财务报表基础的财务信息。

在同时满足下列条件的情况下,会计师事务所可以向属于公众利益实体的审计客户的分支机构或关联实体提供会计和记账服务。

(1) 该服务是日常性或机械性的。
(2) 提供服务的人员不是审计项目团队成员。
(3) 接受该服务的分支机构或关联实体从整体上对会计师事务所将发表意见的财务报表不具有重要性,或者该服务所涉及的事项从整体上对该分支机构或关联实体的财务报表不具有重要性。

(四) 行政事务性服务

行政事务性服务包括协助客户执行正常经营过程中的日常性或机械性任务。此类服务通常不需要很多职业判断,且属于文书性质的工作。

行政事务性服务的例子包括:文字处理服务;编制行政或法定表格供客户审批;按照客户的指示将该表格提交给各级监管机构;跟踪法定报备日期,并告知审计客户该日期。向审计客户提供上述行政事务性服务通常不会对独立性产生不利影响。

(五) 评估服务

评估包括对未来发展趋势提出相关假设,运用适当的方法和技术,以确定资产、负债或企业整体的价值或价值区间。向审计客户提供评估服务可能因自我评价或过度推介对独立性产生不利影响。

1. 向审计客户提供评估服务

会计师事务所向审计客户提供评估服务,可能因自我评价或过度推介对独立性产生不利影响。不利影响存在与否及其严重程度主要取决于下列因素。

(1) 评估报告的用途和目的。
(2) 是否对外公布评估报告。
(3) 在确定和批准评估方法以及其他重大判断事项时,客户的参与程度。
(4) 在运用标准或既定的方法进行评估时,评估事项的固有主观程度。
(5) 评估结果是否对财务报表产生重大影响。
(6) 与评估有关的财务报表披露的范围和明晰程度。
(7) 对可能引起相关金额发生重大波动的未来事项的依赖程度。

会计师事务所应当评价不利影响的严重程度,并在必要时采取防范措施消除不利影响或将其降低至可接受的水平。举例来说,防范措施可能包括如下方式。

(1) 由审计项目团队以外的专业人员提供评估服务,可能能够应对因自我评价或过度推介产生的不利影响。
(2) 由未参与评估服务的适当复核人员复核所执行的审计工作或提供的服务,可能能够应对因自我评价产生的不利影响。

2. 允许向审计客户提供评估服务的情形

如果审计客户要求会计师事务所提供评估服务，以帮助其履行纳税申报义务或满足税务筹划目的，并且评估的结果不对财务报表产生直接影响，且间接影响并不重大，或者评估服务经税务机关或类似监管机构外部复核，则通常不对独立性产生不利影响。

3. 不得向审计客户提供评估服务的情形

如果评估结果涉及高度主观性，并且评估服务对会计师事务所将发表意见的财务报表具有重大影响，会计师事务所不得向审计客户提供评估服务。某些评估服务的结果不涉及高度的主观性。例如，所依据的基本假设已由法律法规做出规定或已被广泛接受，并且所采用的技术和方法是依据公认的准则或法律法规确定的。在这种情况下，由两方或多方执行的评估结果通常不存在重大差异。

在审计客户属于公众利益实体的情况下，如果评估结果单独或累积起来对会计师事务所将发表意见的财务报表具有重大影响，则会计师事务所不得向该审计客户提供这种评估服务。

（六）税务服务

1. 税务服务的种类

税务服务通常包括下列种类：编制纳税申报表；为进行会计处理计算税额；税务筹划和其他税务咨询服务；与评估有关的税务服务；协助解决税务纠纷。在实务中，上述各类税务服务通常是相互关联的。

2. 编制纳税申报表的服务

编制纳税申报表的服务包括如下内容。

（1）编制信息，以协助客户履行纳税申报义务，例如计算应向税务机关缴纳的税额（通常采用标准化的表格）。

（2）对已发生交易的纳税申报处理方法提供建议。

（3）代表审计客户向税务机关提供所要求的附加信息和分析（例如，对所采用的方法提供解释和技术支持）。

由于编制纳税申报表的服务通常以历史信息为基础，主要按照现行的税收法律法规或惯例对该历史信息进行分析和列报，并且纳税申报表须经税务机关审查或批准，如果管理层对纳税申报表承担责任，会计师事务所提供此类服务通常不会对独立性产生不利影响。

3. 计算当期所得税或递延所得税负债（或资产）

注册会计师基于进行会计处理的目的，为审计客户计算当期所得税或递延所得税负债（或资产），且该会计处理随后由本会计师事务所审计，将因自我评价产生不利影响。

如果审计客户不属于公众利益实体，举例来说，下列防范措施可能能够应对上述因自我评价产生的不利影响：由审计项目团队以外的专业人员提供此类服务；由未参与提供此类服务的适当复核人员复核所执行的审计工作或提供的此类服务。

在审计客户属于公众利益实体的情况下，会计师事务所不得计算当期所得税或递延所得税，以用于编制对会计师事务所将发表意见的财务报表具有重大影响的会计分录。

4. 税务筹划或其他税务咨询服务

税务筹划或其他税务咨询服务有多种类型，例如，向审计客户提供如何节税，或如何运用新的税收法律法规的建议。提供税务筹划或其他税务咨询服务可能因自我评价或过度推介对独立性产生不利影响。举例来说，防范措施可能包括如下方式。

（1）由审计项目团队以外的专业人员提供此类服务，可能能够应对因自我评价或过度推介产生的不利影响。

（2）由未参与提供此类服务的适当复核人员复核所执行的审计工作或提供的此类服务，可能能够应对因自我评价产生的不利影响。

（3）获得税务机关的预先批准或建议，可能能够应对因自我评价或过度推介产生的不利影响。

如果税务建议的有效性取决于某项特定会计处理或财务报表列报，并且同时存在下列情况，会计师事务所不得为审计客户提供税务筹划及其他税务咨询服务。

（1）审计项目团队对于相关会计处理或财务报表列报的适当性存有疑问。

（2）税务建议的结果或执行后果将对会计师事务所将发表意见的财务报表产生重大影响。

5. 协助解决税务纠纷

如果会计师事务所协助审计客户解决税务纠纷，一旦税务机关通知审计客户已经拒绝接受其对某项具体问题的主张，并且税务机关或审计客户已将该问题纳入正式的法律程序（例如诉讼或仲裁），则可能因自我评价或过度推介对独立性产生不利影响。举例来说，防范措施可能包括如下方式。

（1）由审计项目团队以外的专业人员提供该税务服务，可能能够应对因自我评价或过度推介产生的不利影响。

（2）由未参与提供该税务服务的适当复核人员复核所执行的审计工作或提供的服务，可能能够应对因自我评价产生的不利影响。

在提供税务服务时，如果该服务涉及在公开审理或仲裁的税务纠纷中担任审计客户的辩护人，并且所涉金额对会计师事务所将发表意见的财务报表具有重大影响，会计师事务所不得向审计客户提供涉及协助解决税务纠纷的税务服务。在公开审理或仲裁期间，会计师事务所可以继续为审计客户提供有关法庭裁决事项的咨询，例如协助客户对特定信息要求做出回应、就所执行的工作提供背景材料或证词，或者协助客户分析相关的税务问题。

（七）内部审计服务

1. 内部审计活动的内容

内部审计的目标和工作范围因被审计单位的规模、组织结构、治理层和管理层需求的不同而存在很大差异。协助审计客户执行内部审计活动属于内部审计服务。内部审计活动包括如下内容。

（1）监督内部控制，包括对控制进行复核，对其运行情况进行监控，并提供改进建议。

（2）通过下列方式检查财务信息和经营信息：复核用以确认、计量、分类和列报财务信息和经营信息的方法；对个别项目实施专项调查，其中专项调查包括对交易、账户余额和程序实施细节测试。

（3）评价被审计单位的经营活动，包括非财务活动的经济性、效率和效果。

（4）评价对法律法规、其他外部要求，以及管理层政策、指令和其他内部规定的遵守情况。

2. 涉及承担管理层职责的内部审计服务

如果会计师事务所人员在为审计客户提供内部审计服务时承担管理层职责，将产生非常严重的不利影响，导致没有防范措施能够将其降低至可接受的水平。会计师事务所人员在向审计客户提供内部审计服务时，不得承担管理层职责。涉及承担管理层职责的内部审计服务主要包括以下几项。

（1）制定内部审计政策或内部审计活动的战略方针。
（2）指导该客户内部审计人员的工作并对其负责。
（3）决定应执行来源于内部审计活动的哪些建议。
（4）代表管理层向治理层报告内部审计活动的结果。
（5）执行构成内部控制组成部分的程序，如复核并批准员工数据访问权限的变更。
（6）负责设计、执行、监督和维护内部控制。
（7）实施企业内部控制评价工作，包括对内部控制的设计与运行情况的全面评估。
（8）提供内部审计外包服务，包括全部内部审计外包服务和重要组成部分内部审计外包服务，负责确定内部审计工作的范围，并且还可能负责执行上述某项工作。

3. 允许提供内部审计服务的情况

为避免承担管理层职责，只有在同时满足下列条件时，会计师事务所才能为审计客户提供内部审计服务。

（1）审计客户委派合适的、具有胜任能力的员工（最好是高级管理人员），始终负责内部审计活动，并承担设计、执行、监督与维护内部控制的责任。
（2）客户治理层或管理层复核、评估并批准内部审计服务的工作范围、风险和频率。
（3）客户管理层评价内部审计服务的适当性，以及执行内部审计发现的事项。
（4）客户管理层评价并确定应当实施内部审计服务提出的哪些建议，并对实施过程进行管理。
（5）客户管理层向治理层报告注册会计师在内部审计服务中发现的重大问题和提出的建议。

4. 内部审计服务对独立性的不利影响

如果在审计中利用内部审计人员的工作，按照《中国注册会计师审计准则第1411号——利用内部审计人员的工作》的要求，注册会计师应当执行相应的程序，以评价内部审计工作的适当性。同样地，如果会计师事务所向审计客户提供内部审计服务，并且在审计中利用该服务的结果，可能导致审计项目团队不能恰当评价内部审计工作，或不会运用与会计师事务所以外的人员执行内部审计工作时相同水平的职业怀疑，这可能因自我评价对独立性产生不利影响。不利影响存在与否及其严重程度主要取决于下列因素。

（1）相关财务报表金额的重要性。
（2）与这些财务报表金额相关的认定层次错报风险。
（3）审计客户对内部审计服务的依赖程度，以及审计项目团队对内部审计工作的依赖程度。

举例来说，由审计项目团队以外的专业人员提供该内部审计服务，可能能够应对因自我评价产生的不利影响。

5. 不得向属于公众利益实体的审计客户提供内部审计服务

在审计客户属于公众利益实体的情况下，会计师事务所不得提供与下列方面有关的内部审计服务。

（1）财务报告内部控制的组成部分。

（2）财务会计系统。

（3）单独或累积起来对会计师事务所将发表意见的财务报表具有重大影响的金额或披露。

（八）信息技术系统服务

1. 信息技术服务的内容及作用

信息技术系统服务可能包括硬件或软件系统的设计或实施，例如，计算机应用程序，移动端应用程序，基于云技术或网络的软件、模板或文档等多种类型。

信息技术系统可以帮助审计客户积累原始数据；生成财务报告内部控制的组成组分；生成影响会计记录或财务报表的信息，包括相关披露。信息技术系统服务还可能包括与审计客户的会计记录、财务报告内部控制或财务报表无关的事项。

2. 不对独立性产生不利影响的信息技术系统服务

如果会计师事务所人员不承担管理层职责，则向审计客户提供下列信息技术系统服务不视为对独立性产生不利影响。

（1）设计或实施与财务报告内部控制无关的信息技术系统。

（2）设计或实施信息技术系统，其生成的信息不构成会计记录或财务报表的重要组成部分。

（3）实施由第三方开发的会计或财务信息报告软件（如果无须对软件进行较大改动就能适应客户的需求，例如针对第三方开发的软件仅进行配置而不需要进行定制化开发）。

（4）对由其他服务提供商或审计客户自行设计并实施的系统进行评价和提出建议。

3. 向审计客户提供信息技术系统服务

如果向审计客户提供信息技术系统服务，会计师事务所应当确保同时满足下列条件。

（1）审计客户认可其建立和监督内部控制的责任。

（2）审计客户委派具有胜任能力的员工（最好是高级管理人员）负责做出有关系统设计和实施的所有管理决策。

（3）审计客户做出与系统设计和实施过程有关的所有管理决策。

（4）审计客户评价系统设计和实施的适当性及结果。

（5）审计客户对系统运行以及系统使用或生成的数据负责。

会计师事务所向审计客户提供信息技术系统服务，可能因自我评价产生不利影响。不利影响存在与否及其严重程度主要取决于下列因素。

（1）该服务的性质。

（2）信息技术系统的性质及其对客户会计记录或财务报表的影响程度。

（3）审计中对特定信息技术系统的依赖程度。

举例来说，由审计项目团队以外的专业人员提供该服务，可能能够应对因自我评价产生的不利影响。

4. 向属于公众利益实体的审计客户提供有关信息技术系统服务

如果存在下列情形之一，会计师事务所不得向属于公众利益实体的审计客户提供与设计或实施信息技术系统相关的服务。

（1）信息技术系统构成财务报告内部控制的重要组成部分。

（2）信息技术系统生成的信息对会计记录或会计师事务所将发表意见的财务报表影响重大。

（九）诉讼支持服务

1. 诉讼支持服务的内容

诉讼支持服务可能包括下列活动：协助管理和检索文件；担任证人，包括专家证人；计算诉讼或其他法律纠纷涉及的估计损失或其他应收、应付金额。

2. 向审计客户提供诉讼支持服务

会计师事务所向审计客户提供诉讼支持服务，可能因自我评价或过度推介产生不利影响。不利影响存在与否及其严重程度主要取决于下列事项。

（1）提供服务所处的法律和监管环境，例如，法院是否会选择或委任专家证人。

（2）服务的性质和特征。

（3）服务的结果是否对会计师事务所将发表意见的财务报表产生重大影响。

举例来说，由审计项目团队以外的专业人员提供此类服务，可能能够应对因自我评价或过度推介产生的不利影响。

（十）法律服务

1. 法律服务的内容

法律服务主要包括为客户提供法律咨询、担任首席法律顾问、担任辩护人等服务。法律服务通常是指必须由符合下列条件之一的人员提供的服务。

（1）已取得执行法律业务所需要的专业资格。

（2）已通过执行法律业务所要求的培训。

2. 法律咨询服务

法律咨询服务可能包含多种类型，包括为审计客户提供与公司事务或商业有关的法律服务，例如，合同支持服务；为审计客户执行一项交易提供支持；合并与收购；向客户内部法律部门提供帮助；法律尽职调查及重组。

会计师事务所向审计客户提供法律咨询服务，可能因自我评价或过度推介对独立性产生不利影响。不利影响存在与否及其严重程度主要取决于下列因素。

（1）特定事项对审计客户财务报表的重要程度。

（2）法律事项的复杂程度，以及提供该服务所需判断的程度。

举例来说，防范措施可能包括如下方式。

（1）由审计项目团队以外的专业人员提供该服务，可能能够应对因自我评价或过度推介产生的不利影响。

（2）由未参与提供法律服务的适当复核人员复核所执行的审计工作或提供的服务，可能能够应对因自我评价产生的不利影响。

3. 担任审计客户的首席法律顾问

会计师事务所的合伙人或员工担任审计客户首席法律顾问,将对独立性产生非常严重的不利影响,导致没有防范措施能够将其降低至可接受的水平。会计师事务所的合伙人或员工不得担任审计客户的首席法律顾问。首席法律顾问通常是一个高级管理职位,对公司法律事务承担广泛责任。

4. 担任审计客户的辩护人

在审计客户解决纠纷或应对诉讼时,如果会计师事务所人员担任辩护人,并且纠纷或诉讼所涉金额对会计师事务所将发表意见的财务报表具有重大影响,将产生非常严重的不利影响,导致没有防范措施能够将其降低至可接受的水平。会计师事务所不得为审计客户提供此类服务。

在审计客户解决纠纷或应对诉讼时,如果会计师事务所人员担任辩护人,并且纠纷或诉讼所涉金额对会计师事务所将发表意见的财务报表无重大影响,采取下列防范措施可能能够应对因自我评价产生的不利影响。

(1) 由审计项目团队以外的专业人员提供该服务。

(2) 由未参与提供法律服务的适当复核人员复核所执行的审计工作或提供的服务。

(十一) 招聘服务

1. 招聘服务的内容

招聘服务可能包括下列方面。

(1) 确定岗位描述。

(2) 确定识别和选择潜在候选人的流程。

(3) 寻找或筛选候选人。

(4) 通过下列方式筛选潜在的候选人:审核候选人的专业资格或胜任能力并确定其是否适合该职位;对职位候选人实施背景调查;面试、选择合适的候选人,并就候选人的胜任能力提供建议。

(5) 确定雇佣条款,并协商如工资、工时及其他报酬等具体条件。

2. 对独立性产生不利影响的情形

向审计客户提供招聘服务,可能因自身利益、密切关系或外在压力对独立性产生不利影响。不利影响存在与否及其严重程度主要取决于下列事项。

(1) 会计师事务所人员所提供协助的性质。

(2) 拟招聘人员的职位。

(3) 候选人和提供咨询意见或服务的会计师事务所之间可能存在的利益冲突或关系。

举例来说,由审计项目团队以外的专业人员提供该服务,可能能够消除因自身利益、密切关系或外在压力产生的不利影响。

3. 不对独立性产生不利影响的情形

当向审计客户提供下列招聘服务时,只要会计师事务所人员不承担管理层职责,通常不会对独立性产生不利影响。

（1）对多名候选人的专业资格进行审核，并就其是否适合该职位提供咨询意见。

（2）对候选人进行面试，并对候选人在财务会计、行政管理或内部控制等职位上的胜任能力提供咨询意见。

4. 允许向审计客户提供招聘服务的情况

当向审计客户提供招聘服务时，为避免承担管理层职责，会计师事务所应当确保同时满足下列条件。

（1）客户委派具有胜任能力的员工（最好是高级管理人员），负责做出有关聘用该职位候选人的所有管理决策。

（2）客户就聘用程序做出所有管理决策，包括：确定准候选人是否合适并选择适合该职位的候选人；确定雇佣条款，并协商如工资、工时及其他报酬等具体条件。

5. 不得向审计客户提供招聘服务的情形

在向审计客户提供招聘服务时，会计师事务所不得代表客户与应聘者进行谈判。

如果审计客户拟招聘董事、高级管理人员或特定员工，会计师事务所不得向审计客户提供下列招聘服务。

（1）寻找或筛选候选人。

（2）对候选人实施背景调查。

（十二）公司财务服务

1. 对独立性产生不利影响的情形

向审计客户提供公司财务服务可能因自我评价或过度推介对独立性产生不利影响。例如，下列事项可能对独立性产生不利影响。

（1）协助审计客户制定公司战略。

（2）为审计客户的并购识别可能的目标。

（3）对资产处置交易提供建议。

（4）协助实施融资交易。

（5）对合理安排资本结构提供建议。

（6）对直接影响会计师事务所将发表意见的财务报表金额的资本结构或融资安排提供建议。

不利影响存在与否及其严重程度主要取决于下列因素。

（1）在确定如何恰当处理财务建议对财务报表的影响时涉及的主观程度。

（2）财务建议的结果对在财务报表中记录金额的直接影响程度，以及记录的金额对财务报表整体影响的重大程度。

（3）财务建议的有效性是否取决于某项特定会计处理或财务报表列报，并且根据相关财务报告编制基础，对该会计处理或列报的适当性是否存有疑问。

举例来说，防范措施可能包括如下方式。

（1）由审计项目团队以外的专业人员提供该服务，可能能够应对因自我评价或过度推介产生的不利影响。

（2）由未参与提供该服务的适当复核人员复核已执行的审计工作或提供的服务，可能能够应对因自我评价产生的不利影响。

2. 不得向审计客户提供财务服务的情形

会计师事务所不得提供涉及推荐、交易或承销审计客户股票的公司财务服务。

如果财务建议的有效性取决于某项特定会计处理或财务报表列报,并且同时存在下列情形,会计师事务所不得向审计客户提供此类财务建议。

(1) 根据相关财务报告编制基础,审计项目团队对相关会计处理或列报的适当性存有疑问。

(2) 公司财务建议的结果将对会计师事务所将发表意见的财务报表产生重大影响。

八、影响独立性的其他事项

(一) 薪酬和业绩评价政策

如果某一审计项目团队成员的薪酬或业绩评价与其向审计客户推销的非鉴证服务挂钩,将因自身利益产生不利影响。不利影响的严重程度主要取决于下列因素。

(1) 推销非鉴证服务的因素在该成员薪酬或业绩评价中的比重。

(2) 该成员在审计项目团队中的角色。

(3) 推销非鉴证服务的业绩是否影响该成员的晋升。

会计师事务所应当评价不利影响的严重程度,并在必要时采取防范措施消除不利影响或将其降低至可接受的水平。举例来说,下列防范措施可能消除因自身利益产生的不利影响。

(1) 修改该成员的薪酬计划或业绩评价程序。

(2) 将该成员调离审计项目团队。

由审计项目团队以外的适当复核人员复核该审计项目团队成员已执行的工作,可能能够将自身利益产生的不利影响降低至可接受的水平。

关键审计合伙人的薪酬或业绩评价不得与其向审计客户推销的非鉴证服务直接挂钩。职业道德守则并不禁止会计师事务所合伙人之间正常的利润分享安排。

(二) 礼品和款待

会计师事务所或审计项目团队成员接受审计客户的礼品或款待,可能因自身利益、密切关系或外在压力对独立性产生不利影响。

如果会计师事务所或审计项目团队成员接受审计客户的礼品,将产生非常严重的不利影响,导致没有防范措施能够将其降低至可接受的水平。会计师事务所或审计项目团队成员不得接受礼品。

会计师事务所或审计项目团队成员应当评价接受款待产生不利影响的严重程度,并在必要时采取防范措施消除不利影响或将其降低至可接受的水平。如果款待超出业务活动中的正常往来,会计师事务所或审计项目团队成员应当拒绝接受。注册会计师应当考虑款待是否具有不当影响注册会计师行为的意图,如果具有该意图,即使其从性质和金额上来说均明显不重要,会计师事务所或审计项目团队成员也不得接受该款待。

(三) 诉讼或诉讼威胁

如果会计师事务所或审计项目团队成员与审计客户发生诉讼或很可能发生诉讼,将因自身利益和外在压力产生不利影响。

会计师事务所和客户管理层由于诉讼或诉讼威胁而处于对立地位，将影响管理层提供信息的意愿，从而因自身利益和外在压力产生不利影响。不利影响的严重程度主要取决于下列因素。

（1）诉讼的重要程度。

（2）诉讼是否与前期审计业务相关。

会计师事务所应当评价不利影响的严重程度，并在必要时采取防范措施消除不利影响或将其降低至可接受的水平。举例来说，防范措施可能包括如下方式。

（1）如果诉讼涉及某一审计项目团队成员，将该成员调离审计项目团队可能能够消除不利影响。

（2）由适当复核人员复核已执行的工作，可能能够将不利影响降低至可接受的水平。

第六节 注册会计师审计失败的道德透视

一、审计失败的含义

对于审计失败的定义，当前主流的观点分为"结果论"和"过程论"两类[①]。"结果论"以审计意见是否与实际情况有差异作为判断标准，认为在企业财务报表存在重大错报或漏报的情况下，审计师发表了错误的审计意见，即为审计失败。然而，支持"过程论"的学者认为，"结果论"过于强调结果而忽视过程，未考虑审计的局限性，放大了审计师的责任；认为审计失败是注册会计师未能遵守公认审计标准和原则，从而形成或提出的错误审计意见。

二、审计失败的原因

审计失败的原因较多，既可能由会计师事务所、注册会计师或被审计单位导致，也可能由外部环境诱发。

（一）会计师事务所

会计师事务所作为审计业务的承担主体，其内部管理是否完善、有效，对审计成败有重要影响。在审计业务承接阶段，如果在未对被审计单位深入了解的情况下，为扩大业务规模而盲目承接业务，可能导致审计失败的发生；在审计业务执行阶段，如果没有按照工作量或审计难度的要求向审计项目组分配资源（包括人员数量、时间、人员专业水平等），导致执行审计的项目组人员、时间不足，或者专业水平不够，可能导致审计失败的发生；在审计质量控制上，会计师事务所没有建立完善的质量控制体系，或者虽然建立但未有效遵守质量控制制度的要求，导致审计质量缺乏有效的监控，可能导致审计失败的发生。

---

① 持有审计失败结果论观点的学者包括中国学者秦荣生、陈志强等，持有审计失败过程论观点的学者包括美国审计学家 Avin. A. Arens，中国学者刘明辉等。

（二）注册会计师

注册会计师作为审计业务的执行者，其职业道德水平及专业能力的高低，对审计失败的发生有重要影响。一方面，如果注册会计师的知识、经验、技能不足，难以对审计风险进行有效判断，未发现被审计单位财务舞弊等重大问题，就可能导致审计失败的发生；另一方面，即使注册会计师具备必要的知识、经验、技能，但由于不具备必要的职业道德水平，在审计过程中，缺乏独立性，缺少职业谨慎，导致本应该发现的舞弊未被发现，甚至与被审计单位串谋，故意隐瞒被审计单位的舞弊行为，也可能导致审计失败的发生。在实务中，由于职业道德水平不足导致审计失败发生的频率，要高于知识、经验、技能不足导致审计失败发生的频率。

（三）被审计单位

被审计单位作为审计对象，其经营状况的好坏、治理结构的完善程度及管理层是否舞弊，对审计失败的发生有重要影响。当被审计单位出现经营失败时，利益相关者会更加关注其审计报告，这提高了注册会计师承担审计失败责任的概率；如果被审计单位治理结构不完善，出现内部人控制等情形时，会削弱审计监督职能的发挥，从而增加审计失败发生的可能性；如果被审计单位不诚信，存在财务舞弊等行为，会增加审计失败发生的可能性。

（四）外部环境

外部的法律环境、行业环境也会对审计失败的发生产生一定影响。我国虽已颁布《注册会计师法》，但是民事赔偿责任极少，对审计失败的处罚通常为行政处罚形式，从而导致注册会计师面临审计失败的民事诉讼风险较低。此外，注册会计师行业整体处于供过于求状况，行业存在恶性竞争等现象，一些会计师事务所为承揽业务不惜牺牲独立性，大幅降低审计收费，导致审计质量受损，从而增加了审计失败发生的可能性。

三、审计失败的后果

审计失败无论对投资者、注册会计师、会计师事务所，还是资本市场都会带来一系列影响，包括投资损失、行政处罚、声誉丧失、民事赔偿、刑事责任、扰乱资本市场秩序等。

（一）投资者

审计失败对投资者的影响是，投资者可能依据不实报告进行投资决策，由此可能导致投资者产生投资损失。投资者可依据相关法律法规的规定，向会计师事务所、被审计单位提起法律诉讼，进行民事索赔。最高人民法院颁布的《关于审理涉及会计师事务所在审计业务活动中民事侵权赔偿案件的若干规定》[①]，就我国审计业务活动中的民事责任的定位、归责原则与举证责任，以及第三人的范围做了具体的规定。该规定对于保护投资者的合法权益具有重要意义。

---

① 最高人民法院于 2007 年 6 月 11 日发布《关于审理涉及会计师事务所在审计业务活动中民事侵权赔偿案件的若干规定》（法释〔2007〕12 号），该规定自 2007 年 6 月 15 日起施行。

（二）注册会计师

审计失败对注册会计师的直接影响是，监管机构会根据注册会计师的过错程度，给予注册会计师行政处罚。行政处罚的类型包括通报批评、警告、罚款、暂停执业资格、吊销执业资格证书、证券市场禁入等。在此处罚的基础上，注册会计师将遭受职业声誉的丧失，后期执业将难以得到审计客户的信任，面临难以在注册会计师行业立足的困境。此外，注册会计师违反《注册会计师法》相关规定，故意出具虚假的审计报告、验资报告，构成犯罪的，应当依法追究刑事责任。

（三）会计师事务所

审计失败对会计师事务所的直接影响是，监管机构会根据会计师事务所的过错程度，给予会计师事务所行政处罚。行政处罚的类型包括通报批评、警告、没收违法所得、罚款、暂停经营业务、撤销会计师事务所。若会计师事务所违反相关法律法规规定，给委托人、其他利害关系人造成损失的，应当依法承担赔偿责任。会计师事务所违反《注册会计师法》相关规定，故意出具虚假的审计报告、验资报告，构成犯罪的，依法追究刑事责任。在国内，虽然承担民事赔偿责任的会计师事务所判例较少，但依然存在。比较有名的包括2006年武汉市中级人民法院对蓝田股份财务造假案的判决，除上市公司赔偿投资者外，华伦会计师事务所也被判决对原告的经济损失承担连带赔偿责任；2018年上海市高级人民法院对大智慧公司财务造假案的判决，除上市公司赔偿投资者外，立信会计师事务所也被判决对原告的经济损失承担连带赔偿责任。

（四）资本市场

会计信息对资本市场资源的有效配置起到重要作用。审计失败的不实财务报告将导致资本市场实现资源错配。资本市场中的资金本应该流向营利好、能创造价值的企业，但是不实财务报告虚构的虚假业绩，导致资金流向虚假业绩企业。虚假业绩企业并不能为社会创造价值，反而会扰乱资本市场正常秩序，导致资源错配，降低资金使用效率。

四、审计失败的道德治理对策

审计失败的道德治理，既需要会计师事务所、注册会计师加强内部职业道德管理，也需要政府部门、行业协会及社会公众加强外部职业道德监督。

（一）内部职业道德管理

从内部职业道德管理来看，既需要在会计师事务所层面构建并实践职业道德政策，也需要在注册会计师层面不断提升个人职业道德水平。

在会计师事务所层面，需要建立相应职业道德政策、推行符合职业道德政策的企业文化，实践职业道德政策，并不断改善。会计师事务所要按照职业道德规范的相关要求，以及事务所可能面临的道德风险，制定相应的职业道德政策。会计师事务所的合伙人要以身作则，在事务所内推行符合职业道德政策的企业文化，确保所有员工的行为符合职业道德规范的要求。会计师事务所要不断实践职业道德政策，并评估职业道德政策实施的效果，根据发现的问题不断改进。

在注册会计师个人层面，需要不断提升职业道德水平。首先，注册会计师在执业活动中通过自我学习、自我改造，将外在的职业道德规范，生成自我的职业良心，形成自己的职业道德认识、职业道德情感、职业道德意志,以及职业道德习惯等,不断提升自身的职业道德修养。其次,注册会计师要按照职业道德规范的要求解决职业道德问题和职业道德冲突,避免陷入职业道德困境中。最后,注册会计师要从知识、技能、经验等方面,不断提升自身的专业胜任能力,保持应有的职业怀疑,避免因专业胜任能力不足、职业怀疑态度缺失,而陷入职业道德困境中。

(二)外部职业道德监督

注册会计师职业道德外部监督机制主要包括政府部门监督机制、行业协会监督机制、社会公众监督机制。

1. 政府部门监督机制

在政府部门监督机制上,要积极发挥财政部、证监会等部门对注册会计师职业道德遵守情况的行政监督作用。

(1)财政部每年对会计师事务所执业质量、质量控制、内部治理、财务管理等方面展开检查,并定期发布会计信息质量检查公告。针对检查发现的问题,依法下达整改通知书,必要时给予行政处罚。例如,2017年,财政部组织对17家会计师事务所开展检查。其中,中兴财光华会计师事务所(特殊普通合伙)衡水分所由于对某金融机构2016年度财务报告出具了不恰当的审计意见,财政部依法下达了处理决定,责令中兴财光华会计师事务所(特殊普通合伙)撤销衡水分所,并对签字注册会计师给予暂停执行业务6个月的行政处罚[①]。

(2)证监会作为我国证券市场的主要监管部门之一,对于证券市场上由于注册会计师未能保持应有的职业谨慎、未恪守职业道德规范,甚至与被审计单位串通舞弊,向资本市场提供虚假审计报告,严重损害投资者合法权益的行为,给予行政处罚。例如,2018年,中国证监会对大华会计师事务所、立信会计师事务所、中天运会计师事务所、瑞华会计师事务所及其签字注册会计师给予了行政处罚[②]。通过政府部门对会计师事务所、注册会计师执业的监督检查,并给予必要的行政处罚威慑,促使会计师事务所、注册会计师遵守执业质量,恪守职业道德规范,减少审计失败的发生。

2. 行业协会监督机制

在行业协会监督机制上,积极发挥中注协对注册会计师职业道德遵守情况的行业监督作用。中注协每年组织开展对会计师事务所、注册会计师遵循中国注册会计师业务准则、质量控制准则、职业道德规范等情况的检查工作。例如,2018年,各省级注册会计师协会共组织检查人员745名,检查事务所1 236家,抽查业务项目8 422个,其中,财务报表审计业务项目6 427个,验资业务项目662个,其他专项审计业务项目1 333个。根据检查结果,2018年,各省级注册会计师协会按有关规定对存在重大质量缺陷的95家事务所和235名注册会计师实施了行业惩戒。其中,给予23家事务所和58名注册会计师公开谴责;给予45家事务所和76名注册会计师通报批评;给予27家事务所和101名注册会计师

[①] 财政部会定期发布会计信息质量检查公告,详见 http://jdjc.mof.gov.cn/jianchagonggao/201712/t20171229_2790422.htm。

[②] 中国证监会会根据《中华人民共和国证券法》的相关规定,对会计师事务所展开立案调查、审理,并下达处罚决定,相关处罚决定详见 http://www.csrc.gov.cn/pub/zjhpublic/index.htm? channel=3300/3313。

训诫①。中注协通过执业质量检查,并给予必要的行业惩戒威慑,促使会计师事务所、注册会计师遵守执业质量,恪守职业道德规范,减少审计失败的发生。

3. 社会公众监督机制

在社会公众监督机制上,要积极发挥社会公众对注册会计师职业道德遵守情况的舆论监督作用。积极发挥社会舆论对注册会计师诚信监督的作用,一旦注册会计师的失信行为曝光,社会舆论应给予广泛宣传和深刻讨论,审计市场对于失信注册会计师应予以抵制,提高注册会计师的失信成本。此外,社会公众可以通过政府部门、行业协会设置的举报渠道对失信注册会计师予以举报,从而促使注册会计师严格遵守执业质量的要求,恪守职业道德规范,减少审计失败的发生。

第七节 内部审计人员职业道德

一、内部审计的定义与目标

(一) 内部审计的定义

国际内部审计师协会②自1941年成立至今,共发布了8个关于内部审计的定义。当前的定义为2004年发布的定义:"内部审计是一种独立、客观的确定和咨询活动,旨在增加价值和改善组织的运营。它通过应用系统的、规范的方法,评价并改善风险管理、控制和治理过程的效果,帮助组织实现其目标。"

国内关于内部审计的定义,主要是借鉴国际内部审计师协会的相关表述。例如,中国内部审计协会③在2013年发布的《中国内部审计准则第1101号——内部审计基本准则》中对内部审计的定义为:"内部审计是一种独立、客观的确认和咨询活动,它通过运用系统、规范的方法,审查和评价组织的业务活动、内部控制和风险管理的适当性和有效性,以促进组织完善治理、增加价值和实现目标。"中华人民共和国审计署(以下简称审计署)在2018年发布的《审计署关于内部审计工作的规定》中对内部审计的定义为:"内部审计是指对本单位及所属单位财政财务收支、经济活动、内部控制、风险管理,实施独立、客观的监督、评价和建议,以促进单位完善治理、实现目标的活动。"

(二) 内部审计的目标

内部审计的目标是增加价值和改善组织的运营。增加价值是指组织成立是为利益相关

---

① 中国注册会计师协会定期发布执业质量检查通报,详见 http://www.cicpa.org.cn/Industry_regulation/kjsswszyzljc/。

② 国际内部审计师协会(The Institute of Internal Auditors,简称IIA)是由内部审计人员组成的国际性审计职业团体。前身是1941年在美国纽约成立的内部审计师协会。协会总部目前设在美国得克萨斯州,下设六个分部,分别负责培训、科研、出版、宣传通讯、内部审计师签证和协会财经事务等工作。

③ 中国内部审计协会(China Institute of Internal Audit,简称CIIA)前身是于1987年4月成立的中国内部审计学会,2002年5月经民政部批准,更名为中国内部审计协会,是由具有一定内部审计力量的企事业单位、社会团体和从事内部审计相关工作的人员自愿结成的全国性、专业性、非营利性社会组织。

者,特别是股东创造价值。内部审计的增加价值是指内部审计活动通过提供确认和咨询服务,以改善公司治理过程、风险管理、控制过程的效率和效果,从而为组织及其利益相关者增加价值。但是,内部审计的增加价值并不直接体现在企业的生产和销售活动中,而是收集企业产供销等各个环节的资料,通过风险管理、内部控制评价等活动,运用内部审计的专业知识和技能,形成关于确认和咨询的相关书面报告等形式,提交给业务部门或管理层,以改善组织的运行效率,降低组织的运行风险,从而为组织带来价值。

内部审计的价值增值目标,相比传统内部审计"监督和评价"职能,有明显的不同,更加侧重于对企业经营绩效的改进。内部审计价值增加目标的实现,首先需要管理层改变认知偏见,将内部审计看作一个价值中心,而非费用中心。其次,要增加内部审计部门的独立性和权威性,以发挥内部审计价值增加的职能作用。再次,内部审计人员的知识结构要从财务、审计领域向法律、计算机、经营管理等领域拓展。最后,要将科学技术与审计技术相融合,用技术推动审计,提高审计效率,降低审计风险,为企业价值增值服务。

二、内部审计人员的职责

从管理层级的角度来看,内部审计人员的职责通常包括首席审计执行官(Chief Auditor Executive,简称CAE)的职责、内部审计管理层的职责和内部审计员工的职责。

首席审计执行官是内部审计部门的领导者和管理者,是企业内部对整个内部审计部门负最终责任的最高级审计官员。在不同的组织中,首席审计执行官的称谓有所不同,如总审计师、审计总监和内部审计经理等。例如,在我国2018年发布的《审计署关于内部审计工作的规定》中规定,"国有企业应当按照有关规定建立总审计师制度。"首席审计执行官的职责通常包括但不限于:负责监督审计服务活动的整体质量保证;向高级管理层和审计委员会报告内部审计活动的计划和资源需求,以便其审查和批准;向高级管理层和审计委员会定期报告有关内部审计活动的开展情况;与其他内部或外部的审计和咨询服务提供者进行协调,确保适当的覆盖面,最大限度地减少重复工作;对管理层是否针对已经报告的重大风险采取了适当的行动进行跟踪检查。

内部审计部门的管理可以设置多个层级的主管或经理,以监督和指导现场内部审计执行人员,推动有效内部审计职能的建立。内部审计经理和主管通常是某个领域(财务审计或IT审计领域)的专家,在职位要求中通常需要具备CPA、CIA或CISA等职业资格。内部审计经理和主管根据其所负责的审计领域,其职责内容也不同。例如,对于财务审计经理来讲,其负责协助首席审计执行官指导和监督内部审计部门,具体职责包括:执行年度审计计划中的财务审计部分;协助首席审计执行官定期更新财务审计活动计划,向审计委员会报告;协助首席审计执行官开展财务审计活动;富有效率和效果地管理审计资源;财务审计团队成员的招聘、培训和专业发展;监督财务审计工作质量,确保其遵循适用的准则。

内部审计员工应当在内部审计经理的领导下,负责完成指定的内部审计任务。其具体职责包括:制定或修改审计方案以达成目标,并按照经批准的审计方案实施内部审计活动;审查和评价内部控制的健全性和适当性;进行定期审查和测试,以确保遵循程序和监管要求,并针对现有的和计划实施的程序提出改进建议;审查和报告可能的内部控制缺陷,以及违反公司业务实践、政策或程序的行为;执行其他与工作相关的内部审计义务;参加内部和外部会议,拓宽专业视野,保持与职业界的联系。

三、内部审计人员的职业道德规范

内部审计人员职业道德是内部审计人员在开展内部审计工作中应当具有的职业品德、应当遵守的职业纪律和应当承担的职业责任的总称。国际内部审计师协会和中国内部审计协会对内部审计人员的职业道德都有其具体规定。

(一) 国际内部审计师协会的职业道德规范

国际内部审计师协会通过职业道德、准则、证书和专业发展四个方面来实现其对全球内部审计职业的自我调控。国际内部审计师协会发布的《职业道德规范》对与内部审计职业及实务相关的原则、内部审计师应有的行为规范进行了介绍,其职业道德规范的原则和行为规则的内容包括如下四个。①

1. 诚信(integrity)

内部审计师的诚信确立信用,从而为信任其判断提供基础。

诚信原则包括4条行为规则。

(1) 应当诚实、勤奋并负责地完成工作。

(2) 应当遵守法律,按照法律及其职业要求进行披露。

(3) 不得蓄意参与非法活动,或参加有损于内部审计职业或其所在组织的行为。

(4) 应当遵守并协助实现组织的法律和道德目标。

2. 客观(objectivity)

内部审计师在收集、评价和沟通有关被检查的活动或过程的信息时,应显示出最高程度的职业客观性。在做出判断时,内部审计师不受其个人喜好或他人的不适当影响,对所有相关环境做出公正的评价。

客观原则包括三条行为规则。

(1) 不应参与可能损害或被认为会损害其公正评价的活动或关系,包括参与与组织利益相冲突的活动和关系。

(2) 不接受可能损害或被认为会损害其职业判断的任何物品。

(3) 应当披露已知的,如果不予披露,可能会歪曲检查工作报告的所有重大事实。

3. 保密(confidentiality)

内部审计师尊重所获取信息的价值和所有权,没有适当授权不得披露信息,除非是在有法律或职业义务的情况下。

保密原则包括两条行为规则。

(1) 应当谨慎利用和保护履行职责过程中获取的信息。

(2) 不应当利用信息谋取私利,或者以任何有悖法律规定或有损组织法律和道德目标的方式使用信息。

一般来说,对外发布信息不是内部审计师的责任,而是董事会或审计委员会的职责。

4. 胜任(competency)

内部审计师在执行内部审计业务时能够使用所需要的知识、技能和经验。

---

① 本部分内容节选自国际内部审计师协会发布的《职业道德规范》。

胜任原则包括三条行为规则。
(1) 应当只从事与其所具备必要的知识、技能和经验相适应的服务活动。
(2) 应当依据《国际内部审计专业实务标准》开展内部审计服务。
(3) 应当持续提高专业能力和服务的效果、质量。

（二）中国内部审计协会的职业道德规范

中国内部审计协会 2013 年发布了《中国内部审计准则第 1201 号——内部审计人员职业道德规范》，其中对内部审计人员职业道德规范进行了规定，具体包括诚信正直、客观性、专业胜任能力和保密[①]。

1. 诚信正直

内部审计人员在实施内部审计业务时，应当诚实、守信，不应有下列行为。
(1) 歪曲事实。
(2) 隐瞒审计发现的问题。
(3) 进行缺少证据支持的判断。
(4) 做误导性的或者含糊的陈述。

内部审计人员在实施内部审计业务时，应当廉洁、正直，不应有下列行为。
(1) 利用职权谋取私利。
(2) 屈从于外部压力，违反原则。

2. 客观性

内部审计人员实施内部审计业务时，应当实事求是，不得由于偏见、利益冲突而影响职业判断。

内部审计人员实施内部审计业务前，应当采取下列步骤对客观性进行评估。
(1) 识别可能影响客观性的因素。
(2) 评估可能影响客观性因素的严重程度。
(3) 向审计项目负责人或者内部审计机构负责人报告客观性受损可能造成的影响。

内部审计人员应当识别下列可能影响客观性的因素。
(1) 审计本人曾经参与过的业务活动。
(2) 与被审计单位存在直接利益关系。
(3) 与被审计单位存在长期合作关系。
(4) 与被审计单位管理层有密切的私人关系。
(5) 遭受来自组织内部和外部的压力。
(6) 内部审计范围受到限制。
(7) 其他。

内部审计机构负责人应当采取下列措施保障内部审计的客观性。
(1) 提高内部审计人员的职业道德水准。
(2) 选派适当的内部审计人员参加审计项目，并进行适当分工。
(3) 采用工作轮换的方式安排审计项目及审计组。

[①] 本部分内容节选自中国内部审计协会发布的《中国内部审计准则第 1201 号——内部审计人员职业道德规范》。

（4）建立适当、有效的激励机制。

（5）制定并实施系统、有效的内部审计质量控制制度、程序和方法。

（6）当内部审计人员的客观性受到严重影响，且无法采取适当措施降低影响时，停止实施有关业务，并及时向董事会或者最高管理层报告。

3. 专业胜任能力

内部审计人员应当具备下列履行职责所需的专业知识、职业技能和实践经验。

（1）审计、会计、财务、税务、经济、金融、统计、管理、内部控制、风险管理、法律和信息技术等专业知识，以及与组织业务活动相关的专业知识。

（2）语言文字表达、问题分析、审计技术应用、人际沟通、组织管理等职业技能。

（3）必要的实践经验及相关职业经历。

内部审计人员应当通过后续教育和职业实践等途径，了解、学习和掌握相关法律法规、专业知识、技术方法和审计实务的发展变化，保持和提升专业胜任能力。

内部审计人员实施内部审计业务时，应当保持职业谨慎，合理运用职业判断。

4. 保密

内部审计人员应当对实施内部审计业务所获取的信息保密，非因有效授权、法律规定或其他合法事由，不得披露。

内部审计人员在社会交往中，应当履行保密义务，警惕非故意泄密的可能性。内部审计人员不得利用其在实施内部审计业务时获取的信息牟取不正当利益，或者以有悖于法律法规、组织规定及职业道德的方式使用信息。

四、内部审计业务独立性或客观性受损的情形及应对

（一）损害独立性和客观性的情形

在实际执业过程中，内部审计独立性或客观性可能在实质性或形式上受到损害，其可能的情形包括个人利益冲突、审计范围受限、自我评价、开展非内部审计职能的责任。

1. 个人利益冲突

个人利益冲突可能会妨碍内部审计人员的职业判断，在形式上或实质性上可能损害内部审计人员工作的独立性和客观性。个人利益冲突的情形较多，包括经济利益关系、社会压力、人际关系、文化、种族和性别歧视、偏见等。例如，如果内部审计人员接受员工、客户、顾客或者业务伙伴的酬金、馈赠或款待，则可能因为经济利益关系而损害内部审计人员当前或未来执行业务时的客观性。当内部审计人员接受员工或一般社会公众能够得到的价值极小的宣传物品（例如纪念品、挂历等），不会妨碍内部审计人员的职业判断，则不应视为影响独立性和客观性的依据。如果内部审计人员迫于社会压力，在职业判断中屈从于社会公众的判断，则可能因为社会压力而损害内部审计人员执行业务时的独立性和客观性。如果内部审计人员的配偶或关系亲密的亲友在被审计领域工作，则可能因为密切的人际关系而损害内部审计人员当前或未来执行业务时的独立性和客观性。如果内部审计人员有种族和性别歧视倾向，则可能损害内部审计人员当前或未来执行业务时的客观性。如果内部审计人员与被审计活动的管理层有过争执，则可能因为偏见而损害内部审计人员执行业务时的客观性。

2. 审计范围受限

审计范围受限不可能是出自内部审计人员自身因素，它超出了内部审计人员的控制。审计范围受限会妨碍内部审计部门目标和计划的实现。审计范围受限的情形较多，可能包括：依据内部审计章程所规定的范围执行审计业务而受到限制；内部审计部门接触与开展业务相关记录、人员和实物资产受到限制；按照经批准的审计工作进度执行业务而受到限制；实施必要的审计业务程序受到限制；经批准的人员配置计划和财务预算不能达成，而导致在经费等资源方面受到约束。

审计范围受限有可能是客观原因导致，也可能是被审计活动领域的相关人员的人为限制导致。例如，因盗窃、火灾或司法扣押等原因，致使基础会计记录（如账簿、凭证等）残缺、遗失或损坏，则会因为客观原因，可能导致审计范围受到限制。因被审计活动领域的相关人员故意不提供本身存在的必要审计信息，或拒绝提供相关现场审计工作安排等，则会因为人为限制，可能导致审计范围受到限制。

3. 自我评价

如果内部审计人员为其上一个年度负责的业务提供确认服务时，则会因自我评价而导致客观性受到损害。例如，某财务人员上一个年度负责报表编制业务，在本年度被调入内部审计部门提供报表编制的审核服务时，将会因自我评价而导致客观性受到损害；某营销人员调入内部审计部门六个月之后，对销售业务的内部控制进行审查时，将会因自我评价而导致客观性受到损害。因此，内部审计人员对其以往负责的特定业务必须采取回避措施，以避免自我评价对审计业务客观性的损害。通常只有离开原岗位至少一年以后，才能参与审计以前从事的经营业务。

4. 开展非内部审计职能的责任

如果企业安排内部审计人员执行非内部审计职能的工作，由于内部审计人员不应承担运营责任，因此不应以内部审计人员的身份开展工作。如果以内部审计人员的身份开展非审计工作，可能会因职责分离不适当等原因，导致客观性或独立性受到损害。例如，某内部审计人员对将实施的财务系统实施前的可行性评估，则不会损害其客观性。但是，如果该内部审计人员参与该财务系统的设计、程序编制、安装等工作，同时对该财务系统进行评估，则会损害内部审计工作的客观性。因此，为避免执行非审计业务产生负面影响，内部审计人员执行非审计工作时，要注意以下事项：一是对开展非审计工作对独立性和客观性的影响展开评估，并采取防范措施，在报告过程中做充分的披露，就不一定会损害其客观性；二是内部审计人员可以对其以往负责的业务提供咨询服务而非确认服务时，不会损害其客观性；三是如果确认服务涉及首席审计官负责的职能范围时，必须由独立于内部审计部门的第三方进行监督，以避免首席审计官对内部审计部门工作可能施加的不利影响。

（二）独立性或客观性的受损的应对方法

独立性和客观性是内部审计服务内在价值的根本，企业执行内部审计业务要确保独立性或客观性不受损害。为防范独立性或客观性受到损害，一方面要提高内部审计职能的独立性，另一方面要确保内部审计工作的客观性。

1. 提高内部审计职能的独立性

独立性指内部审计活动公正地履行职责时免受任何威胁其履职能力的情况影响。为确保内部审计职能的独立性，企业要加强内部审计组织的独立性、内部审计人员的独立性和内部审计业务的独立性。

企业要合理设置内部审计组织机构，确保内部审计组织的独立性。内部审计组织结构的设置模式包括财务总监模式、总经理领导模式、监事会领导模式和双重领导模式（在职能上向审计委员会报告工作，在行政上向总经理报告工作）。不同的设置模式直接体现组织机构治理层和高级管理层对内部审计的认识、定位与作用发挥。为保证内部审计组织的独立性，首席审计官必须能够向组织内部确保内部审计部门履行职责的层级报告。而双重领导模式能够有效平衡内部审计职能和保持独立性的要求，在职能上向审计委员会或董事会等类似治理机构报告工作，在行政上向总经理或首席执行官报告工作。该模式是内部审计组织模式的最优模式，也是国际内部审计师协会推崇的一种模式。

企业要设置专职的内部审计人员，确保内部审计人员的独立性。企业要设置专职的内部审计人员，不应由财务部门或其他部门的人员兼任。只有实现人员独立，内部审计人员在内部审计活动中才能避免来自其他工作部门的干扰，进行公正、无偏见的判断，在规定的权限内，独立行使职权，完成规定的工作任务。

企业要制定相应的规章制度，明确内部审计部门和业务部门的职责和权利，确保内部审计业务的独立性。内部审计人员不办理经济业务，不直接参与组织中各业务部门的生产经营活动，不承担运营责任，而应以第三方的身份检查、监督、分析、评价和服务于组织的各项经济业务，为组织提供确认和咨询服务。

2. 确保内部审计工作的客观性

客观性是指一种公正的态度，使得内部审计人员开展业务时相信其工作成果并且不会导致质量妥协。客观性一方面要求内部审计人员保持一种个人思考状态，不掺杂个人感情或偏见，另一方面不受他人利益、观点等其他因素的影响，保持公正、不偏不倚的态度，对审计事项进行判断。内部审计人员保持客观性的重要途径是避免利益冲突。利益冲突一方面会对内部审计人员个人进行公正职业判断和客观履行职责造成损害，另一方面会削弱整个社会对内部审计人员的认可和信心，导致内部审计行业的信用危机。因此，组织要为内部审计人员营造一个相对自由、不受外界影响的工作环境，让内部审计人员客观进行职业判断，确保组织内部审计工作的客观性。

复习思考题

1. 审计职业道德的概念和特征分别是什么？
2. 审计职业道德有何功能和作用？
3. 中国注册会计师执业会员职业道德基本原则的要求是什么？
4. 中国注册会计师非执业会员职业道德基本原则的要求是什么？
5. 如何运用注册会计师职业道德概念框架解决职业道德问题？
6. 审计业务对独立性的要求是什么？
7. 注册会计师审计失败的原因和后果分别是什么？

8. 如何从职业道德视角避免审计失败？
9. 注册会计师职业道德教育的形式、内容和途径是什么？
10. 内部审计人员职业道德规范的内容有哪些？
11. 内部审计独立性或客观性受损的情形有哪些？
12. 如何应对内部审计独立性或客观性受损？

讨论案例 5-1

甲会计师事务所审计失败案例

根据《中国证监会行政处罚决定书（甲会计师事务所、王某某、刘某某、张某某）》上的规定，当事人存在以下违法事实。

甲所为成都乙材料股份有限公司（以下简称乙公司）2013年、2014年年度报告的审计机构，对上述两年年度报告均出具了标准无保留的审计意见，并收取乙公司年度报告审计服务费用130万元。其中，乙公司2013年度财务报表审计报告由王某某、刘某某签字，乙公司2014年度财务报表审计报告由张某某、王某某签字。

一、乙公司2013年、2014年年报存在虚假记载

为掩盖关联方长期占用资金的事实，乙公司搜集票据复印件，将无效票据入账充当还款。乙公司2013年应收票据的期末余额为1 325 270 000元，其中1 319 170 000元为无效票据。2014年应收票据的期末余额为1 363 931 170元，其中1 361 531 170元为无效票据。

二、甲所在对乙公司2013年度、2014年度财务报表审计过程中未勤勉尽责，出具了存在虚假记载的审计报告

（一）未能实施有效程序对公司舞弊风险进行识别，未直接与公司治理层沟通关于治理层了解公司是否存在舞弊及治理层如何监督管理层对舞弊风险的识别和应对过程等

甲所在2013年和2014年年度报告审计过程中，未直接与公司治理层沟通关于治理层了解公司是否存在舞弊及治理层如何监督管理层对舞弊风险的识别和应对过程等，而是分别询问乙公司财务总监郭某红和发展部经理王某锋以履行这一询问程序。但根据乙公司所公布的2013年和2014年年度报告，郭某红、王某锋并非公司治理层成员。因此甲所未与治理层进行沟通，无法了解在此过程中治理层所发挥的作用，可能导致会计师错误评估舞弊风险。甲所上述行为不符合《中国注册会计师审计准则第1141号——财务报表审计中与舞弊相关的责任》第二十一条和第二十二条的规定。

（二）未对应收票据余额在审计基准日前后激增又剧减的重大异常情况保持必要的职业怀疑，未能及时识别财务报告的重大错报风险

乙公司2013年应收票据期末余额为1 325 270 000元，占其2013年总资产的38.84%，具有重大性。相应票据于期前2013年11月、12月集中背书转入，并于期后2014年1月、2月集中背书转出，截至审计盘点日2014年3月7日，实存票据余额为零，具有异常性。乙公司2014年应收票据期末余额为1 363 931 170元，占其2014年总资产的32.43%，具有重大性。相应票据于期前2014年11月、12月集中背书转入，并于期后2015年1月、2月、3月集中背书转出，截至审计盘点日2015年3月26日，实存票据余额为零，具有异常性。前述重大异常情况与2013年高度一致。

甲所对乙公司2013年、2014年应收票据审计过程中，未对票据余额在审计基准日前

后激增又剧减的重大异常情况保持必要的职业怀疑，未能及时识别财务报告的重大错报风险。

上述行为不符合《中国注册会计师审计准则第1101号——注册会计师的总体目标和审计工作的基本要求》第二十二条、第二十八条以及《中国注册会计师审计准则第1141号——财务报表审计中与舞弊相关的责任》第二十六条的规定。

(三) 未对询证函回函的异常情况保持应有的关注

乙公司2013年年报审计工作底稿显示，甲所通过传真取得的9家不同单位的询证函回函上所记录时间，最早为2014年4月17日15:44，最晚为同日15:49，中间间隔仅5分钟。针对询证函回函（均系传真件）时间高度集中的异常现象，会计师未给予应有的关注，未对回函的来源进行核验，所获取的审计证据可靠性低。上述行为不符合《中国注册会计师审计准则第1312号——函证》第十七条、第十八条的规定。

乙公司2014年年报审计底稿显示，甲所在进行函证程序收到6家单位的询证函回函中，有4家盖章为非"鲜章"，2家为"鲜章"。但甲所并未对上述异常情况进行关注，也未设计和实施必要的审计程序予以核验，审计底稿中亦未见任何对此异常情况予以关注的说明以及实施审计程序的任何证据资料。上述行为不符合《中国注册会计师审计准则第1301号——审计证据》第十五条、第二十三条的规定。

(四) 甲所实施的审计程序不足以获取充分适当的审计证据

甲所通过期后盘点票据并倒轧计算票据期末余额。倒轧程序需依赖与应收票据相关的内部控制得到有效执行，甲所不恰当地依赖内部控制，对应收票据实施盘点和倒轧程序，所获取的审计证据可靠性低。

上述行为违反了《中国注册会计师审计准则第1301号——审计证据》第十条的规定。

甲所在对乙公司2013年度、2014年度财务报表审计时，未勤勉尽责，出具了标准无保留意见的审计报告，其出具的审计报告存在虚假记载。对上述行为直接负责的签字注册会计师为王某某、刘某某、张某某。

以上事实，有审计业务约定书、审计费发票、审计工作底稿、审计报告、乙公司2013年及2014年年度财务报告、相关人员询问笔录等证据证明。

甲所和签字注册会计师王某某、刘某某、张某某的上述行为违反了《证券法》第一百七十三条的规定，构成了《证券法》第二百二十三条所述的违法行为。

听证会上，当事人及其代理人主要提出以下申辩意见：

第一，乙公司年报虚假记载的原因是乙公司故意实施的舞弊行为导致应收票据期末余额错误，并非甲所未勤勉尽责导致审计报告存在虚假记载，不应由甲所承担责任。

第二，"未能实施有效程序对公司舞弊风险进行识别，未直接与公司治理层沟通关于治理层了解公司是否存在舞弊及治理层如何监督管理层对舞弊风险的识别和应对过程等"认定不符合事实，多次与乙公司法定代表人、实际控制人王某进行了访谈。

第三，认定甲所未勤勉尽责不符合事实，缺乏准则依据。①应收票据余额先"激增"后"剧减"有合理解释，并非重大异常。②审计时执行的"函证、盘点、检查其后支付以及检查当期发生情况"等程序已经达到"恰当"标准，足以获取充分适当的审计证据。③在已经决定对应收票据实施全面的实质性测试程序的前提下，再去做穿行测试和控制测试已经没有必要。

第四，事先告知书引用的多条准则，特别是关于应当保持职业怀疑态度的要求，皆为原则性条款,没有强制性具体规则依据。

第五,2013年报审计已超过处罚追责时效。

经复核,我会认为,第一,《证券法》第二百二十三条明确规定,"证券服务机构未勤勉尽责,所制作、出具的文件有虚假记载、误导性陈述或重大遗漏的",经查,甲所在对乙公司2013年、2014年年报审计过程中未勤勉尽责,出具的文件存在虚假记载,应当依法承担责任。

第二,关于听证中提到的与乙公司法定代表人、实际控制人王某进行访谈,经核实,与王某的访谈是在应收票据审计过程中针对被审计单位与其他两家公司发生大量无购销业务实质的票据及资金往来进行的访谈,其目的是核实票据往来的实质,并非针对舞弊风险的评估与应对过程的访谈。

第三,乙公司2013年应收票据期末余额为1 325 270 000元,占其2013年总资产的38.84%,2014年应收票据期末余额为1 363 931 170元,占其2014年总资产的32.43%,具有重大性。相应票据均于期前集中背书转入,期后集中背书转出,连续两年盘点日的实存票据余额为零,具有异常性。甲所对上述重大异常情况未保持职业怀疑,未能识别出财务报告的重大错报风险。在盘点日应收票据余额为零、2013年未实施与应收票据相关的控制测试、2014年已经发现银行承兑汇票的背书转让无贸易合同和相关人员签字的资金审批表并得出控制不可信赖的情况下,甲所通过倒轧的方法确定2013年、2014年应收票据余额,其获取的审计证据不可靠。即便如甲所所说其实施了全面的实质性测试,其对实质性测试中函证过程的异常情况也未予以应有的关注,如2013年9家询证函回函均为传真件且收到传真时间集中在5分钟之内,9家涉及金额高达1 294 270 000元。

第四,关于2013年审计报告追责时效问题,我会已于2015年12月18日向甲所调取了2013年、2014年年报审计工作底稿的电子版,未过追责时效。

根据当事人违法行为的事实、性质、情节与社会危害程度,依据《证券法》第二百二十三条规定,我会决定:

一、没收甲所业务收入130万元,并处以390万元的罚款;

二、对王某某、刘某某、张某某给予警告,并分别处以10万元的罚款。

(资料来源:中国证监会网站)

请结合案例材料,思考并回答以下问题。

1. 结合案例资料,在乙公司审计项目中甲所及其执业注册会计师违反了哪些职业道德原则?

2. 结合案例资料,在乙公司审计项目中导致甲所及其执业注册会计师审计失败的原因是什么?该审计失败有何后果?

3. 假如你是一名注册会计师,对应收票据余额在审计基准日前后激增又剧减的重大异常情况如何应对?

4. 假如你是一名注册会计师,对询证函集中回函的重大异常情况如何应对?

5. 在听证会上的申辩意见中,当事人及其代理人提出"乙公司年报虚假记载的原因是乙公司故意实施的舞弊行为导致应收票据期末余额错误,并非甲所未勤勉尽责导致审计报告存在虚假记载,不应由甲所承担责任"。你认为在审计过程中应如何区分管理层责任和注册会计师的责任?

6. 从职业道德角度出发,注册会计师应如何防范审计失败?

讨论案例 5-2

甲会计师事务所败诉案例

2015年11月7日，丙公司发布关于收到中国证监会《行政处罚及市场禁入事先告知书》的公告。公告显示，丙公司在2013年存在多起虚增收入的行为，共计虚增了过亿元营业收入。根据当事人违法行为的事实、性质、情节与社会危害程度，依据《证券法》等法律法规的相关规定，证监会拟决定对公司责令改正，给予警告，并处以60万元罚款；对公司时任董事、监事、高级管理人员、相关中层人员给予警告、罚款等处罚。与此同时，证监会还处罚了2家中介机构——甲会计师事务所与乙资产评估有限公司。其中，甲会计师事务所在为丙公司开展2013年年报审计业务中未勤勉尽责，未执行必要的审计程序，未获取充分适当的审计证据。证监会责令没收甲会计师事务所70万元业务收入，罚款210万元。

依据证监会的行政处罚，投资者将丙公司告上法院，要求赔偿其虚假陈述违法行为给投资者造成的投资差额等损失，并将甲所一同告上法庭，要求其承担连带赔偿责任。

一审判决认定，甲所应承担连带赔偿责任。然而，在上诉时，甲所主张本案应适用《最高人民法院关于审理涉及会计师事务所在审计业务活动中民事侵权赔偿案件的若干规定》（以下简称《若干规定》），根据该规定，因其主观系过失，故其承担的应是补充赔偿责任而非连带责任。

2018年9月28日上海市高级人民法院发布的《上海丙公司股份有限公司、甲会计师事务所与曹建荣、吴明稳等证券虚假陈述责任纠纷二审民事判决书》（2018）沪民终147号，其判决结果为：驳回上诉，维持原判。

在二审法院判决中，对一审法院判决的下列事实予以确认：一、丙公司应于本判决生效之日起十日内赔偿曹某某经济损失66 276元；二、丙公司应于本判决生效之日起十日内赔偿吴某某经济损失32 370.71元；三、丙公司应于本判决生效之日起十日内赔偿石某经济损失88 436.52元；四、丙公司应于本判决生效之日起十日内赔偿沈某经济损失65 049.51元；五、甲所对丙公司依本判决第一项至第四项所负的义务承担连带清偿责任；六、驳回曹某某、吴某某、石某、沈某的其余诉讼请求。

此外，本案二审的争议焦点包括：本案虚假陈述揭露日的认定是否正确；案涉证券虚假陈述与投资者的交易损失之间有无因果关系；证券市场系统风险等其他因素导致投资者损失的占比是否正确；甲所是否应承担连带赔偿责任。

（一）本案虚假陈述揭露日的认定是否正确

本案虚假陈述揭露日的认定是否正确。《若干规定》第二十条规定，虚假陈述揭露日是指，虚假陈述在全国范围发行或者播放的报刊、电台、电视台等媒体上，首次被公开披露之日。虚假陈述被揭示的意义在于其对证券市场发出警示信号，提醒投资者重新判断股票价值。因此，虚假陈述揭露的内容应与虚假陈述行为具有一致性，揭露的方式和范围应符合法律规定的要求，揭示力度应足以引起市场内理性投资者的注意和警惕。

上诉人丙公司主张以其公告《整改报告》之日作为虚假陈述的揭露日。二审法院认为，该《整改报告》系针对上海证监局行政监管措施决定书做出，而该监管措施的主要内容是丙公司在其2013年年报中未充分披露软件收入确认的会计政策、客户信息披露不准确、未披露公司募集资金存放和使用情况报告等。而本案所涉中国证监会《行政处罚决定书》的主要处罚内容为丙公司 2013 年年报中通过提前确认软件销售收入、将客户购买理财产品等收款作为软件销售所得、利用框架协议、改变年终奖的计算期间、倒签项目合作验收确认书、提前确认收购其他公司的购买日等多种方式，虚增公司当年的收入和利润。由此可见，上述丙公司公告的《整改报告》与中国证监会的《行政处罚决定书》，虽均系针对公司 2013 年年报做出，但两者涉及的具体内容及披露违法违规行为的严重程度完全不同。丙公司主张以《整改报告》公告日作为虚假陈述揭露日，不符合披露信息与虚假陈述行为内容一致性的要求，也不符合对市场警示力度的要求，二审法院不予采信。中国证监会《行政处罚及市场禁入事先告知书》完全披露了行政处罚的具体内容，亦具有足够的权威性和影响力，能够起到对市场投资者的警示作用。上诉人丙公司的上诉理由于法无据，二审法院不予支持。

（二）案涉证券虚假陈述与投资者的交易损失之间有无因果关系

案涉证券虚假陈述与曹某某、吴某某、石某、沈某的交易损失之间有无因果关系。丙公司主张，其信息披露违规主要是将 2014 年才能确认的收入提前至 2013 年确认，故对于曹某某、吴某某、石某、沈某而言，不具有交易损失上的因果关系。甲所也主张投资者的损失与虚假陈述之间没有因果关系。对此，二审法院认为，根据中国证监会《行政处罚决定书》，丙公司在 2013 年年报中的信息披露违规行为并非仅是将公司的收入、利润、成本等在不同年度之间进行分配，还包括了将客户打新股、购买理财产品等收款作为软件产品销售从而虚增收入的行为，以及将客户可能退款的销售收入、框架协议带来的收入等当时尚不能确定的收入和利润进行确认的行为。对于普通市场投资者而言，丙公司上述提前确认及虚增收入、利润的行为，足以构成导致股票价格上涨的因素。对公司收入、利润成本分配也可能存在影响投资者对公司股票价值的判断。曹某某、吴某某、石某、沈某在虚假陈述实施日之后，揭露日之前购入系争股票，持有至 2016 年 1 月 12 日仍未卖出，符合《若干规定》中确定的索赔条件。一审法院认定曹某某、吴某某、石某、沈某的交易损失与丙公司的证券虚假陈述行为之间存在因果关系，并无不当。

（三）证券市场系统风险等其他因素导致投资者损失的占比是否正确

证券市场系统风险等其他因素导致投资者损失的占比是否正确。根据《若干规定》第十九条的规定，证券虚假陈述行为人如能举证证明投资者损失或者部分损失是由证券市场系统风险等其他因素所导致，则应当认定该部分损失与证券虚假陈述之间不存在因果关系。本案中，丙公司以当时证券市场中存在多种利空因素、相关指数大幅下跌为由，主张投资者损失多数系由市场风险因素造成。甲所主张原审法院对证券市场系统风险认定有误。二审法院认为，本案中，沪深股市在 2015 年 6 月至 8 月间发生大幅波动，出现千股跌停、千股停牌，市场流动性严重缺失等异常情况，对整个市场产生全面性、整体性重大影响，并非影响个别股票或者一类股票走势，且这种风险极少发生，难以预期。对市场上几乎所有投资者而言，都难以抗拒，故属于证券市场系统风险因素，导致上证指数大幅下跌，同期，包括系争股票在内的几乎所有股票均大幅下跌。2016 年 1 月初，因实施熔断机制，沪深股市再次出现千股跌停、提前休市等异常情况，也属于证券市场系统风险因素，导致上证指数、软件服务板块指数又大幅下跌，包括系争股票在内的几乎所有股票也都大幅下跌，据此，足以认定系争股票在此期间价格下跌，部分系证券市场系统风险因素所导致，投资者的部分损失与上诉人的虚假陈述行为缺乏必要的关联性，该部分损失不应属于上诉人的赔偿范围。本案中，曹某某、吴某某、石某、沈某在 2015 年 6 月前买入系争股票，并持有至基准日后，同时经历了 2015 年股市异常波动和 2016 年年初熔断导致的异常波动。在计算其损失时，对证券市场风险因素导致的部分损失应酌情予以扣除。考虑到证券价格是众多市场因素的综合体现，具体某一因素对证券价格产生何种程度的影响，目前尚难以通过科学可信的方法予以测定。对于如何在证券虚假陈述民事赔偿中计算市场系统风险因素，法律及司法解释亦未对此做出明确规定。就本案所涉丙公司股票而言，其在同一时期内与上证综指的走势虽存在一定的关联度，但两者之间并不完全匹配，无论是时间周期还是涨跌幅度均存在明显的差异，这也是证券市场之共性使然，故上诉人丙公司、甲所主张的完全以大盘指数或者行业板块的涨跌幅度来计算市场风险并没有充分的事实和法律依据，但大盘指数涨跌幅度可以作为酌情判断证券市场系统风险的参考因素。本案中，虽然上证指数在 2015 年 6 月至 2016 年 1 月期间从最高点到最低点下跌幅度较大，但是最高点和最低点只是瞬间产生的价格，无论是大盘指数还是系争的丙公司股票在最高点和最低点附近停留的时间均极为短暂，本案绝大部分投资者也并非是在指数最高点买入，在指数最低点卖出，且基准价是根据揭露日至基准日一段时期内的平均价确定，并非根据最低价确定。法院根据当时市场具体情况，遵循保护投资者利益的原则，酌情认定本案扣除证券市场系统风险因素为 30%。一审法院虽对证券市场系统风险因素的认定欠妥，但处理结果并无不当，二审法院予以维持。上诉人丙公司和甲所关于本案系统风险因素占比的上诉理由没有依据，二审法院不予支持。甲所认为一审法院采取的买入证券平均价格计算方法错误，以及原审法院在认定损失时，没有考虑投资者自身因素对损失的影响等上诉理由没有事实和法律依据，二审法院不予支持。

（四）甲所是否应承担连带赔偿责任

关于上诉人甲所是否应承担连带赔偿责任。甲所主张本案应适用《若干规定》，根据该规定，因其主观系过失，故其承担的应是补充赔偿责任而非连带责任。法院认为，众所周知，在证券市场中，会计师事务所出具的会计报告对于众多投资者的投资行为具有重大的、决定性的影响，会计师事务所在为上市公司出具会计报告时应当更为审慎、勤勉尽责，否则应承担相应的民事责任。我国《证券法》明确规定了证券服务机构应当勤勉尽责，对所依据的文件资料的真实性、准确性、完整性进行核查和验证。其制作、出具的文件有虚假记载、误导性陈述或者重大遗漏，给他人造成损失的，应当与发行人、上市公司承担连带赔偿责任，但是能够证明自己没有过错的除外。《若干规定》也规定专业中介服务机构知道或者应当知道发行人或者上市公司虚假陈述，而不予纠正或者不出具保留意见的，构成共同侵权，对投资人的损失承担连带责任。甲所作为专业证券服务机构，对于审计过程中发现的重大、异常情况，未按照其执业准则、规则，审慎、勤勉地执行充分适当的审计程序，对会计原则进行适当调整，导致丙公司的提前确认收入、虚增销售收入、虚增利润等严重违法行为未被及时揭示，对于丙公司虚假陈述事件的发生具有不可推卸的重大责任，甲所未举证证明其对此没有过错，依法应与发行人、上市公司承担连带赔偿责任。即使依据《最高人民法院关于审理涉及会计师事务所在审计业务活动中民事侵权赔偿案件的若干规定》，甲所的行为也完全符合该若干规定第五条第二款规定的情形，足以认定其按照执业准则、规则对于丙公司的违法行为应当知道，应认定其明知。甲所认为其主观系过失故不应承担连带赔偿责任的意见缺乏依据，二审法院不予支持，甲所应当就投资者的损失与丙公司承担连带赔偿责任。虽然甲所的违法行为与丙公司的虚假陈述行为并非完全一一对应，但根据中国证监会的处罚决定内容，两者的虚假陈述行为的主要方面基本吻合，足以认定构成共同侵权。股价波动因素较为复杂，具体的虚假陈述行为对股价影响幅度难以量化，因此，很难判断甲所没有涉及的虚假陈述行为究竟对丙公司股价波动产生何种影响。故可将甲所和丙公司的共同虚假陈述行为视为一个整体，对外统一承担连带赔偿责任，至于甲所和丙公司之间内部责任的分摊比例，不影响其对外应承担的赔偿责任范围。关于甲所和丙公司之间内部责任大小，不属于本案审理范围，双方可另行处理。上诉人甲所关于其在本案中不应承担全部连带责任的主张也不能成立，法院也不予支持。

（资料来源：中国判决文书网）

请结合案例材料，思考并回答以下问题。

1. 结合案例资料，审计失败对投资者有何影响？投资者依据不实报告导致投资损失时，应采取何种措施？

2. 请结合《最高人民法院关于审理涉及会计师事务所在审计业务活动中民事侵权赔偿案件的若干规定》的内容，分析曹某某、吴某某、石某、沈某最终胜诉的原因。

3. 你认为应将丙公司公告的《整改报告》发布日，还是中国证监会的《行政处罚决定书》发布日作为虚假陈述揭露日？并阐述理由。该虚假陈述揭露日的认定，对投资者、丙公司、甲所各有什么影响？

4. 你认为案例中虚假陈述与投资者的交易损失之间有无因果关系？并阐述理由。有因果关系和无因果关系，对投资者、丙公司、甲所各有什么影响？

5. 一审法院关于证券市场系统风险等其他因素导致投资者损失的占比计算方式，甲所关于证券市场系统风险等其他因素导致投资者损失的占比计算方式，你认为哪种方式更合理？并阐述理由。

6. 补充赔偿责任和连带赔偿责任有何区别？你认为甲所是否应承担连带赔偿责任？并阐述理由。

7. 你认为会计师事务所应如何防范因审计失败导致的民事赔偿责任？

讨论案例 5-3

中国注册会计师协会执业质量检查案例

中国注册会计师协会会计师事务所执业质量检查通告（第十四号）中对违规行为惩戒情况做了如下通告：

根据检查发现的问题及专家论证结果，依据《中国注册会计师协会会员执业违规行为惩戒办法》，中注协惩戒委员会召开会议，审议决定对 A 会计师事务所 2 个业务项目的签字注册会计师张某某、杜某某和龚某、李某给予通报批评。中注协申诉与维权委员会根据 4 名签字注册会计师提出的申诉意见，对惩戒事项和结果进行了认真复核，维持了惩戒委员会做出的惩戒决定。

（一）张某某和杜某某在甲公司 2015 年度财务报表审计中存在的主要执业违规行为：

一是针对甲公司关于子公司股权转让及回购协议未履行承诺产生纠纷的法院终审判决以及后续与相关当事人和实际控制人达成的和解协议的情况，未进行充分分析并做出合理评价，未考虑是否应提请甲公司做出相应的会计处理及追溯调整。

二是针对甲公司在 2015 年 12 月末的敏感时间段，发生一系列复杂交易以致丧失对资产面临重大减值的亏损子公司控制权从而不将该子公司纳入年末财务报表合并范围的事项，未保持应有的职业怀疑，未在工作底稿中分析、评估和判断子公司股权交易及相关一致行动人协议的商业实质，以及子公司于年末是否纳入合并范围对甲公司 2015 年度财务报表和审计意见可能产生的影响。

三是针对 2015 年年末子公司收到甲公司两笔大额借款后支付给子公司股权交易对手的异常交易事项，未保持应有的职业怀疑，未在工作底稿中记录对上述异常交易事项实施有针对性的审计程序。

此外，还存在确定重要性水平选择的基准不恰当及审计报告内容表述有误等违规情况。

（二）龚某和李某在乙公司 2015 年度财务报表审计中存在的主要执业违规行为：

一是针对占乙公司资产总额较高比例的生产性生物资产，未编制监盘明细表，工作底稿中未见必要的监盘记录，监盘报告记录的监盘程序和方法无法表明已对年末生产性生物资产实施了有效的监盘程序，未取得及核对生产性生物资产的确权证明等相关资料及判断该事项对乙公司财务报表的影响。

二是针对乙公司 2015 年年末存货，编制的存货监盘报告未记录和评价乙公司对各类存货的盘点方法及程序，也未记录执行监盘的方法和程序；对于在财务报表日以外的其他日期执行的存货监盘，未实施其他必要的审计程序，以验证存货盘点日与财务报表日之间的存货变动是否恰当。

三是针对乙公司以提起诉讼方式催收的涉及重大金额的其他应收款项，未就该等涉诉其他应收款项单独进行减值测试，未取得涉诉的其他应收款相关的托管合同、承包合同等原始证据，未获取管理层或治理层对此事项的书面声明，也未实施其他有针对性的审计程序。

四是针对乙公司多年前收到的大额政府补助仍在递延收益挂账的事项，未检查相关资产项目的进展及完工情况，未对该政府补助的性质进行判断，也未对该政府补助如何处理进行判断。

此外，还存在未适当确定重要性水平、未有效实施函证程序、未完整执行其他业务成本审计程序和主营业务收入及费用截止性测试程序、未对首次承接的审计业务期初余额实施必要的审计程序等违规情况。

按照《会计师事务所执业质量检查制度》的规定，中国注册会计师协会已向受到惩戒的注册会计师所在的证券期货资格会计师事务所发出整改通知书，责成限期整改并提交整改报告。同时向 2016 年被检查的其他 4 家证券期货资格会计师事务所发出改进建议书。

（资料来源：中国注册会计师协会）

请结合案例材料，思考并回答以下问题。

1. 请结合案例资料，A 会计师事务所在执业过程中违反了哪些职业道德规范？

2. 请结合案例资料，阐述中国注册会计师协会的执业质量检查对会计师事务所提升执业质量、遵守职业道德规范有何作用？

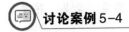
讨论案例 5-4

腾讯公司反腐败案例分析

"腾讯高压线"作为腾讯文化的重要组成部分,是腾讯文化和价值观所不能容忍的行为界线,员工一旦触及此界线,一律开除。因此,遵守《腾讯阳光行为准则》、远离"高压线"是腾讯对每个员工的基本要求,包括如下主要内容。

高压线第一条:弄虚作假。无论是否个人获利,任何形式的弄虚作假行为都按照违反高压线处理。

高压线第二条:收受贿赂。员工及其利益相关人(包括但不限于直系亲属)收受来自供应商、合作伙伴以及潜在供应商或潜在合作伙伴(包括上述主体的关联公司或特定关系人)的贿赂以及借款等其他利益,无论是否因此为对方谋取利益,都按照违反高压线处理,并依据相关法律法规进行定性。

高压线第三条:泄露机密。无论是否获取私利,泄露公司商业秘密的行为都按照违反高压线处理。

高压线第四条:不当竞争。从事与公司存在商业竞争的行为,无论是否获取经济利益,都按照违反高压线处理。

高压线第五条:利益冲突。存在与公司有利益冲突的行为,可能导致员工的行为与公司利益发生冲突的,都按照违反高压线处理。

高压线第六条:违纪。严重违反公司规章制度和违反法律制度的行为,都按照违反高压线处理。

2019年12月26日腾讯反舞弊调查部发布了《腾讯集团反舞弊通报》。通报中显示,2019年前三季度,腾讯反舞弊调查部共发现查处违反"高压线"案件40余起,其中60余人因触犯"高压线"被辞退,10余人因涉嫌违法犯罪被移送公安司法机关。上述违规行为主要集中在侵占公司资产、收受贿赂等方面,以下为相关典型案例。

(1) TEG 客户服务部/游戏服务中心员工胡某某利用职务便利,侵占公司财物,其行为违反了"腾讯高压线",已被公司辞退。同时,胡某某因犯职务侵占罪被依法追究刑事责任。

(2) PCG 体育运营部/体育视频中心某业务组长覃某某利用职务便利,侵占公司财物,其行为违反了"腾讯高压线",已被公司辞退。同时,覃某某因犯职务侵占罪被依法追究刑事责任。

(3) IEG 市场平台部/内容营销中心某业务组长王某利用职务便利,侵占公司财物,并利用公司资源为外部人员谋取利益,收取好处费,其行为违反了"腾讯高压线",已被公司辞退。同时,王某因犯非国家工作人员受贿罪、职务侵占罪等数罪被依法追究刑事责任。

(4) IEG 增值服务部/发行线运营开发中心员工郑某与外部人员相互勾结,利用职务便利,侵占公司财物,其行为违反了"腾讯高压线",已被公司辞退。同时,郑某因犯非法获取计算机信息系统数据罪被依法追究刑事责任。

(5) PCG 内容平台部/品类运营中心员工王某某、李某,PCG 短视频平台产品部/影视综生活中心员工张某接受已离职员工郑某请托,利用职务便利为郑某谋取利益,收取好处费,该三人的行为违反了"腾讯高压线",已被公司辞退。同时,王某某、李某、张某、郑某四人因涉嫌犯罪,已被移送公安机关。

(6) CSIG 云业务拓展部/金融拓展中心某业务总监李某某利用公司资源为外部人员谋取利益,收取好处费,其行为违反了"腾讯高压线",已被公司辞退。同时,李某某因涉嫌犯罪,已被移送公安机关。

(7) CSIG 云业务拓展部/华北业务拓展中心员工王某利用职务便利,侵占公司财物,其行为违反了"腾讯高压线",已被公司辞退。同时,王某因涉嫌犯罪,已被移送公安机关。

(8) 原 OMG 汽车业务中心员工张某利用公司资源为外部人员谋取利益,收取好处费,其行为违反了"腾讯高压线",已被公司辞退。同时,张某因涉嫌犯罪,已被移送公安机关。

(9) 原 SNG 社交网络事业群/社交平台部/开放产品中心某业务组长罗某利用公司资源为外部人员谋取利益,收取好处费,并在外部供应商的帮助下,侵占公司财物。其行为违反了"腾讯高压线",已被公司辞退。同时,罗某因涉嫌犯罪,已被移送公安机关。

(10) PCG 视频平台运营部/节目运营中心员工李某和 PCG 腾讯视频游戏中心员工宋某利用职务便利为外部人员谋取利益,收取好处费,两人的行为违反了"腾讯高压线",已被公司辞退。同时,李某、宋某因涉嫌犯罪,已被移送公安机关。

(11) IEG 北极光工作室群/天狼工作室员工陆某某利用职务便利,侵占公司财物,其行为违反了"腾讯高压线",已被公司辞退。同时,陆某某因涉嫌犯罪,已被移送公安机关。

(12) CSIG 云业务拓展部/销售规划与运营管理中心员工王某利用公司资源为外部人员谋取利益,收取好处费,其行为违反了"腾讯高压线",现已被公司辞退。

(13) IEG 天美工作室群/天美J1工作室某业务总监肖某某与外部供应商之间存在经济往来,其行为违反了"腾讯高压线",现已被公司辞退。

(14) PCG 短视频平台产品部/时尚生活品类运营中心员工张某和 PCG 短视频平台产品部/时尚生活品类运营中心员工刘某某利用职务便利为外部人员谋取利益,收取好处费,两人的行为违反了"腾讯高压线",现已被公司辞退。

(15) PCG 社交平台产品部/平台增值中心员工谭某利用职务便利,向其有业务关系的供应商负责人借款,并收受多家供应商礼金、红包,其行为违反了"腾讯高压线",现已被公司辞退。

在相关案件中,腾讯的供应商或业务合作伙伴向腾讯公司工作人员行贿;或者通过其他手段谋取不正当利益的,都将被列入腾讯黑名单,永不合作,不再接受其提供的任何产品或服务。如违反国家规定,还将移交工商、公安等执法机关处理。

2019 年,腾讯公司新增永不合作主体清单包括上海某文化传播有限公司、成都某动力科技有限公司等16家公司。

腾讯公司鼓励所有员工及供应商/业务合作伙伴通过各种合法合规方式举报涉及腾讯员工的任何已经发生或可能发生的贪腐、舞弊及违规行为。

(资料来源:阳光腾讯微信公众号)

请结合案例材料,思考并回答以下问题。

1. "腾讯高压线"作为腾讯文化的重要组成部分,体现了腾讯公司信奉何种价值观?

2. "腾讯高压线"规定对腾讯公司反舞弊调查部的员工有无约束?"腾讯高压线"规定对腾讯公司反舞弊调查部员工职业道德的形成发挥了什么作用?

3. 腾讯公司的反腐败案例涉及企业各个事业部、供应商等不同的领域,这对反舞弊调查部员工的胜任能力有何要求?

4. 腾讯公司通过发布《腾讯集团反舞弊通报》,向社会公布典型反腐败案例以及永不合作主体清单,对腾讯公司能带来哪些潜在好处?

5. 腾讯公司向社会发布举报涉及腾讯员工的任何已经发生或可能发生的贪腐、舞弊及违规行为,对腾讯公司员工的行为有何影响?

参 考 文 献

[1] 罗国杰. 马克思主义伦理学［M］. 北京：人民出版社，1982.
[2] 曼纽尔·G. 贝拉斯克斯. 商业伦理：概念与案例［M］. 刘刚，程熙镕，译. 北京：中国人民大学出版社，2013.
[3] 叶陈刚. 商业伦理［M］. 大连：东北财经大学出版社，2014.
[4] 马克思. 政治经济学批判［M］. 北京：人民出版社，1955.
[5] 郭本禹. 道德认知发展与道德教育——科尔伯格的理论与实践［M］. 福州：福建教育出版社，2005.
[6] 叶陈刚，刘凤明，栾广斌. 会计职业道德［M］. 北京：经济科学出版社，2019.
[7] 约瑟夫·W. 韦斯. 商业伦理：利益相关者分析与问题管理方法［M］. 符彩霞，译. 北京：中国人民大学出版社，2005.
[8] 李伟民. 金融大辞典［M］. 哈尔滨：黑龙江人民出版社，2002.
[9] 许健. 中华人民共和国证券法释义［M］. 北京：中国金融出版社，2006.
[10] 迈克尔·波特. 竞争战略［M］. 北京：华夏出版社，2005.
[11] 霍华德·R. 鲍恩. 商人的社会责任［M］. 肖红军，王晓光，周国银，译. 北京：经济管理出版社，2015.
[12] 习近平. 之江新语［M］. 杭州：浙江人民出版社，2007.
[13] 葛家澍，杜兴强. 中级财务会计学［M］. 北京：中国人民大学出版社，2007.
[14] 张曾莲. 商业伦理与会计职业道德［M］. 北京：经济管理出版社，2015.
[15] 孙青霞，韩传模. 会计舞弊识别研究经典文献导读［M］. 北京：经济管理出版社，2012.
[16] 中国注册会计师协会组织. 审计［M］. 北京：中国财政经济出版社，2019.
[17] 罗纳德·W. 希尔顿. 管理会计学——在动态商业环境中创造价值［M］. 闫达伍，李勇，译. 北京：机械工业出版社，2003.
[18] 管理会计师（初级）系列教材编写委员会. 管理会计师（初级）管理会计职业道德［M］. 上海：上海财经大学出版社，2017.
[19] 纪良纲，王小平. 商业伦理学［M］. 北京：中国人民大学出版社，2011.
[20] 美国管理会计师协会（IMA）. 财务决策［M］. 4版. 舒新国，赵澄，译. 北京：经济科学出版社，2017.
[21] 吴琼，李璐. 中国注册会计师职业道德守则精讲与案例［M］. 大连：大连出版社，2010.

[22] (美)劳伦斯·B. 索耶. 索耶内部审计：现代内部审计实务[M]. 邰先宇，周瑞平，等，译. 北京：中国财政经济出版社，2005.

[23] 邱银河，陈哲. CIA考试红皮书精要解读[M]. 北京：中国时代经济出版社，2011.

[24] 中审网校. 国际内部审计专业实务框架精要解读[M]. 北京：中国时代经济出版社，2014.

[25] 会计从业资格无纸化考试辅导教材研究组. 财经法规与会计职业道德[M]. 上海：立信会计出版社，2016.

[26] 王双云. 会计伦理问题研究[D]. 长沙：湖南师范大学，2011.

[27] 李雯芳. 会计伦理困境解析[D]. 沈阳：东北大学，2013.

[28] 吴建友. 审计师道德决策模型比较及启示：基于准则与基于认知发展阶段[J]. 审计研究，2007（2）：75-80.

[29] 郑景元. 设立中公司法律问题研究[J]. 商事法论集，2007（1）：487-567.

[30] 王通平，钱松军. 论证券市场信息披露误导性陈述的界定[J]. 证券市场导报，2016（9）：73-78.

[31] 黄乐桢. 企业应承担的八大社会责任——专访全国政协常委、国务院参事任玉岭[J]. 中国经济周刊，2005（41）：19.

[32] 秦荣生. 注册会计师审计失败的成因及规避[J]. 注册会计师通讯，1999（4）：25-29.

[33] Bologna G Jack, Lindquist Robert J, Wells Joseph T. The accountant's handbook of fraud and commercial crime [M]. John Wiley&Sons Inc, 1993.

[34] Bologna G Jack, Lindquist Robert J. Fraud Auditing and Forensic Accounting: New Tools and Techniques [M]. John Wiley&Sons Inc, 1995.

[35] Steven L. Emanuel. Corporations (4th Edition) [M]. Aspen Law&Business, 2002.

[36] Haidt J. The emotional dog and its rational tail: a social intuitionist approach to moral judgment [J]. Psychological review, 2001, 108 (4): 814.

[37] Paxton J M, Greene J D. Moral reasoning: Hints and allegations [J]. Topics in cognitive science, 2010, 2 (3): 511-527.

[38] Greene J D. Why are VMPFC patients more utilitarian? A dual-process theory of moral judgment explains [J]. Trends in cognitive sciences, 2007, 11 (8): 322-323.

[39] Rai T S, Fiske A P. Moral psychology is relationship regulation: moral motives for unity, hierarchy, equality, and proportionality [J]. Psychological review, 2011, 118 (1): 57.

[40] Carroll A B. A three-dimensional conceptual model of corporate performance [J]. Academy of management review, 1979, 4 (4): 497-505.

[41] Albrecht W S, Romney M B, Cherrington D J, et al. Red-flagging management fraud: a validation [J]. Advances in Accounting, 1986, 3: 323-333.